21世纪高等院校财经管理系列实用规划教材

财务管理模拟实验教程

张英明 ◎ 主编
李锦生 ◎ 主审

内 容 简 介

本书以公司价值管理为内容主线,围绕着财务管理基本价值观念、公司财务分析、公司财务规划、投资决策、筹资决策与分配决策等对公司价值管理具有重要影响的财务理论与方法,构造了相关的实验案例。本书内容分为基础实验、单项实验与综合实验 3 部分。帮助学生培养与提升运用财务管理基本理论与方法解决实际问题的能力。

本书适合作为各类高等院校经济、管理类学科的实验教材或教学参考用书,也可供广大会计、财务、工商管理、市场营销等专业技术人员阅读和参考。

图书在版编目(CIP)数据

财务管理模拟实验教程 / 张英明主编. —北京: 北京大学出版社, 2021.2
21 世纪高等院校财经管理系列实用规划教材
ISBN 978-7-301-31851-5

Ⅰ. ①财… Ⅱ. ①张… Ⅲ. ①财务管理—高等学校—教材 Ⅳ. ①F275

中国版本图书馆 CIP 数据核字(2020)第 225986 号

书　　　名	财务管理模拟实验教程 CAIWU GUANLI MONI SHIYAN JIAOCHENG
著作责任者	张英明　主编
策划编辑	罗丽丽
责任编辑	罗丽丽
标准书号	ISBN 978-7-301-31851-5
出版发行	北京大学出版社
地　　　址	北京市海淀区成府路 205 号　100871
网　　　址	http://www.pup.cn　新浪微博:@北京大学出版社
电子信箱	编辑部 pup6@pup.cn　总编室 zpup@pup.cn
电　　　话	邮购部 010-62752015　发行部 010-62750672　编辑部 010-62750667
印　刷　者	大厂回族自治县彩虹印刷有限公司
经　销　者	新华书店
	787 毫米×1092 毫米　16 开本　15.5 印张　372 千字 2021 年 2 月第 1 版　2023 年 10 月第 2 次印刷
定　　　价	39.00 元

未经许可,不得以任何方式复制或抄袭本书之部分或全部内容。
版权所有,侵权必究
举报电话:010-62752024　电子信箱: fd@pup.pku.edu.cn
图书如有印装质量问题,请与出版部联系,电话:010-62756370

前 言
PREFACE

一般认为，19世纪末20世纪初，随着公司制企业开始兴起并不断发展壮大，独立的公司理财活动应运而生，研究其规律和理论的财务管理学从经济学中分离出来，成为一门独立的学科。显然，财务管理学是随着对公司理财活动的理论与规律认识的逐步深化而诞生的，其来自公司理财实践，带有强烈的实践性色彩。学习这门课程，不仅要求学生能够把握组织财务活动、处理财务关系的基本理论与方法，而且更重要的是要善于运用这些理论与方法去指导实践活动，解决现实财务活动中所面临的各种财务预测与决策问题。然而，受传统教学模式的影响，很多高校财务管理学的教学还普遍存在重理论教学、轻实训实验，重课堂传授、轻动手能力培养的情况。这种状况显然不利于提升学生的理财实践能力与综合专业素养。为此，改革传统的教学方式，强化财务管理课程的实践教学即成为财务管理与会计学专业本科教学改革的一个重要方面。正是基于这一理念，我们编写了《财务管理模拟实验教程》一书，期望通过本书，一方面巩固学生所学的财务管理基础理论知识，另一方面通过单项与综合的模拟实训，提升学生运用财务管理理论与方法去观察与解决实际问题的能力，以实现相关专业人才培养目标。

与同类财务管理实验教材对比，本书的特色体现在以下几个方面。

1. 设计了与主流财务管理教材配套的内容主线。 本书定位于"与主流财务管理教材相配套"，全书内容分为基础实验、单项实验与综合实验3部分，以公司价值管理为内容主线，围绕着财务管理基本价值观念、公司财务分析、公司财务规划、投资决策、筹资决策与分配决策等对公司价值管理具有重要影响的财务理论与方法，构造了相关的实验案例，帮助学生培养与提升运用财务管理基本理论与方法解决实际问题的能力。

2. 体现了以问题为导向的研究性课程的教学思想。 研究性课程教学思想在财务管理实验教学中的体现，主要是运用公司理财的基本理论与方法对公司财务的现实问题进行思考与分析，尝试获得解决实际财务问题的路径与判断。本书充分借鉴了这一思想，在内容安排与教学案例选择上，精挑细选、面向理财实践、突出问题导向，努力使学生通过案例分析与讨论，领悟相关知识点与现实问题之间的逻辑关系，达到锻炼并提高分析与解决现实财务问题能力的目的。

3. 博采众长，内容全面。 本书在结构框架上紧紧围绕公司价值管理这一内容主线，安排相关篇目与实验。全书共分3部分51个实验。第一部分为财务管理基础实验篇，设有3个实验项目，主要是针对Excel的主要功能与基本操作而设计，目的是培养与巩固学生Excel的基本应用能力。第二部分为财务管理单项实验篇，设计了44个实验项目，涵盖了资金时间价值与风险价值衡量、财务分析、财务预测与预算、投资决策、筹资决策与分配决策等财务管理学的主要知识点，每个实验项目都是针对财务管理的一个重要知识点而设计，力图通过实验强化学生对财务管理理论与方法的理解、提升财务实践能力；第三部分为财务管理综合实验篇，设计了4个实验项目，内容涉及筹资决策、投资决策、并购决策、应收账款与存货管理决策等，试图通过综合性财务案例将财务管理的个别知识点串联起来，提升学生财务管理知识的综合运用能力与综合专业素养。

本书由江苏师范大学商学院财务管理系主任张英明教授提出编写提纲，各章的编写分工如下：第一部分财务管理基础实验篇由王彦博士撰写；第二部分财务管理单项实验篇第2章、第3章、第4章由王永副教授撰写，第5章、第6章、第7章由刘春燕副教授撰写；第8章、第9章、第10章由潘善启老师撰写、卢安同学协助；第三部分财务管理综合实验篇由张英明教授、梁栋桢老师撰写，其中实验11.1～11.3由张英明教授撰写，实验11.4由梁栋桢老师撰写。全书由张英明教授负责修改和总纂，研究生梁靓、赵莹、王凯等同学在内容校核与文稿编辑方面提供了大力帮助。

本书在编撰过程中，引用、借鉴了大量已有文献，尤其是陈玉珍等编著的《财务管理学实验》（2002年科学出版社）、邓孙棠、刘玉勋编著的《财务管理实验教程》（2015年华南理工大学出版社），在此对相关作者表示衷心的感谢。

本书是江苏省"十二五"工商管理类重点专业建设与江苏师范大学商务系统模拟仿真综合训练中心（省级）建设的阶段性成果，书稿虽经多次讨论与修改，但仍存在不足之处，恳请读者提出宝贵意见，以便我们修订时参考。

编　者
2020年6月

目录 CONTENTS

第一部分 财务管理基础实验篇

第1章 财务管理基础实验 …………… 2
    实验1.1 财务管理数据整理与分析 ……… 2
    实验1.2 财务管理图表 ………………… 10
    实验1.3 财务管理常用公式与函数 …… 13
    练习题 ………………………………… 23

第二部分 财务管理单项实验篇

第2章 资金时间价值与风险价值衡量 …………… 29
    实验2.1 资金时间价值 ………………… 29
    实验2.2 固定收益风险价值 …………… 31
    实验2.3 剩余收益风险价值 …………… 36
    练习题 ………………………………… 38

第3章 财务分析 ………………………… 41
    实验3.1 财务分析准备 ………………… 41
    实验3.2 财务分析方法实验 …………… 47
    实验3.3 财务能力分析 ………………… 53
    练习题 ………………………………… 60

第4章 财务预测与预算 ………………… 62
    实验4.1 筹资数量预测 ………………… 62
    实验4.2 现金流量预测 ………………… 66
    实验4.3 日常现金流预算 ……………… 68
    练习题 ………………………………… 70

第5章 投资决策原理 …………………… 73
    实验5.1 投资现金流量的计算 ………… 73
    实验5.2 折现现金流量指标的计算与应用 ……… 78
    实验5.3 非折现现金流量指标的计算与应用 …… 92
    练习题 ………………………………… 99

第6章 投资决策实务 …………………… 100
    实验6.1 固定资产更新决策分析 ……… 100
    实验6.2 资金限量决策分析 …………… 104
    实验6.3 投资时机选择决策 …………… 108
    实验6.4 投资期选择决策 ……………… 113
    实验6.5 项目寿命不等的投资决策分析 ……… 117
    实验6.6 风险投资决策分析 …………… 121
    练习题 ………………………………… 125

第7章 资本结构决策 …………………… 127
    实验7.1 经营杠杆系数的计算 ………… 127
    实验7.2 财务杠杆系数的计算 ………… 130
    实验7.3 联合杠杆系数的计算 ………… 133
    实验7.4 资本结构决策的资金成本比较法 ……… 138
    实验7.5 资本结构决策的每股收益比较法 ……… 139
    实验7.6 资本结构决策的企业价值比较法 ……… 143
    练习题 ………………………………… 147

第8章 企业筹资管理 …………………… 150
    实验8.1 长期借款资金成本的计算 …… 150
    实验8.2 长期债券资金成本的计算 …… 151
    实验8.3 优先股资金成本的计算 ……… 152
    实验8.4 普通股资金成本的计算——股利折现模型 ……… 153
    实验8.5 普通股资金成本的计算——资本资产定价模型 ……… 154
    实验8.6 留存收益资金成本的计算 …… 155
    实验8.7 综合资金成本的计算 ………… 156
    实验8.8 边际资金成本的计算 ………… 158

练习题 …………………………………… 161
第 9 章 营运资金管理 …………… 162
　实验 9.1　现金余缺确定方法的
　　　　　　收支预算法 ……………… 162
　实验 9.2　最佳现金持有量确定的
　　　　　　成本分析模型 …………… 165
　实验 9.3　最佳现金持有量确定的
　　　　　　存货模型 ………………… 167
　实验 9.4　最佳现金持有量确定的
　　　　　　米勒-欧尔模型 …………… 169
　实验 9.5　经济订货量和再
　　　　　　订货点的确定 …………… 170

　实验 9.6　贴现付息借款实际利率的计算 … 171
　实验 9.7　放弃现金折扣成本的计算 …… 172
　实验 9.8　短期融资券实际年
　　　　　　利率的计算 ……………… 174
　练习题 …………………………………… 175
第 10 章 企业分配管理 ……………… 176
　实验 10.1　现金股利分配政策与应分配
　　　　　　 现金股利额 ……………… 176
　实验 10.2　股票股利及其经济后果 …… 178
　实验 10.3　股票分割及其经济后果 …… 181
　实验 10.4　股票回购及其经济后果 …… 183
　练习题 …………………………………… 187

第三部分　财务管理综合实验篇

第 11 章 财务管理综合实验 ………… 189
　实验 11.1　企业筹资决策综合分析 …… 189
　实验 11.2　企业投资决策综合分析 …… 204
　实验 11.3　企业并购决策综合分析 …… 223

　实验 11.4　应收账款决策及存货管理
　　　　　　 综合分析 ………………… 236
参考文献 ………………………………… 244

第一部分 财务管理基础实验篇

第1章 财务管理基础实验

财务管理基础实验

实验 1.1 财务管理数据整理与分析

1.1.1 实验目的

对财务管理数据筛选、排序、分类汇总和透视。

1.1.2 实验原理

1. 筛选数据

筛选数据就是将不符合用户特定条件的行隐藏起来,这样可以更方便地对数据进行查看。Excel 提供了两种筛选数据列表的命令。自动筛选适用于简单的筛选条件,高级筛选适用于复杂的筛选条件。

2. 设置高级筛选条件

高级筛选可以设置行与行之间的"或"条件,也可以对一个特定的列指定三个以上的条件,还可以指定计算条件,这些都是它比自动筛选优越的地方。高级筛选的条件区域应该至少有两行,第一行用来放置列标题,下面的行则放置筛选条件,需要注意的是,这里的列标题一定要与数据清单中的列标题完全一样才行。在条件区域的筛选条件的设置中,同一行上的条件认为是"与"条件,而不同行上的条件认为是"或"条件。

3. 数据排序

Excel 提供了多种方法对工作表区域进行排序,用户可以根据需要按行或列、按升序或降序自定义排序命令。当用户按行进行排序时,数据列表中的列将被重新排列,但行保持不变,如果按列进行排序,行将被重新排列而列保持不变。

4. 分类汇总

分类汇总是 Excel 中最常用的功能之一,它能够快速地以某一个字段为分类项,对数据列表中的数值字段进行各种统计计算,如求和、计数、平均值、最大值、最小值、乘积等。

5. 数据透视表

数据透视表是一种对大量数据快速汇总和建立交叉列表的交互式动态表格,能帮助用户分析、组织数据。例如，计算平均数、标准差，建立列联表、计算百分比、建立新的数据子集等。建好数据透视表后，可以对数据透视表重新安排，以便从不同的角度查看数据。数据透视表可以从大量看似无关的数据中寻找背后的联系，从而将纷繁的数据转化为有价值的信息，以供研究和决策所用。

6. 数据有效性

使用 Excel 的数据有效性功能，可以对输入单元格的数据进行必要的限制，并根据用户的设置，禁止数据输入或让用户选择是否继续输入该数据。

1.1.3 实验案例

【案例 1-1】 对管理费用明细账（图 1.1）以费用项目为关键字进行数据筛选、排序，然后分类汇总和透视各项目的金额。

	凭证号	费用项目	借方	贷方
1	记-0042	包装费	¥52.00	¥0.00
2	记-0006	差旅费	¥53.30	¥0.00
3	记-0050	工伤保险费	¥66.00	¥0.00
4	记-0043	电话费	¥76.00	¥0.00
5	记-0046	车辆保险费	¥82.00	¥0.00
6	记-0071	低值易耗品摊销	¥120.00	¥0.00
7	记-0017	车辆保养费	¥123.00	¥0.00
8	记-0064	低值易耗品摊销	¥123.00	¥0.00
9	记-0051	车辆维修费	¥149.65	¥0.00
10	记-0064	包装费	¥152.00	¥0.00
11	记-0055	工具家具	¥152.00	¥0.00
12	记-0019	餐费	¥164.00	¥0.00
13	记-0059	电费	¥164.00	¥0.00
14	记-0087	房屋建筑物	¥184.40	¥0.00
15	记-0046	公证费	¥184.50	¥0.00
16	记-0027	固定资产折旧费	¥207.05	¥0.00
17	记-0062	工会经费	¥216.25	¥0.00
18	记-0087	各项税费	¥267.80	¥0.00
19	记-0049	管理费用	¥287.00	¥0.00
20	记-0054	车辆维修费	¥289.05	¥0.00
21	记-0025	工资	¥300.00	¥0.00
22	记-0054	车辆使用费	¥347.60	¥0.00
23	记-0062	公杂费	¥351.00	¥0.00
24	记-0064	电话费	¥379.90	¥0.00
25	记-0087	电子耗材费	¥439.02	¥0.00

图 1.1 管理费用明细账

1.1.4 实验步骤

第一步：自动筛选。使用 Excel 的自动筛选功能，首先单击数据列表中的任意单元格，然后选择数据标签，单击"筛选"按钮即可（图 1.2）。

图 1.2　自动筛选

单击数据列表中的任何一列标题行的下拉箭头,选择希望显示的特定行的信息,Excel 会自动筛选出包含这个特定行信息的全部数据(图 1.3)。

图 1.3　自动筛选结果

第二步：高级筛选。如果条件比较多，可以使用高级筛选功能。使用高级筛选功能可以一次把我们想要看到的数据都找出来。例如，管理费用明细账中，想要筛选车辆保险费发生额大于 2 000 元的金额。首先设置一个条件区域，第一行输入排序的字段名称，在第二行中输入条件，建立一个条件区域（图 1.4）。

费用项目	借方
车辆保险费	>2000

图 1.4　条件区域

然后选中数据区域中的一个单元格，单击数据标签中的高级筛选命令（图 1.5）。Excel 自动选择好了筛选的区域，单击条件区域框中的"+"字按钮，选中刚才设置的条件区域，单击选取框中的按钮返回高级筛选对话框，单击"确定"按钮，筛选结果如图 1.6 所示。

图 1.5　高级筛选

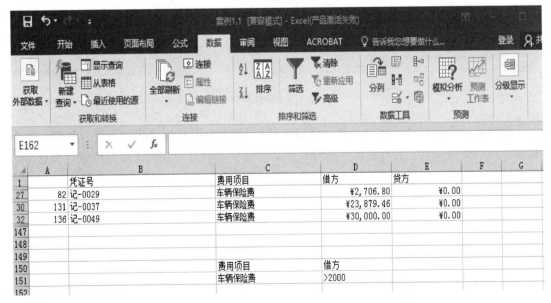

图 1.6　高级筛选结果

第三步：数据排序。打开"管理费用明细账"，单击数据列表中的任意一个单元格，然后单击数据标签中的"排序"—"自定义排序"按钮，此时会出现排序的对话框。在"主要关键字"下拉列表框中选择"费用项目"。在设置好主要关键字后，可以对排序依据进行设置，例如，数值、单元格颜色、字体颜色、单元格图标等，可以选择默认的数据作为排序依据。最后对数据排序次序进行设置，在次序下拉菜单中选择升序、降序或自定义排序。选择升序，设置完成后，单击"确定"按钮即可（图1.7）。

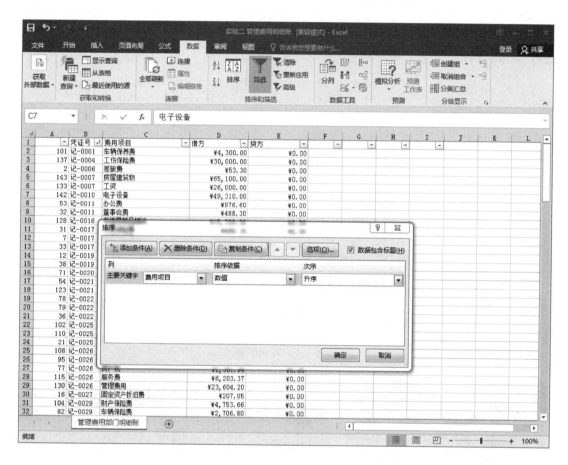

图 1.7 数据排序

第四步：分类汇总。首先单击"费用项目"，单击数据标签中的"升序"按钮，把数据表按照"费用项目"进行排序，然后在数据标签中，单击"分类汇总"按钮，在这里的分类字段的下拉列表框中选择分类字段为"费用项目"，选择汇总方式为"求和"，汇总项选择一个"借方"，单击"确定"按钮（图1.8）。

单击"确定"按钮后，出现费用项目求和结果（图1.9）。

分类汇总中的数据是分级显示的，工作表的左上角有这样的一个区域 1 2 3，单击 1，表中出现总计项（图1.10）。

单击 2，出现各部门的汇总项（图1.11）。

单击 3，显示所有的内容。

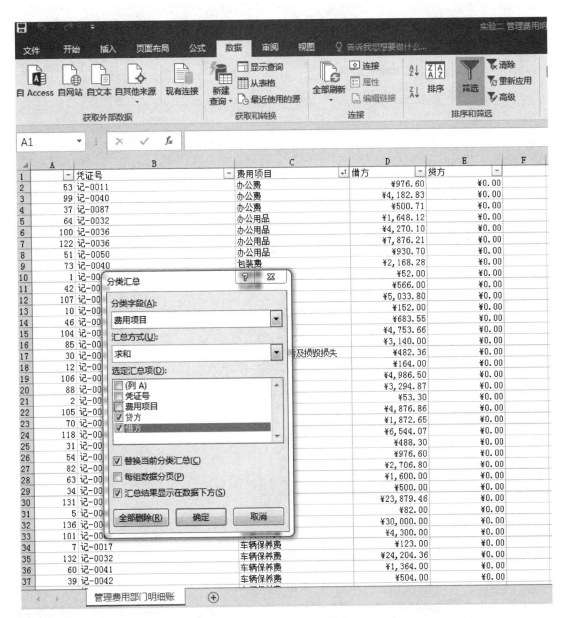

图1.8 费用项目求和

第五步:数据透视。首先打开插入标签,单击"数据透视表"按钮,打开"创建数据透视表"对话框。然后选择透视表的数据来源的区域,Excel已经自动选取了范围,这里它的选取是正确的,我们不做什么改动。最后选择透视表放置的位置,选择"新工作表"项,单击"确定"按钮,出现创建的数据透视表(图1.12)。

第六步:数据有效性。首先选择想要设置的单元格,比如设置"日期"列,单击"日期"列中任意单元格,再单击数据标签中的"数据验证"按钮,在"设置"选项卡中找到"允许"下拉菜单,选择"日期",在"数据"中选择"介于",在"开始日期"和"结束日期"中分别输入"2016-9-1"和"2016-9-30"(图1.13)。

图 1.9 费用项目求和结果

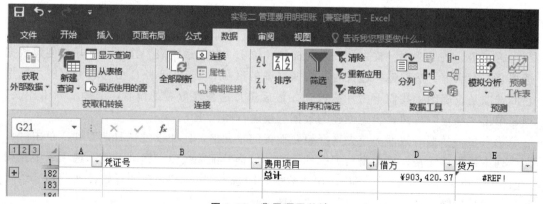

图 1.10 费用项目总计

图 1.11　费用项目部门汇总

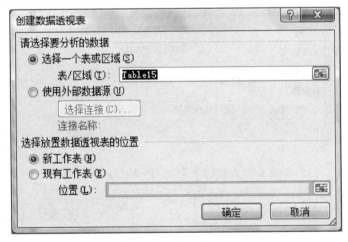

图 1.12　创建数据透视表

除了可以对单元格进行日期的设置外，还可以对单元格进行序列的设置，让用户在单元格中对所有信息进行挑选。同样在数据标签中单击"数据验证"按钮，在"设置"选项卡"允许"中找到"序列"，在"来源"中输入所选信息，例如，收款凭证、付款凭证、转账凭证，同样设置好"输入信息"和"出错警告"，单击"确定"按钮。单击单元格，出现下拉菜单，单击下拉菜单，即对单元格中的数据进行了选择（图 1.14）。

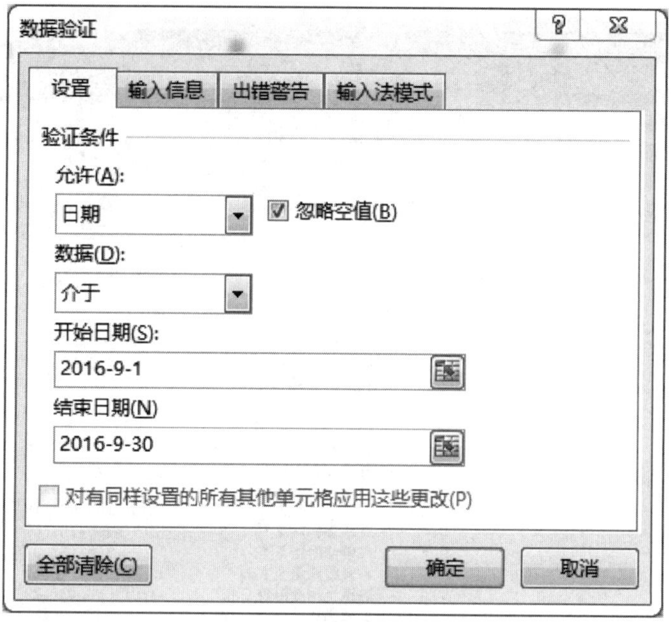

图 1.13　单元格日期设置

图 1.14　单元格序列设置

实验 1.2　财务管理图表

1.2.1　实验目的

利用财务管理数据创建和编辑相关图表。

1.2.2 实验原理

图表是图形化的数据,它由点、线、面等图形与数据文件按特定的方式组合而成。一般情况下,用户使用 Excel 工作簿内的数据制作图表,生成的图表也存放在工作簿中。图表是 Excel 的重要组成部分,具有直观形象、双向联动、二维坐标等特点。Excel 提供了 14 种标准的图表类型,每一种都具有多种组合和变换。在众多的图表类型中,选用哪一种图表更好呢?根据数据的不同和使用要求的不同,可以选择不同类型的图表。图表的选择主要同数据的形式有关,其次才考虑视觉效果和美观性。下面给出一些常见的规则。

面积图:显示一段时间内数据变动的幅值。当有几个部分数据正在变动,而你对这些数据总和感兴趣时,面积图特别有用。面积图既能呈现单独各部分数据的变动,同时也可呈现总体数据的变化。

条形图:由一系列水平条组成。它使对于时间轴上的某一点,两个或多个项目的相对尺寸具有可比性。比如,条形图可以比较每个季度、三种产品中任意一种的销售数量。条形图中的每一条在工作表上是一个单独的数据点或数。因为它与柱形图的行和列刚好是调过来了,所以有时可以互换使用。

柱形图:由一系列垂直条组成,通常用来比较一段时间中两个或多个项目的相对尺寸。例如,不同产品季度或年销售量对比、在几个项目中不同部门的经费分配情况、每年各类资料的数目等。柱形图是应用较广的图表类型,很多人用图表都是从它开始的。

折线图:被用来显示一段时间内的趋势。比如,数据在一段时间内是呈增长趋势的,另一段时间内处于下降趋势,我们可以通过折线图,对将来作出预测。例如,速度—时间曲线、推力—耗油量曲线、升力系数—马赫数曲线、压力—温度曲线、疲劳强度—转数曲线、传输功率代价—传输距离曲线等,都可以利用折线图来表示,一般在工程上应用较多。若是其中一个数据有几种情况,折线图里就有几条不同的线,比如,五名长跑运动员在万米比赛过程中的速度变化,就有五条折线,可以互相对比,也可以添加趋势线对速度进行预测。

股价图:是具有三个数据序列的折线图,被用来显示一段给定时间内一种股票的最高价、最低价和收盘价。通过在最高、最低数据点之间画线形成垂直线条,而轴上的小刻度代表收盘价。股价图多用于金融、商贸等行业,用来描述商品价格、货币兑换率等,也可用于温度、压力测量等,当然对股价进行描述是最合适的了。

饼形图:用于对比几个数据在其形成的总和中所占比值情况。整个饼代表总和,每一个数用一个楔形或薄片代表。比如,表示不同产品的销售量占总销售量的百分比,各单位的经费占总经费的比例,收集的藏书中每一类占比多少等。饼形图虽然只能表达一个数据系列的情况,但因为表达得清楚明了,又易学好用,所以在实际工作中用得比较多。如果想对比多个系列的数据时,可以用环形图。

雷达图:显示数据如何按中心点或其他数据变动。每个类别的坐标值从中心点辐射。来源于同一序列的数据同线条相连。采用雷达图可以绘制出几个内部关联的序列,很容易做出可视的对比。比如,你有三台具有五个相同部件的机器,在雷达图上就可以绘制出每一台机器上每一部件的磨损量。

XY 散点图：展示成对的数和它们所代表的趋势之间的关系。对于每一数对，一个数被绘制在 X 轴上，而另一个被绘制在 Y 轴上。过两点作轴的垂线，相交处在图表上有一个标记。当大量的这种数对被绘制后，出现一个图形。散点图的重要作用是可以用来绘制函数曲线，从简单的三角函数、指数函数、对数函数到更复杂的混合型函数，都可以利用它快速准确地绘制出曲线，所以在教学、科学计算中会经常用到。

还有其他一些类型的图表，比如圆柱图、圆锥图、棱锥图，都是由条形图和柱形图变化而来的，没有突出的特点，而且用得相对较少，这里就不一一赘述。

1.2.3 实验案例

下列市场调查表，显示了几种品牌饮料在第一季度的销量百分比（图 1.15），创建表示第一季度的几种商品所占比例的饼图，并修改图表、创建趋势线。

产品名称	销量百分比
A1	8%
A2	8%
A3	12%
A4	16%
A5	8%
A6	16%
A7	14%
A8	4%
A9	6%
A10	8%
合计	100%

图 1.15 第一季度商品销量百分比

1.2.4 实验步骤

第一步：新建图表。首先选择数据区域，然后选择"插入"选项卡，单击"饼图"按钮，在打开的下拉菜单中选择饼图样式（图 1.16），此时就可以看到我们已经创建了一个饼图（图 1.17）。单击创建好的图表，此时单击"设计"标签，在这里我们可以对图表的布局和样式进行选择，或者修改选择的数据等。

图 1.16 创建饼图

第二步：修改图表。单击饼图，在饼的周围出现了一些句柄，再单击其中的某一色块，句柄到了该色块的周围，这时向外拖动此色块，就可以把这个色块拖动出来了。用同样的方法可以把其他各个部分分离出来。或者我们在插入标签中直接选择饼图下拉菜单，选择分离效果即可（图 1.18）。

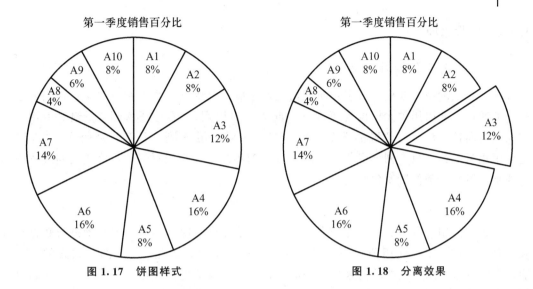

图 1.17 饼图样式　　　　　　　　图 1.18 分离效果

第三步：趋势线的使用。创建好图表后，选择"布局"标签，单击趋势线下拉菜单，此时我们就可以看到趋势线类型（图 1.19）。选择"指数趋势线"后，我们就可以直接在图表中添加相应趋势线（图 1.20）。

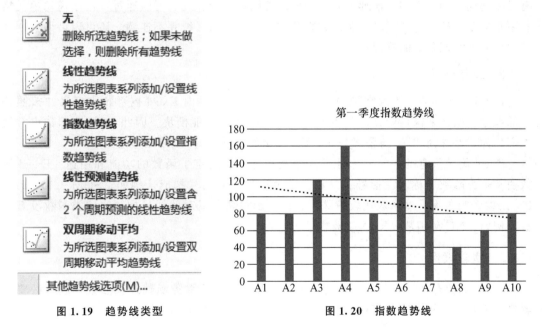

图 1.19 趋势线类型　　　　　　　　图 1.20 指数趋势线

实验 1.3　财务管理常用公式与函数

1.3.1　实验目的

理解公式和函数的一些基本概念和语法，学会如何建立、修改、移动和复制公式，公式的引用、审核，用数组公式进行计算等内容。

1.3.2 实验原理

1. 绝对地址和相对地址

随着公式的位置变化，所引用单元格位置相应发生变化，此为相对引用；而随着公式位置的变化，所引用单元格位置不变化，此为绝对引用。如："＄A1＄"，绝对引用A1，向任何方向拉，单位格位置都不变；"＄A1"，绝对引用A列，只有行号变化；"A＄1"，绝对引用第1行，只有列号变化；"A1"，什么都不加，就是相对引用，公式复制过程中引用地址（值）会随位置变化而变化。

2. 公式创建

公式是由用户自定义设计并结合常量数据、单元格引用、运算符等元素进行数据处理和计算的算式。用户使用公式是为了有目的地计算结果，因此 Excel 的公式必须（且只能）返回数值。从公式的结构来看，构成公式的元素通常包括等号、常量、引用和运算符等元素。其中，等号是不可或缺的。但在实际应用中，公式还可以使用数组、Excel 函数或名称（命名公式）来进行运算。

如果在某个区域使用相同的计算方法，用户不必逐个编辑函数公式，这是因为公式具有可复制性。如果希望在连续的区域中使用相同算法的公式，可以通过双击或拖动单元格右下角的填充柄进行公式的复制。如果公式所在单元格区域并不连续，还可以借助复制和粘贴功能来实现公式的复制。

3. 函数使用

Excel 的工作表函数通常被简称为 Excel 函数，它是由 Excel 内部预先定义并按照特定的顺序、结构来执行计算、分析等数据处理任务的功能模块。因此，Excel 函数也常被人们称为"特殊公式"。与公式一样，Excel 函数的最终返回结果为数值。

Excel 函数只有唯一的名称且不区分大小写，它决定了函数的功能和用途。Excel 函数通常是由函数名称、左括号、参数、半角逗号和右括号构成。例如，SUM（A1:A10，B1:B10）。另外有一些函数比较特殊，它仅由函数名和成对的括号构成，这类函数没有参数，例如，NOW 函数、RAND 函数。

1.3.3 实验案例

Excel 函数有 200 多个，下面列出一些常用的 Excel 财务函数及其参数，进行必要的解释、说明和举例，让大家对 Excel 函数的应用有一个基本的了解。

1.3.4 实验步骤

1. MID（text，start_num，num_chars）函数

这是 Excel 中的一个字符串函数，作用是从一个字符串中截取出指定数量的字符。

text：指包含需要提取字符的文本字符串位置。

start_num：指需要提取的字符串在文本中的开始位置。

num_chars：指需要提取的字符串个数。

【案例 1-2】 从以下身份证号中提取出生年月日（图 1.21）。

B2

	A	B
1	从下面数据中提取字符串	
2	420984199001253386	
3		

图 1.21 用 MID 函数从身份证号中提取出生年月日

函数格式：MID（A2，7，8）

A2：指身份证号位于 A2 位置。

7：指从身份证号中第 7 个位置开始提取

8：指按顺序一共提取 8 个数字

结果如图 1.22 所示。

	A	B	C
1	从下面数据中提取字符串		
2	420984199001253386	19900125	
3			

图 1.22 MID 函数操作结果

2. SUMIF（range，criteria，sum_range）函数

这是 Excel 中根据指定条件对若干单元格、区域或引用求和的函数。

range：指计算区域。

criteria：指条件（以数字、表达式或文本形式表示）。

sum_range：指实际参与计算的区域（可省略）。

【案例 1-3】 在以下计算区域中对编码为 a1 的单元格所对应的数据进行求和（图 1.23）。

	A	B	C
1	从下面计算区域中选择符合条件的区域进行求和		
2		编码	数据
3		a1	25
4		a2	32
5		a1	33
6		a2	45
7		a2	29
8		a1	36
9		a3	31
10		a3	38

图 1.23 用 SUMIF 函数进行条件求和

函数格式：SUMIF（B3:C10，B3，C3:C10）

在区域 B3:C10 中把所有编码为 a1 的单元格的数据进行求和 B3＋B5＋B8＝25＋33＋36＝E3＝94

结果如图 1.24 所示。

图 1.24　SUMIF 函数操作结果

3. COUNTIF（range，criteria）函数

这是 Excel 中对指定区域中符合指定条件的单元格计数的一个函数。

range：指需要进行计算的非空单元格区域。

criteria：指需要进行计算时满足的条件。

【案例 1-4】　对下列区域（B3:C10）中大于 30 的数进行个数统计（图 1.25）。

图 1.25　用 COUNTIF 函数进行个数统计

函数格式：COUNTIF（B3:C10，>30）（图 1.26）

B3:C10：表示进行统计的区域

>30：为表达式，表示大于 30 的数。

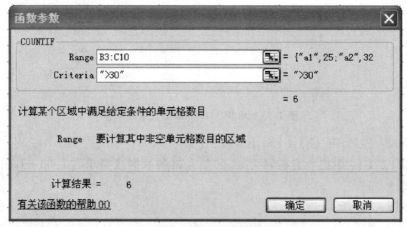

图 1.26　COUNTIF 函数格式

结果如图 1.27 所示。

	A	B	C	D
1	从下面区域数据列中选择大于30的数的个数			
2		编码	数据	大于30个数
3		a1	25	6
4		a2	32	
5		a1	33	
6		a2	45	
7		a2	29	
8		a1	36	
9		a3	31	
10		a3	38	

图 1.27　COUNTIF 函数操作结果

4. VLOOKUP（lookup_value，table_array，col_index_num，range_lookup）函数

这是 Excel 中的一个纵向查找函数，其功能是按列查找，最终返回该列所需查询列序所对应的值；与之对应的 HLOOKUP 是按行查找的。

lookup_value：指查找的目标。

table_array：指查找的区域。

col_index_num：指需要返回的值在查找区域中的列号。

range_lookup：默认为 true（即 1），即模糊查找，false（即 0）为精确查找。

【案例 1-5】　如图 1.28 所示，在 A2:F12 区域中提取工号为 100003、100004、100005、100007、100010 五人的全年总计销量，并对应地输入到 I4:I8 中。在数据量大的情况下，逐一对目标数据进行手动查找十分烦琐，这时就需要使用 VLOOKUP 函数进行操作。

	A	B	C	D	E	F	G	H	I
1			年度销量报表						
2	工号	第一季度	第二季度	第三季度	第四季度	全年总计			
3	100001	91	91	68	87	337		工号	全年总计
4	100002	59	78	69	80	286		100003	
5	100003	71	88	89	70	318		100004	
6	100004	91	60	66	89	306		100005	
7	100005	84	89	86	57	316		100007	
8	100006	86	83	67	63	299		100010	
9	100007	77	90	67	73	307			
10	100008	79	88	74	70	311			
11	100009	74	68	69	74	285			
12	100010	69	89	84	62	304			
13									

图 1.28　年度销量报表

首先在 I4 单元格输入"=VLOOKUP("，此时 Excel 就会提示 4 个参数。

第一个参数，工号 100003 对应的是 H4，这里就输入"H4,"。

第二个参数，输入查找区域（绝对引用），即"$A$2:$F$12,"。

第三个参数，"全年总计"是区域的第六列，所以这里输入"6"，输入"5"就会输入第四季度的项目了。(注意：这里的列数不是 Excel 默认的列数，而是查找范围的第几列。)

第四个参数，精确查找工号，所以输入"FALSE"或者"0"。

最后补全右括号")"，得到公式"＝VLOOKUP（H4，$A$2:$F$12，6，0）"，使用填充柄填充其他单元格即可完成查找操作。结果如图 1.29 所示。

图 1.29　VLOOKUP 函数操作结果

5. DATE（year，month，day）函数

这是 Excel 中可以返回任意一个日期的序列号的函数，其函数形式为 DATE（year，month，day），括号中的参数分别对应年月日。

【案例 1-6】 DATE（2018，1，B4）（图 1.30）。

图 1.30　DATE 函数操作结果

在 D4 单元格中显示为 2018/2/2，因为 B4 单元格中的数字为 33，比 1 月份的 31 天多两天，所以顺延到 2 月份。

6. NOW（ ）函数

该函数没有参数，选择它后直接按回车即可显示当前电脑的时间。

如果需要更新时间为最新的时间，可以按键盘上的 F9。

7. DATEDIF（date1，date2，y）、DATEDIF（date1，date2，m）、DATEDIF（date1，date2，d）函数

DATEDIF 函数是 Excel 中的隐藏函数，其作用是返回两个日期之间的年/月/日间隔数。常使用 DATEDIF 函数计算两日期之差。其中 y 表示返回年的差值，m 表示返回月的差值，d 表示返回日期差值。

8. CONCATENATE（Text1，Text2，……）函数

CONCATENATE 函数可将最多 255 个文本字符串合并为一个文本字符串。连接项可以是文本、数字、单元格引用或这些项的组合。

【案例 1-7】 将图 1.31 中 B4 与 C4 中的内容连接在一起，放到 D4 中。

	A	B	C
1			
2		编码	数据
3		a1	25
4		a2	32
5		a3	33
6		a4	45
7		a5	29
8		a6	36

图 1.31 文本字符串

输入的格式如图 1.32 所示。

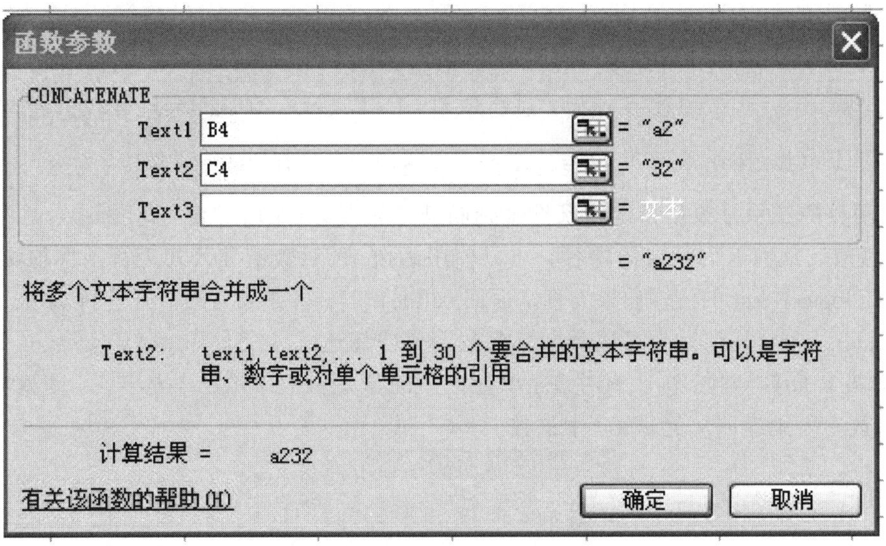

图 1.32 CONCATENATE 函数格式

结果如图 1.33 所示。

	A	B	C	D
1				
2		编码	数据	
3		a1	25	
4		a2	32	a232
5		a3	33	
6		a4	45	
7		a5	29	
8		a6	36	

图 1.33　CONCATENATE 函数操作结果

9. ROW（reference）函数

ROW 函数的作用是返回一个引用的行号。如果省略 reference，则假定是对函数 ROW 单元格的引用。ROW 函数不能引用多个区域。

reference：表示需要求行号的单元格或连续区域。

10. COLUMN（reference）函数

COLUMN 函数的作用是求单元格或连续区域的列号。

reference：表示需要求列号的单元格或连续区域。

11. ROUND（number，num_digits）函数

ROUND 函数的作用是按指定的位数对数值进行四舍五入。

number：表示需要进行四舍五入的单元格，如果单元格内容非数值型，则返回错误。

num_digits：表示需要保留的小数位数。

比如 ROUND（8.699，1），结果为 8.7。

12. INT（number）函数

INT 函数的作用是将数值 number 向下取整为最接近的整数。

比如：对单元格 D5 中的数字 3.2 进行取整，INT（3.2）或 INT（D5），结果为 3。

若对单元格 D6 中的数字 −3.2 进行取整，INT（−3.2）或 INT（D6），结果为 −4。

13. IF (logical_test, value_if_true, value_if_false) 函数

IF 函数的作用是根据指定的条件来判断其"真"（true）、"假"（false），根据逻辑计算的真假值，从而返回相应的内容。可以使用函数 IF 对数值和公式进行条件检测。

判断 logical_test 的值，如果为真，返回 value_if_true，如果为假，则返回 value_if_false。

logical_test：任何一个可以判断真假的数值或表达式。

【案例 1-8】　判断图 1.34 中 B4 单元格中的数是否大于 5，若大于 5，则返回单元格 B5 中的数，否则返回单元格 B3 中的数。

	A	B	C
1			
2			
3		3	
4		5	
5		6	
6			
7			

图 1.34　原数据

函数格式：IF（B4>5，B5，B3）（图 1.35）。

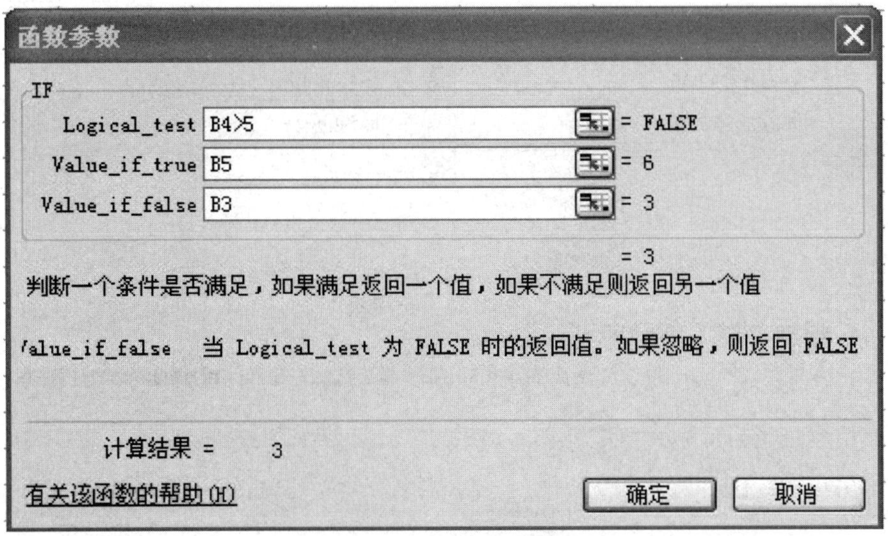

图 1.35　IF 函数格式

结果如图 1.36 所示。

	A	B	C
1			
2			
3		3	
4		5	3
5		6	
6			
7			

图 1.36　IF 函数操作结果

14. SUMPRODUCT（array1，array2，array3 ……）函数

SUMPRODUCT 函数的功能是在给定的几组数组中，将数组间对应的元素相乘，并返回乘积之和。

array1：指相应元素需要进行相乘并求和的第一个数组参数。

array2，array3，……可选 2～255 个数组参数，其相应元素需要进行相乘并求和。

【案例 1-9】 现有数组 1(1,2,3,4,5)，数组 2(6,7,8,9,10)，运用 SUMPRODUCT 函数运算返回的值为 130，即 1×6+2×7+3×8+4×9+5×10=130（图 1.37、图 1.38）。

	A	B	C	D
1	数组1	数组2		
2	1	6		
3	2	7		
4	3	8		
5	4	9		
6	5	10		
7		=SUMPRODUCT(A2:A6,B2:B6)		

图 1.37　SUMPRODUCT 函数操作结果

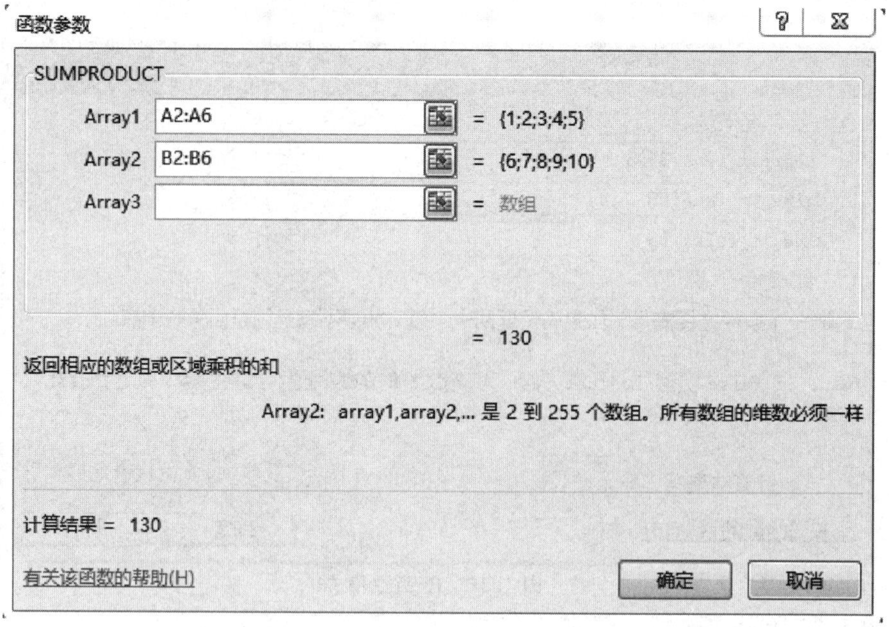

图 1.38 SUMPRODUCT 函数操作示例

15. AVERAGE（number1，number2，number3 ……）函数

AVERAGE 函数是 Excel 表格中计算平均值的函数，在数据库中 average 使用简写 avg，参数可以是数字，或者是涉及数字的名称、数组或引用，如果数组或单元格引用参数中有文字、逻辑值或空单元格，则忽略其值。但是，如果单元格包含零值则计算在内。

number1，number2，……是要计算平均值的 1～255 个参数。

16. DB（cost，salvage，life，period，month）函数。

DB 函数使用固定余额递减法，计算一笔资产在给定期间内的折旧值。

cost：资产原值。

salvage：资产在折旧期末的价值（也称为资产残值）。

life：折旧期限（有时也称作资产的使用寿命）。

period：需要计算折旧值的期间，period 必须使用与 life 相同的单位。

month：第一年的月份数，如省略，则假设为 12。

【案例 1-10】 现有某辆轿车，价值 10 万元，预计使用寿命为 20 年，报废后的资产残值为 10 000 元，目前公司使用的时间年限为 15 年。求在今年内该车的折旧值。

单击 Excel 工作表中某单元格，然后在工作表工具栏中单击"公式"编辑栏左侧的插入函数"f_x"按钮，弹出"插入函数"对话框，单击"或选择类别（C）"栏选择"财务"类，在"选择函数（N）"栏选择"DB"函数名，输入相关参数，如图 1.39 所示。结果为：2 166 元，即在今年内的折旧为 2 166 元。

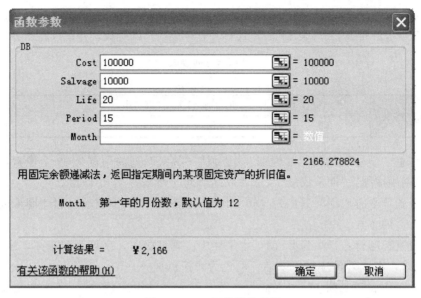

图 1.39　DB 函数操作示例

练习题

实 验 一

1. 实验目的

掌握使用 Excel 进行电子表格处理的基本操作,编辑与格式化工作表和单元格。

2. 实验内容

(1) 在 Excel 中新建一个空白工作簿,文件名为"学号.xls",保存在文件夹"实验一"中。

(2) 将工作表"Sheet1"重命名为"成绩 1",输入下列内容(表 1-1)。

表 1-1　　　　　　　　　　　　　　　成绩 1

单位:分

学号	姓名	性别	班级	平时成绩	期中成绩	期末成绩
		男	一班	85	72	80
		女	一班	86	68	72
		男	二班	76	80	84
		女	二班	89	82	80
		女	一班	92	94	91
		女	二班	98	96	92
		男	二班	60	59	60
		女	一班	90	82	88
		男	一班	71	74	70
		男	二班	65	58	54

（3）在工作表"成绩1"的最右侧插入两列，标题依次为"总评成绩""等级"，并根据下面的"分数等级转换表"（表1-2），计算"总评成绩"的等级，并记录在"等级"列中。

表1-2　　　　　　　　　　　　　分数等级转换表

单位：分

分数等级转换表	优（>=）	良（>=）	中（>=）	差（<）
	89.5	74.5	59.5	59.5

（4）调整"学号""姓名""性别""班级""等级"列的列宽为80个像素，调整"平时成绩""期中成绩""期末成绩""总评成绩"列的列宽为85个像素。

（5）设置"平时成绩"只能为[60～100]的整数，"期中成绩"和"期末成绩"只能为[0～100]的整数。

（6）设置标题行：行高为20磅，水平居中，垂直居中，字体为新宋体，字形为加粗，字号为12磅，底纹图案为25%灰色，颜色为浅橙色。

（7）在工作表"成绩1"顶部插入一行，输入"学生成绩表"，字体为黑体，字号为20磅，颜色为蓝色，跨列居中（使它位于所制作表格的上方中央位置）。

（8）为表格添加表格框线，内部为单实线，外部为双实线。

（9）在"学号"列从上到下依次填充文本数据"2009001"至"2009010"，要求水平居中。

（10）在"姓名"列从上到下依次填充文本数据"某一"至"某十"，要求水平居中。

（11）要求"期末成绩"列能自动识别高于90分的成绩，并将其显示成蓝色粗体。

（12）保存修改后的文件。

3. 实验步骤

根据本章所学Excel的相关知识与操作技能，自拟。

4. 实验结果（图1.40）

	A	B	C	D	E	F	G	H	I
1				学生成绩表					
2	学号	姓名	性别	班级	平时成绩	期中成绩	期末成绩	总评成绩	等级
3	2009001	某一	男	一班	85	72	80	79	良
4	2009002	某二	女	一班	86	68	72	73	中
5	2009003	某三	男	二班	76	80	84	82	良
6	2009004	某四	女	二班	89	82	80	81	良
7	2009005	某五	女	一班	92	94	91	92	优
8	2009006	某六	女	二班	98	96	92	93	优
9	2009007	某七	男	二班	60	59	60	60	中
10	2009008	某八	女	一班	90	82	88	87	良
11	2009009	某九	男	一班	71	74	70	71	中
12	2009010	某十	男	二班	65	58	54	56	差

图1.40　实验一实验结果

实　验　二

1. 实验目的

掌握Excel中公式和函数的使用。

2. 实验内容

（1）在工作表“成绩 1”中，按照“总评成绩＝平时成绩×10%＋期中成绩×20%＋期末成绩×70%”计算“总评成绩”，要求四舍五入成整数，并且如果不及格则显示成红色粗体。

（2）在“学生成绩表”右下角插入当前日期。

（3）在工作表“成绩 1”中空白处输入下列内容（表 1－3）。

表 1－3　　成绩统计表

单位：分

平均分					
最高分					
最低分					
分数段	90～100	80～89	70～79	60～69	0～59
人数					

（4）根据“总评成绩”计算得到“成绩统计表”中的“平均分”、“最高分”、“最低分”及各个“分数段”的“人数”。

（5）保存修改后的文件。

3. 实验步骤

根据本章所学 Excel 的相关知识与操作技能，自拟。

4. 实验结果（图 1.41）

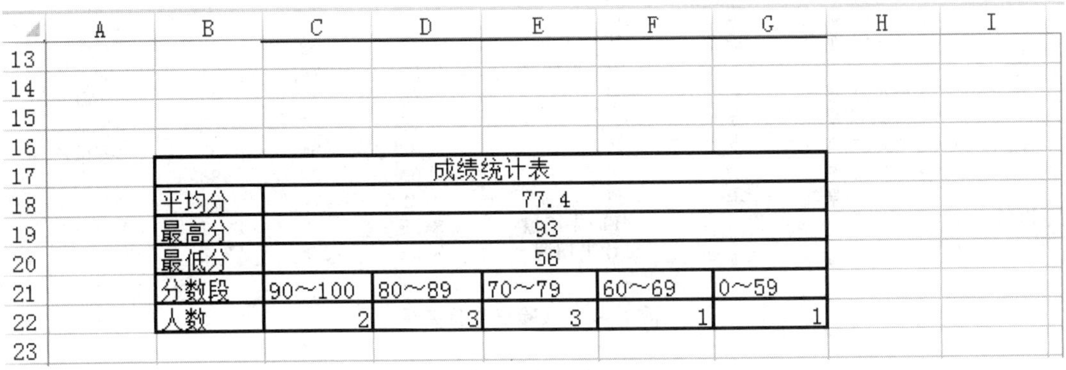

	A	B	C	D	E	F	G	H	I
13									
14									
15									
16									
17		成绩统计表							
18		平均分	77.4						
19		最高分	93						
20		最低分	56						
21		分数段	90～100	80～89	70～79	60～69	0～59		
22		人数	2	3	3	1	1		
23									

图 1.41　实验二实验结果

实　验　三

1. 实验目的

掌握 Excel 中数据处理功能——排序、筛选、分类汇总与数据透视。

2. 实验内容

（1）打开文件“学号 .xls”，新建工作表“成绩 2”，并将工作表“sheet2”和“sheet3”分别重命名为“成绩 3”和“成绩 4”。

（2）将工作表“成绩 1”中的“学生成绩表”中的主体内容（不含“学生成绩表”行和“当前日期”行）复制到工作表“成绩 2”中，要求如下。

① 仅仅复制数值。

② 筛选出"班级"为二班，且"总评成绩"大于等于 80 分的学生，在工作表"成绩 2"中另辟一块区域显示筛选结果。

（3）将工作表"成绩 1"中的"学生成绩表"中的主体内容（不含"学生成绩表"行和"当前日期"行）复制到工作表"成绩 3"中，要求如下。

① 仅仅复制数值。

② 根据"班级"分类汇总"平时成绩""期中成绩""期末成绩""总评成绩"的平均值。

（4）将工作表"成绩 1"中的"学生成绩表"中的"性别""班级""总评成绩"的标题及内容复制到工作表"成绩 4"中，要求如下。

① 仅仅复制数值。

② 制作数据透视表，行字段为"班级"，列字段为"性别"，数据项为"总评成绩"的平均值。

（5）保存修改后的文件。

3. 实验步骤

根据本章所学 Excel 的相关知识与操作技能，自拟。

4. 实验结果（图 1.42）

	A	B	C	D	E	F	G	H	I
1	学号	姓名	性别	班级	平时成绩	期中成绩	期末成绩	总评成绩	等级
2	2009003	某三	男	二班	76	80	84	82	良
3	2009004	某四	女	二班	89	82	80	81	良
4	2009006	某六	女	二班	98	96	92	93	优
5	2009007	某七	男	二班	60	59	60	60	中
6	2009010	某十	男	二班	65	58	54	56	差
7				二班 平均值	77.6	75	74	74.4	
8	2009001	某一	男	一班	85	72	80	79	良
9	2009002	某二	女	一班	86	68	72	73	中
10	2009005	某五	女	一班	92	94	91	92	优
11	2009008	某八	女	一班	90	82	88	87	良
12	2009009	某九	男	一班	71	74	70	71	中
13				一班 平均值	84.8	78	80.2	80.4	
14				总计平均值	81.2	76.5	77.1	77.4	
15									

图 1.42 实验三实验结果

实　验　四

1. 实验目的

掌握 Excel 中图表的制作。

2. 实验内容

（1）在工作簿"学号.xls"中新建工作表"成绩 5"，将工作表"成绩 1"中的"学生成绩表"中的"学号""姓名"及各种成绩的标题及内容复制到工作表"成绩 5"中，要求如下。

① 仅仅复制数值。

② 在工作表"成绩 5"中制作"数据点折线"图表，系列有"平时成绩""期中成绩""期末成绩""总评成绩"，分类轴（标题）为"学号"，数值轴（标题）为"成绩"，靠右

显示图例。

③ 设置系列格式为图 1.43 所示形式。

```
─◆─ 平时成绩
─■─ 期中成绩
─▲─ 期末成绩
─●─ 总评成绩
```

图 1.43　格式举例

（2）保存修改后的文件。

（3）将"01 Excel 基础操作练习题"的实验报告保存在文件夹"实验 1"中。

（4）将文件夹"实验 4"提交。

3. 实验步骤

根据本章所学 Excel 的相关知识与操作技能，自拟。

4. 实验结果（图 1.44）

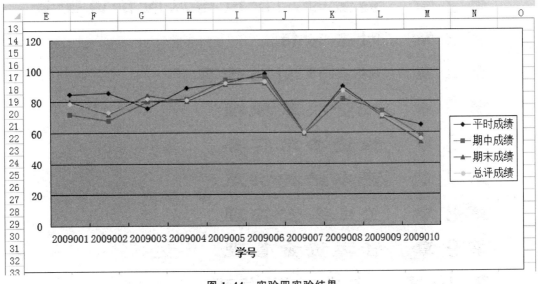

图 1.44　实验四实验结果

第二部分　财务管理单项实验篇

第2章　资金时间价值与风险价值衡量

第3章　财务分析

第4章　财务预测与预算

第5章　投资决策原理

第6章　投资决策实务

第7章　资本结构决策

第8章　企业筹资管理

第9章　营运资金管理

第10章　企业分配管理

第 2 章

资金时间价值与风险价值衡量

实验 2.1 资金时间价值

2.1.1 实验目的

掌握现金流示意图的制作方法;理解会计回报率和投资回收期等项目评价指标的局限性;理解货币时间价值原理及相关评价指标的决策意义;掌握货币时间价值指标的计算方法,能够熟练运用 Excel 中的现值、终值、净现值、内含报酬率等函数完成相关计算。

2.1.2 实验原理

1. 单利和复利

单利终值计算公式:$FV=PV\times(1+n\times i)$,单利现值计算公式:$PV=FV/(1+n\times i)$。
复利终值计算公式:$FV=PV\times(1+i)^n$,复利现值计算公式:$PV=FV\times(1+i)^{-n}$。
式中,PV 为本金,亦即现值,FV 为终值,n 为计息期,i 为计息期利率。

2. 后付年金的终值和现值

后付年金指每期期末有等额收付款项的年金,也称为普通年金(Annuity)。下文计算公式中统一用符号 A 表示年金。

后付年金终值计算公式:$FV=A\times\dfrac{(1+i)^n-1}{i}$。式中,$\dfrac{(1+i)^n-1}{i}$ 为年金复利终值系数。

后付年金现值计算公式:$PV=A\times\dfrac{1-\dfrac{1}{(1+i)^n}}{i}$。式中,$\dfrac{1-\dfrac{1}{(1+i)^n}}{i}$ 为年金复利现值系数。

3. 先付年金的终值和现值

先付年金指每期期初有等额收付款项的年金,也称预付年金。

先付年金终值计算公式:$FV=A\times\dfrac{(1+i)^n-1}{i}\times(1+i)$,相当于较后付年金终值多计一期利息。

先付年金现值计算公式:$PV=A\times\dfrac{1-\dfrac{1}{(1+i)^n}}{i}\times(1+i)$,同样较后付年金现值也多计

一期利息。

4. 净现值（NPV，Net Present Value），是指现金流入、现金流出的现值之差。

5. 内含报酬率（IRR，Internal Return Rate），是指使净现值为零时的贴现率。

2.1.3 实验案例

【案例 2-1】 某物流公司正在计划一个集装箱码头建设项目，有关建造、未来运营及报废的现金流分布，如表 2-1 所示，假设贴现率为 10%。请分别用会计和时间价值两种方法对本项目进行分析。

表 2-1　　　　　　　　集装箱码头建设项目现金流分布

单位：百万美元

年份	0	1	2	3	4	5	6	7	8	9	10	11
现金流	-40	7.5	7.5	7.5	7.5	7.5	7.5	7.5	7.5	7.5	7.5	17

2.1.4 实验步骤

在工作簿"实验 2.1"中命名一个"案例 2-1"的工作表。然后进行如下操作。

第一步：在 Excel 工作表中将【表 2-1】的相关数据录入，如图 2.1 所示。

	A	B	C	D	E	F	G	H	I	J	K	L	M
1					集装箱码头项目现金流分布							单位：百万美元	
2	年份	0	1	2	3	4	5	6	7	8	9	10	11
3	现金流	-40	7.5	7.5	7.5	7.5	7.5	7.5	7.5	7.5	7.5	7.5	17
4													

图 2.1　集装箱码头项目现金流分布表

第二步：制作项目现金流分布示意图，结果如图 2.2 所示。

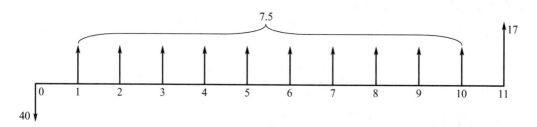

图 2.2　集装箱码头项目现金流分布示意图

第三步：计算项目会计回报率和投资回收期①，结果如表 2-2 所示。

---

① 会计回报率等于年平均现金流入额除以每年占用的现金流出总额；投资回收期等于现金流出总额通过每年现金流入逐步收回需要经历的时间。

表 2-2　　　　　　　　　　　　项目会计分析结果

指　　标	计算过程	结　　果
会计回报率（%）	=(7.5×10+17)/11/40	21
投资回收期（年）	=40/7.5	5.333 3

第四步：运用 Excel 中的 PV()，FV()，APV()，AFV()，NPV()，IRR() 等函数，计算项目时间价值指标[①]。

(1) 现值函数＝PV（Rate，Nper，Pmt，[Fv]，[Type]）

(2) 终值函数＝FV（Rate，Nper，Pmt，[Pv]，[Type]）

(3) 净现值函数＝NPV（Rate，Value1，[Value2]，[Value3]…）

(4) 内含报酬率函数＝IRR（Value，[Guess]）

第五步：项目时间价值分析过程及结果，如图 2.3 所示。

项目时间价值分析过程及结果		
指标	计算过程	计算结果
该项目全部现金流入的终值	=-FV(10%, 11, 7.5, 0)+(17-7.5)	148.48
期初投资的期末终值	=-FV(10%, 11, 0, 40, 1)	114.12
该项目全部现金流入的现值	=-PV(10%, 11, 7.5, (17-7.5), 0)	52.04
期初投资的现金现值	=B3	-40
净现值公式	=P5-ABS(P6)	12.04
内含报酬率	=IRR(B3:M3, 11%)	0.1574

图 2.3　项目时间价值分析过程及结果[②]

第六步：实验结果比较分析。根据会计和时间价值分析，该项目均具有投资可行性，但是时间价值分析能够更清晰地揭示出项目现金流净值、项目的内含报酬率，更有利于项目间的比较分析。

实验 2.2　固定收益风险价值

2.2.1　实验目的

理解固定收益工具债券的价格影响因素，运用常用财务函数完成债券定价和发行方式的确定过程，掌握直线法下债券折、溢价各期摊销额的计算，理解实际利率法下债券折、

[①] 函数中各参数的含义如下，Rate 表示计算期对应的贴现率；Nper 表示计息期；Pmt 表示各期等额支付的金额；FV 表示末期的现金流；PV 表示初始现金流；Type 取值 1 表示先付、0 表示后付；Value 表示现金流入和流出，通常流入为正值、流出为负值。

[②] 本表函数公式中引用的单元格位置与图 2.1 相对应；为了计算方便，通常将现金流出量表示为负值，如本例图 2.1 单元格 B3 所示；净现值公式中 ABS() 表示取现金流出量的绝对值。

溢价各期摊销额的计算及原理。

2.2.2 实验原理

（1）债券发行价格等于债券存续期内设定面值（到期值）与设定利息两者按照市场利率（实际利率）折现后的现值之和。

（2）当债券发行价格高于设定面值时，为溢价发行；当债券发行价格低于设定面值时，为折价发行；两者相等称为平价发行。

（3）债券各期利息费用等于实际利率乘以相应期间债券占用资金总额。

（4）债券折、溢价各期摊销额等于本期利息费用与设定利息两者之间的差额。

（5）债券持有价值等于上期价值减（或加）本期溢价（或折价）摊销额后的总价值。

2.2.3 实验案例

【案例2-2】 某公司计划发行债券，相关原始数据如下：面值100 000元，设定年利率8%，存续期10年，每年1/1和7/1为起息日。要求：

（1）确定债券发行价格和发行方式。

（2）计算直线法下债券折、溢价各期摊销额。

（3）计算实际利率法下债券折价各期摊销额。

（4）计算实际利率法下债券溢价各期摊销额。

2.2.4 实验步骤

在工作簿"实验2.2"中命名一个"案例2-2"的工作表，然后进行如下操作。

第一步：打开工作簿，将债券发行的相关原始数据整理成图2.4。

	A	B
1	债券发行原始数据	
2	面值（到期值）(元)	100 000
3	设定利率	8%
4	存续期（年）	10
5	计息日	1/1&7/1
6	半年利息（元）	4 000
7	计息期（次）	20
8		

图2.4 债券发行原始数据

第二步：假设发行时市场利率存在10%、8%、7%三种可能情形，在图2.5中输入债券市价确定过程的计算公式。

第三步：在"公式"菜单下单击快捷工具"显示公式"，单元格显示内容可以在计算公式和计算结果之间切换。查看市价计算结果并与债券设定面值比较，得到债券发行方式及折、溢价金额，详见图2.6中第17~19行。

第四步：计算直线法下债券折价或溢价各期摊销额，结果如图2.7所示。

第2章 资金时间价值与风险价值衡量

9	债券市价确定过程及计算公式		
10		第一种情形	第二种情形	第三种情形
11	市场年利率	10%	8%	7%
12	半年期利率	=B11/2	=C11/2	=D11/2
13	计算面值现值(元)	=-1*PV(B12,$B$7,0,$B$2,0)	=-1*PV(C12,$B$7,0,$B$2,0)	=-1*PV(D12,$B$7,0,$B$2,0)
14	计算各期利息现值(元)	=-1*PV(B12,$B$7,$B$6,0,0)	=-1*PV(C12,$B$7,$B$6,0,0)	=-1*PV(D12,$B$7,$B$6,0,0)
15	总现值(元)	=SUM(B13:B14)	=SUM(C13:C14)	=SUM(D13:D14)
16	市价(元)	=-1*PV(B12,$B$7,$B$6,$B$2)	=-1*PV(C12,$B$7,$B$6,$B$2,0)	=-1*PV(D12,$B$7,$B$6,$B$2,0)
17	市价与面值比较	市价小于面值	市价等于面值	市价大于面值
18	发行方式	折价发行	平价发行	溢价发行
19	折价或溢价金额	=B16-B16	0	=B16-B16

图 2.5 债券市价确定过程及计算公式

9	债券市价计算结果		
10		第一种情形	第二种情形	第三种情形
11	市场年利率	10%	8%	7%
12	半年期利率	5%	4%	3.5%
13	计算面值现值(元)	37 689	45 639	50 256
14	计算各期利息现值(元)	49 849	54 361	56 850
15	总现值(元)	87 538	100 000	107 106
16	市价(元)	87 538	100 000	107 106
17	市价与面值比较	市价小于面值	市价等于面值	市价大于面值
18	发行方式	折价发行	平价发行	溢价发行
19	折价或溢价金额(元)	12 462	0	7 106

图 2.6 债券市价计算结果

	A	B	C
1	直线法下债券折、溢价摊销计算		
2		折价摊销	溢价摊销
3	债券存续期(年)	10	10
4	债券发行折价或溢价(元)	12 462	7 106
5	折价或溢价摊销期(次)	20	20
6	各期摊销额(元)	623.1	355.3

图 2.7 直线法下债券折、溢价摊销计算[①]

第五步：计算实际利率法下债券折价各期摊销额。假设实际利率为10%。如图2.8所示。

第六步：计算结果如图2.9所示。

---

① 各期摊销额＝折价或溢价/摊销期

	A	B	C	D	E
1			实际利率法下债券折价摊销计算表		单元：元
2	计息期	债券持有价值	当期利息费用	摊销的折价	实际支付
3	1/20	87538	=B3*10%/2	=C3-4000	4000
4	2/20	=B3+D3	=B4*10%/2	=C4-4000	4000
5	3/20	=B4+D4	=B5*10%/2	=C5-4000	4000
6	4/20	=B5+D5	=B6*10%/2	=C6-4000	4000
7	5/20	=B6+D6	=B7*10%/2	=C7-4000	4000
8	6/20	=B7+D7	=B8*10%/2	=C8-4000	4000
9	7/20	=B8+D8	=B9*10%/2	=C9-4000	4000
10	8/20	=B9+D9	=B10*10%/2	=C10-4000	4000
11	9/20	=B10+D10	=B11*10%/2	=C11-4000	4000
12	10/20	=B11+D11	=B12*10%/2	=C12-4000	4000
13	11/20	=B12+D12	=B13*10%/2	=C13-4000	4000
14	12/20	=B13+D13	=B14*10%/2	=C14-4000	4000
15	13/20	=B14+D14	=B15*10%/2	=C15-4000	4000
16	14/20	=B15+D15	=B16*10%/2	=C16-4000	4000
17	15/20	=B16+D16	=B17*10%/2	=C17-4000	4000
18	16/20	=B17+D17	=B18*10%/2	=C18-4000	4000
19	17/20	=B18+D18	=B19*10%/2	=C19-4000	4000
20	18/20	=B19+D19	=B20*10%/2	=C20-4000	4000
21	19/20	=B20+D20	=B21*10%/2	=C21-4000	4000
22	20/20	=B21+D21	=B22*10%/2	=C22-4000	4000
23	20/20	=B22+D22		=SUM(D3:D22)	100000

图 2.8　实际利率法下债券折价摊销计算过程[①]

	A	B	C	D	E
1			实际利率法下债券折价摊销计算表		单位：元
2	计息期	债券持有价值	当期利息费用	摊销的折价	实际支付
3	1/20	87 538	4 377	377	4 000
4	2/20	87 915	4 396	396	4 000
5	3/20	88 311	4 416	416	4 000
6	4/20	88 726	4 436	436	4 000
7	5/20	89 162	4 458	458	4 000
8	6/20	89 621	4 481	481	4 000
9	7/20	90 102	4 505	505	4 000
10	8/20	90 607	4 530	530	4 000
11	9/20	91 137	4 557	557	4 000
12	10/20	91 694	4 585	585	4 000
13	11/20	92 279	4 614	614	4 000
14	12/20	92 893	4 645	645	4 000
15	13/20	93 537	4 677	677	4 000
16	14/20	94 214	4 711	711	4 000
17	15/20	94 925	4 746	746	4 000
18	16/20	95 671	4 784	784	4 000
19	17/20	96 455	4 823	823	4 000
20	18/20	97 277	4 864	864	4 000
21	19/20	98 141	4 907	907	4 000
22	20/20	99 048	4 952	952	4 000
23	20/20	100 000		2 463	100 000

图 2.9　实际利率法下债券折价摊销计算结果

[①] 图 2.8 中第 22 行为最后一个计息期的期初，第 23 行为最后一个计息期的期末。

第七步：实际利率法下债券溢价摊销计算结果，如图 2.10 所示（过程略）。
第八步：依据计算结果对债券存续期进行简要分析。

	A	B	C	D	E
10		实际利率法下债券溢价摊销			单位：元
11	计息期	债券持有价值	当期利息费用	摊销的溢价	实际支付利息
12	1/20	107 106	3 749	251	4 000
13	2/20	106 855	3 740	260	4 000
14	3/20	106 595	3 731	269	4 000
15	4/20	106 326	3 721	279	4 000
16	5/20	106 047	3 712	288	4 000
17	6/20	105 759	3 702	298	4 000
18	7/20	105 460	3 691	309	4 000
19	8/20	105 151	3 680	320	4 000
20	9/20	104 832	3 669	331	4 000
21	10/20	104 501	3 658	342	4 000
22	11/20	104 158	3 646	354	4 000
23	12/20	103 804	3 633	367	4 000
24	13/20	103 437	3 620	380	4 000
25	14/20	103 057	3 607	393	4 000
26	15/20	102 664	3 593	407	4 000
27	16/20	102 258	3 579	421	4 000
28	17/20	101 837	3 564	436	4 000
29	18/20	101 401	3 549	451	4 000
30	19/20	100 950	3 533	467	4 000
31	20/20	100 483	3 517	483	4 000
32	20/20	100 000		7 106	

图 2.10　实际利率法下债券溢价摊销计算结果

1. 折价存续期分析

债券存续期内企业连续支付 20 次 4 000 元利息，这是履行发行约定，也是固定收益之所在。其经济实质包含按照当期实际利率计算出来的利息费用减去发行折价本期摊销额。

到期日，全部折价摊销完毕，债券持有价值亦即企业仍然占用的资金是债券面值。也是此刻企业需要偿还的该项债务的本金，即到期值。

2. 溢价存续期分析

债券存续期内企业连续支付 20 次 4 000 元利息，这是履行发行约定，也是固定收益之所在。其经济实质包含按照当期实际利率计算出来的利息费用加上发行溢价本期摊销额。

到期日，全部溢价返还完毕，债券持有价值亦即企业仍然占用的资金也等于债券面值。也是此刻企业需要偿还的该项债务的本金，即到期值。

实验 2.3　剩余收益风险价值

2.3.1　实验目的

理解剩余收益风险价值的经济内涵；掌握资本市场风险价值的确定过程；掌握特定风险资本资产的定价过程；掌握模拟计算表在财务中的应用。

2.3.2　实验原理

资本资产定价模型：$R_e = R_f + \beta \times (R_m - R_f)$。资本资产一般是指具有股东权益性质的资产。而狭义的资本资产是指流通中的股份，因其承担公司经营的全部风险，其收益取得排在所有固定收益的利益相关人之后，所以也称其为剩余收益工具，其价格用必要报酬率表示。

根据资本资产定价模型，资本市场股东权益必要报酬率由无风险报酬率和风险报酬率两部分构成，无风险报酬率通常参照国库券利率，风险报酬率由资本市场平均报酬率和该项权益资本的风险程度共同决定。

2.3.3　实验案例

【案例2-3】假设ABC公司股东权益风险系数β值为1.5，无风险报酬率$R_f = 5\%$，平均报酬率$R_m = 12\%$。要求：

(1) 请为该公司的剩余收益工具定价。
(2) 假设用不同水平的R_f和R_m进行组合，运用模拟计算表，观察其对定价的影响。

2.3.4　实验步骤

在工作簿"实验2.3"中命名一个"案例2-3"的工作表，然后进行如下操作。

第一步：在工作表中整理原始数据，如图2.11所示。

	A	B
1	必要报酬率计算原始数据	
2	β	1.5
3	R_f	5%
4	R_m	12%
5	R_e	15.5%

图2.11　必要报酬率计算原始数据

第二步：在图2.11单元格B5中输入公式"=B3+B2×(B4−B3)"，得到该公司剩余收益工具的市场必要报酬率R_e值为15.5%。

第三步：设计模拟运算表。假设公司风险水平不变，无风险报酬率和平均报酬率出现多种组合，计算每种情形下的市场必要报酬率。

第四步：引用不同的R_f和R_m水平组合进行计算。将原始数据置放在左上角A1:B4单元格内；在单元格B5中输入必要报酬率公式"=B3+B2×(B4−B3)"；在C5:I5区域内输入无风险报酬率 R_f 的假设值；在 B6:B15 区域内输入平均报酬率 R_m 的假设值。模拟过程如图 2.12 所示。

	A	B	C	D	E	F	G	H	I
1				剩余收益工具必要报酬率模拟计算					
2	β	1.5							
3	R_f	5%							
4	R_m	12%	R_f	R_f	R_f	R_f	R_f	R_f	R_f
5	R_e	15.5%	2%	3%	4%	5%	6%	7%	8%
6	R_m	8%							
7	R_m	9%							
8	R_m	10%							
9	R_m	11%							
10	R_m	12%							
11	R_m	13%							
12	R_m	14%							
13	R_m	15%							
14	R_m	16%							
15	R_m	17%							

图 2.12　剩余收益工具必要报酬率模拟计算

第五步：运用"模拟运算表"完成计算过程。首先选中区域 B5:I15，按照"数据—模拟分析—模拟运算表"的路径调用模拟运算工具；单击"输入引用行的单元格"后面的压缩框按钮，选中 B3 单元格；再单击"输入引用列的单元格"后面的压缩框按钮，选中 B4 单元格；如图 2.13 所示。

	A	B	C	D	E	F	G	H	I
1				剩余收益工具必要报酬率模拟计算					
2	β	1.5							
3	R_f	5%							
4	R_m	12%	R_f	R_f	R_f	R_f	R_f	R_f	R_f
5	R_e	15.5%	2%	3%	4%	5%	6%	7%	8%
6	R_m	8%							
7	R_m	9%							
8	R_m	10%			模拟运算表				
9	R_m	11%			输入引用行的单元格(R): $B$3				
10	R_m	12%			输入引用列的单元格(C): $B$4				
11	R_m	13%							
12	R_m	14%			确定　　取消				
13	R_m	15%							
14	R_m	16%							
15	R_m	17%							

图 2.13　模拟运算表计算工具

第六步：单击"确定"按钮。计算结果如图 2.14 所示。

	A	B	C	D	E	F	G	H	I
1				剩余收益工具必要报酬率模拟计算					
2	β	1.5							
3	R_f	5%							
4	R_m	12%	R_f	R_f	R_f	R_f	R_f	R_f	R_f
5	R_e	15.5%	2%	3%	4%	5%	6%	7%	8%
6	R_m	8%	11.0%	10.5%	10.0%	9.5%	9.0%	8.5%	8.0%
7	R_m	9%	12.5%	12.0%	11.5%	11.0%	10.5%	10.0%	9.5%
8	R_m	10%	14.0%	13.5%	13.0%	12.5%	12.0%	11.5%	11.0%
9	R_m	11%	15.5%	15.0%	14.5%	14.0%	13.5%	13.0%	12.5%
10	R_m	12%	17.0%	16.5%	16.0%	15.5%	15.0%	14.5%	14.0%
11	R_m	13%	18.5%	18.0%	17.5%	17.0%	16.5%	16.0%	15.5%
12	R_m	14%	20.0%	19.5%	19.0%	18.5%	18.0%	17.5%	17.0%
13	R_m	15%	21.5%	21.0%	20.5%	20.0%	19.5%	19.0%	18.5%
14	R_m	16%	23.0%	22.5%	22.0%	21.5%	21.0%	20.5%	20.0%
15	R_m	17%	24.5%	24.0%	23.5%	23.0%	22.5%	22.0%	21.5%

图 2.14　剩余收益工具必要报酬率模拟计算结果

练习题

1. 李明采用分期付款的方式购买一套住房，货款共计 100 000 元，在 20 年内等额偿还，年利率为 8%，按复利计息，计算李明每年应偿还的金额。

2. 某公司有一个投资项目，在第 1 年年初需投资 80 000 元，前 3 年没有投资收益，从第 4 年至第 8 年每年年末可得到投资收益 30 000 元，该企业的资金成本为 6%，请判断该投资项目是否可行。

3. 某人将 1 000 元存入银行，年利率为 5%。请完成以下计算：

(1) 若 1 年复利一次，5 年后本利和是多少？

(2) 若半年复利一次，5 年后本利和是多少？计算此时银行的实际利率是多少。

4. 维森公司欲购置一台设备，现有三种付款方式：第一种是第 1 年年初一次性付款 240 000 元；第二种是每年年初付 50 000 元，连续付 5 年；第三种是第 1、第 2 年的年初各付 40 000 元，第 3 年至第 5 年的年初各付 60 000 元。假设利率为 8%，维森公司应选择哪种方式付款更合理？

5. 宏远公司购买机器支付价款 100 000 万元，新机器每年可为企业增加净利润 10 000 元，使用寿命为 5 年，无残值，采用直线法计提折旧，该企业的贴现率为 10%。请完成以下要求：

(1) 用静态法计算该投资方案的会计回报率、投资回收期，并对此投资方案作出评价。

(2) 用动态法计算该投资方案的净现值、净现值率、现值指数、内含报酬率，并对此投资方案作出评价。

6. 某公司有 A、B 两个投资项目，其预期收益及不同经济情况发生的概率，如表 2-3 所示。

表 2-3　　　　　　　　　　A、B 两项目预期收益及相应概率

经济情况	概率（P_1）	预期收益率（R_1）	
		A 方案	B 方案
繁荣	$P_1=30\%$	$R_1=20\%$	$R_1=30\%$
一般	$P_2=50\%$	$R_2=10\%$	$R_2=10\%$
较差	$P_3=20\%$	$R_3=5\%$	$R_3=0$

要求：计算 A、B 两个投资方案的期望值、标准差及风险程度，并作出评价。

7. 甲公司现有 A、B 两个投资项目，它们的投资报酬率与市场销售状况密切相关，有关资料如表 2-4 所示。

表 2-4　　　　　　　　　　A、B 两项目投资报酬率与市场销售状况

市场销售情况	概　　率	A 项目投资报酬率	B 项目投资报酬率
很好	30%	30%	20%
一般	50%	10%	10%
很差	20%	-15%	5%

要求：

（1）请分别计算 A、B 项目的期望报酬率、标准差和风险程度。

（2）假定甲公司规定，任何投资项目的期望报酬率都必须在 10% 以上，且风险程度不得超过 1，请问甲公司应该选择投资哪一个投资项目？

8. 已知甲股票的 β 系数为 1.2，证券市场线的斜率为 8%，证券市场线的截距为 2.4%，资本资产定价模型成立，乙股票报酬率与市场组合报酬率的协方差为 6.3%，市场组合报酬率的标准离差为 30%。

要求：

（1）根据题中条件确定市场风险报酬率。

（2）计算无风险报酬率以及甲股票的风险报酬率和必要报酬率。

（3）计算甲股票的预期报酬率。

（4）计算股票价格指数平均报酬率。

（5）计算乙股票的 β 系数。

（6）如果资产组合中甲股票的投资比例为 0.4，乙股票的投资比例为 0.6，计算资产组合的 β 系数以及资产组合的必要报酬率。

（7）在要求（6）中，假设资产组合报酬率与市场组合报酬率的相关系数为 0.8，计算资产组合报酬率的标准离差。

9. 张某有一张面值为 1 000 元的债券，票面利率为 8%，每年支付一次利息，2017 年 5 月 1 日发行，2022 年 4 月 30 日到期。现在是 2020 年 4 月 1 日，假设投资的必要报酬率为 10%，问该债券的价值是多少？

10. 某公司于 2014 年 1 月 1 日发行 5 年期债券，面值 1 000 元，票面利率 10%，于每年的 12 月 31 日付息，到期时一次性还本。

要求：

(1) 假定 2014 年 1 月 1 日金融市场上与该债券同类风险的利率是 9%，该债券的发行价应定为多少？

(2) 假定 1 年后该债券的市场价格为 1 049.06 元，该债券于 2015 年 1 月 1 日的到期收益率是多少？

(3) 该债券发行 4 年后该公司被揭露出会计账目有欺诈嫌疑，这一不利消息使得该债券价格在 2018 年 1 月 1 日由开盘的 1 018.52 元跌至 900 元，跌价后该债券的到期收益率是多少？（假定能够全部按时收回本息）

第3章 财务分析

实验 3.1 财务分析准备

3.1.1 实验目的

熟悉公司主要财务报表和相关资料,明确财务分析主体和不同主体分析目标的差异;理解公司财务活动的外部环境;掌握公司财务数据摘要的整理方法;掌握行业分析和战略分析的基本思路;熟练掌握表格的制作技巧。

3.1.2 实验原理

1. 企业战略与行业分析

战略分析实质在于通过对企业所在行业或拟进入行业的分析,明确其自身地位及应采取的竞争战略,权衡收益与风险,了解与掌握企业发展潜力,特别是在企业价值创造或盈利方面的潜力。企业战略分析通常包括行业分析和企业竞争策略分析。企业战略分析也是会计分析和财务效率分析的导向。

行业分析是指根据经济学原理,综合应用统计学、计量经济学等分析工具对行业经济的运行状况、产品生产、销售、消费、技术、行业竞争力、市场竞争格局、行业政策等行业要素进行深入的分析,从而发现行业运行的内在经济规律,进而进一步预测未来行业发展的趋势。行业分析的目的在于界定行业本身所处的发展阶段及其在国民经济中的地位,同时对不同的行业进行横向比较,为最终确定投资对象提供准确的行业背景。

2. 会计分析与财务报表重述

会计分析的第一步是阅读会计报告,重点在于对财务报表进行比较,找到需要进一步分析与说明的问题,结合企业采取的会计原则、会计政策、会计核算方法等,说明差异产生的原因,进而对于财务分析目的不相关、不可靠的会计信息进行调整或剔除,以保证财务报表信息质量,为后续分析奠定基础。

财务报表重述即财务报表的重新表述,是指企业在发现并纠正前期财务报表的差错时,重新表述以前公布的财务报表的行为。众多研究指出,财务报表重述的发生在资本市场上会引起负面反应,造成资本市场的损失,并给上市公司带来一系列不利的经济后果;财务报表重述作为企业盈余操纵行为的表现,其发生反映了公司治理机制的缺陷和治理效率的低下。

3.1.3 实验案例

【案例3-1】 华为控股股份有限公司（简称华为公司）是我国民营企业的杰出代表。华为认为未来是一个全联接的世界。人类的过去、现在、未来，都在致力于不断突破时间和空间的限制而保持联接，这永恒的动力发源于情感沟通的人性需要，发展于效能提升的理性追求。做全联接世界的使能者，是华为在这个时代的最佳角色。本实验的主要包括以下内容。

（1）阅读华为公司历年的财务年报并作会计分析。
（2）收集华为公司所属行业国际、国内市场及政策等相关信息。
（3）完成华为公司的发展战略定位和SWOT分析。
（4）完成华为公司财务数据摘要的整理。

3.1.4 实验步骤

在工作簿"实验3.1"中命名一个"案例3-1"的工作表，然后进行如下操作。
第一步：收集案例公司2010—2015年的财务报告[①]。
第二步：对年报进行会计数据关系分析。
第三步：摘录重要财务数据并整理成时间序列的Excel表格。
第四步：收集案例公司行业特征、市场结构、竞争状况、宏观政策等相关信息。
第五步：分析案例公司行业影响与战略定位，绘制SWOT图。
第六步：将实验成果整理成实验报告上交。
第七步：参考企业战略定位与SWOT分析的思维导图（图3.1和图3.2）。

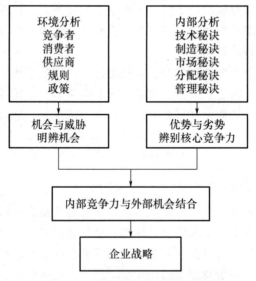

图3.1 企业战略定位分析思维导图

---

① 其中2010年的数据摘自2011年年报的期初数。

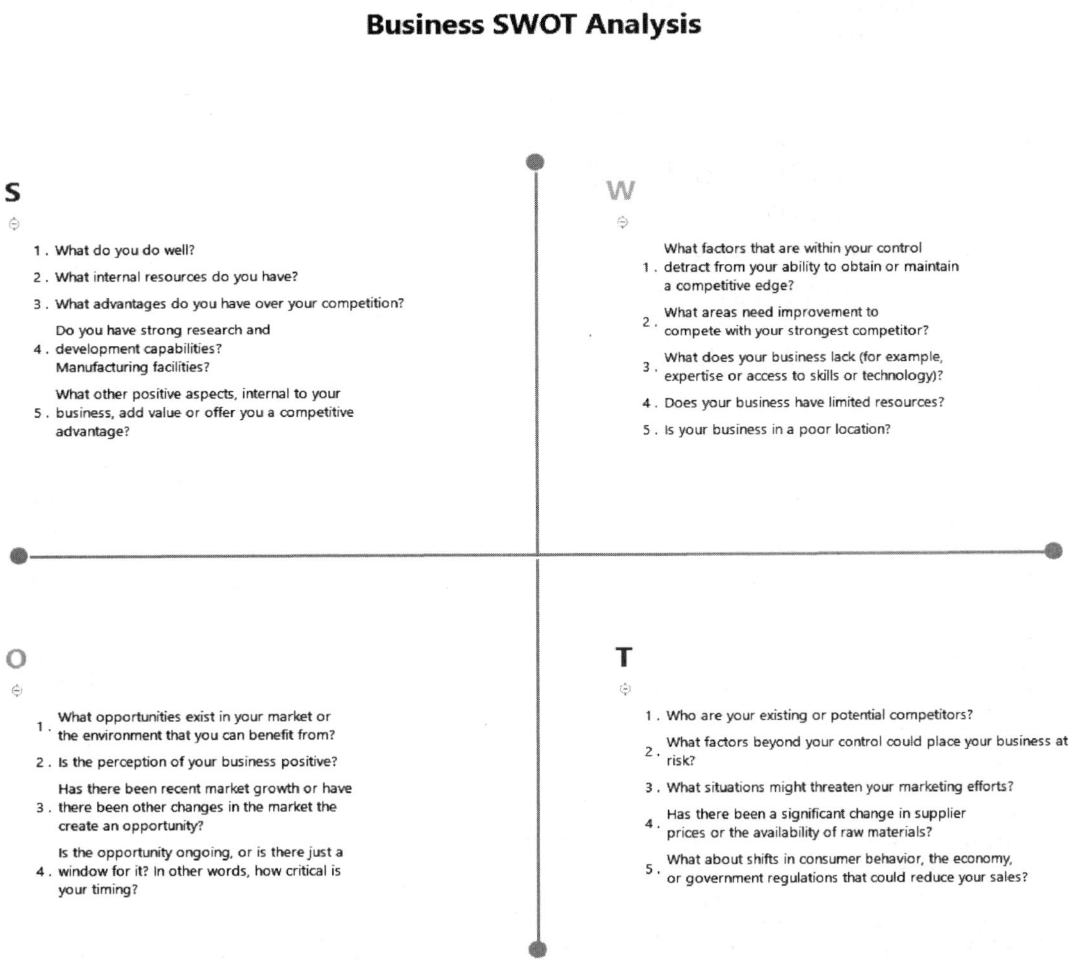

Business SWOT Analysis

S
1. What do you do well?
2. What internal resources do you have?
3. What advantages do you have over your competition?
4. Do you have strong research and development capabilities? Manufacturing facilities?
5. What other positive aspects, internal to your business, add value or offer you a competitive advantage?

W
1. What factors that are within your control detract from your ability to obtain or maintain a competitive edge?
2. What areas need improvement to compete with your strongest competitor?
3. What does your business lack (for example, expertise or access to skills or technology)?
4. Does your business have limited resources?
5. Is your business in a poor location?

O
1. What opportunities exist in your market or the environment that you can benefit from?
2. Is the perception of your business positive?
3. Has there been recent market growth or have there been other changes in the market the create an opportunity?
4. Is the opportunity ongoing, or is there just a window for it? In other words, how critical is your timing?

T
1. Who are your existing or potential competitors?
2. What factors beyond your control could place your business at risk?
3. What situations might threaten your marketing efforts?
4. Has there been a significant change in supplier prices or the availability of raw materials?
5. What about shifts in consumer behavior, the economy, or government regulations that could reduce your sales?

图 3.2 企业 SWOT 分析思维导图

3.1.5 实验报告

本实验报告包括：分析准备报告（Word 版本）和财务数据摘要（Excel 版本）。

实验报告文件命名规则：以"班级_学号_姓名_案例公司名称_分析准备报告"格式命名。

本报告具体格式如下。

封　　面[①]
目　　录

第一部分　公司简介

一、公司名称：华为公司

二、公司基本情况简介：（200 字左右）

---

① 封面含实验报告文件名的全部要素。

三、公司主要经营业务：(500 字左右)

四、公司发展历程：(500 字左右)

第二部分　行业与战略分析

一、行业归属：ICT—信息通信技术

二、行业影响：(500 字左右)

三、战略定位：(200 字左右)

四、SWOT 分析：(500 字左右)

第三部分　财务数据摘要（表 3-1～表 3-4）

表 3-1　　　　　　　　　　　　利润表数据摘要

单位：人民币百万元

项　目	2015	2014	2013	2012	2011	2010
销售收入	395 009	288 197	239 025	220 198	203 929	182 548
销售成本	230 312	160 746	141 005	132 512	127 481	102 195
毛利[1]	164 697	127 451	98 020	87 686	76 448	80 353
期间费用[2]	118 911	93 246	68 892	67 028	57 866	49 677
其中：1. 研发费用	59 607	40 845	31 563	29 747	23 696	17 653
2. 销售和管理费用	62 281	47 468	38 052	38 667	33 770	31 439
3. 其他业务收支净额[3]	(2 977)	4 933	(723)	(1 386)	400	585
营业利润[4]	45 786	34 205	29 128	20 658	18 582	30 676
净财务费用[5]	3 715	1 455	3 942	2 039	5 897	2 118
应占联合营公司业绩[6]	(84)	303	(24)	(237)	(228)	(10)
所得税费用	5 077	5 187	4 159	2 758	810	3 832
净利润[7]	36 910	27 866	21 003	15 624	11 647	24 716

附注：

[1] 毛利＝销售收入－销售成本。

[2] 期间费用＝研发费用＋销售和管理费用＋其他业务收支净额。

[3] 其他业务收支净额＝其他业务支出－其他业务收入，正数表示净支出，负数表示净收入。

[4] 营业利润＝毛利－期间费用。

[5] 正数表示净费用，负数表示净收益。

[6] 正数表示应占联合营公司业绩，负数表示相反。

[7] 净利润＝营业利润－净财务费用＋应占联合营公司业绩－所得税费用，此处净利润和公司年报中的本年利润概念是通用的。

表 3-2　　　　　　　　　　　　　　　资产负债表数据摘要

单位：人民币百万元

项　目	2015	2014	2013	2012	2011	2010
非流动资产	70 509	52 668	44 688	40 538	33 668	26 976
其中：物业、厂房、设备	35 438	27 248	22 209	20 366	18 631	16 008
流动资产	301 646	257 105	186 844	169 468	159 615	152 008
其中：1. 存货[1]	61 363	46 576	24 929	22 237	25 873	27 568
2. 应收账款及应收票据[2]	93 260	79 580	65 534	59 829	55 359	48 047
3. 现金及现金等价物[3]	110 561	78 048	73 399	67 180	57 192	41 501
总资产[4]	372 155	309 773	231 532	210 006	193 283	178 984
所有者权益	119 069	99 985	86 266	75 024	66 228	69 400
非流动负债	40 459	31 249	33 602	29 351	24 121	18 474
其中：长期借款[5]	26 501	17 578	19 990	16 077	13 270	10 264
流动负债	212 627	178 539	111 664	105 631	102 934	91 110
其中：1. 短期借款	2 485	10 530	3 043	4 677	7 057	2 695
2. 应付账款及应付票据[6]	61 017	45 899	31 980	40 273	27 039	28 604
负债合计[7]	253 086	209 788	145 266	134 982	127 055	109 584

附注：

[1] 2014 年和 2013 年，本公司存货减值准备对损益的影响金额分别为人民币 2 120 百万元和人民币 1 231 百万元。

[2] 从管理层讨论与分析中得到，包含关联应收账款、其他应收账款和应收票据。坏账计提比例为 6.3%（2014）和 5.7%（2013）。

[3] 现金及现金等价物来源于资产负债表，现金及现金等价物＋交易性金融资产＝现金及短期投资

[4] 总资产＝非流动资产＋流动资产。

[5] 长期借款＋短期借款＝总借款。

[6] 应付账款及应付票据包含应付账款和应付票据。其中 2011 年前应付票据为 0。

[7] 负债合计＝非流动负债＋流动负债。

表 3-3　　　　　　　　　　　　　　　现金流量表数据摘要

单位：人民币百万元

项　目	2015	2014	2013	2012	2011	2010
一、调整法下经营活动现金流摘要						
净利润	36 910	27 866	21 003	15 624	11 647	24 716
折旧、摊销、非经营损益	10 387	10 193	5 550	3 164	7 900	3 893
设定受益计划负债精算损失[1]	−306	−166	−618	−244	0	0
运营资产减少（−增加）[2]	2 324	3 862	−3 381	6 425	−1 721	2 946
经营活动现金流量净额[3]	49 315	41 755	22 554	24 969	17 826	31 555

续表

项　　目	2015	2014	2013	2012	2011	2010
二、现金流量表主要项目摘要						
经营活动现金流量净额	49 315	41 755	22 554	24 969	17 826	31 555
投资活动现金流量净额	2 244	−26 209	−8 037	−5 426	3 421	−14 708
筹资活动现金流量净额	−19 763	−10 406	−7 126	−9 180	−4 774	−10 152
现金及现金等价物净增加额[4]	31 796	5 140	7 391	10 363	16 473	6 695
现金及现金等价物期初余额[5]	78 048	73 399	67 180	57 192	41 501	35 213
汇率变动的影响	717	−491	−1 172	−375	−782	−407
现金及现金等价物期末余额[6]	110 561	78 048	73 399	67 180	57 192	41 501

附注：

[1] 正数表示损失，负数表示收益。

[2] 正数表示运营资产减少，负数表示运营资产增加。

[3] 经营活动现金流量净额＝净利润＋折旧摊销等－设定受益计划负债精算损失＋运营资产减少。

[4] 现金及现金等价物净增加额＝三类活动现金流量净额之和。

[5] 期初余额用重述后的数据，这样才能保证数据连贯。

[6] 现金及现金等价物期末余额＝净增加额＋期初余额＋汇率变动的影响。

表 3－4　　　　　　　　　　　　　　　　分部收入数据摘要

单位：人民币百万元

项　　目	2015	2014	2013	2012	2011	2010[1]
一、业务分部收入摘要						
运营商	232 307	192 073	164 947	160 093	150 145	145 800
企业	27 609	19 391	15 238	11 530	9 164	5 834
消费者	129 128	75 100	56 618	48 376	44 620	30 914
其他	5 965	1 633	2 222	199	0	0
全部	395 009	288 197	239 025	220 198	203 929	182 548
二、地区分部收入摘要						
中国	167 690	108 881	82 785	73 579	65 565	62 143
欧洲中东非洲	128 016	100 990	84 006	77 414	0	0
亚太	50 527	42 424	38 691	37 359	0	0
美洲	38 976	30 852	29 346	31 846	0	0
其他	9 800	5 050	4 197	0	138 364	120 405
全部	395 009	288 197	239 025	220 198	203 929	182 548

附注：[1] 为了使上年年末和本年年初金额能够自动衔接，2010 年利用重述后的数据。

第四部分　数据来源说明

数据来源包括网址链接或微信公众号，等等。

实验 3.2 财务分析方法实验

3.2.1 实验目的

理解公司各类静态结构及内涵;熟练掌握结构分析方法;理解公司成长与结构变动的关系;能够熟练运用 Excel 自动计算功能;掌握条形图、柱形图、复合结构图等制作技巧。

3.2.2 实验原理

1. 水平分析法与结构分析法

水平分析法是将反映企业报告期财务状况的信息与反映企业前期或历史某一时期财务状况的信息进行对比,研究企业各项经营业绩或财务状况发展变动情况的一种分析方法。结构分析法则是通过计算报表中各项目占总体的比重或结构,反映报表中的项目与总体关系情况及其变动情况的一种分析方法。

2. 增长率差异引起的结构性变化

增长率是水平分析的结果,增长率计算结果能够揭示不同报表项目的发展情况存在差异,而这种差异恰恰是导致不同期间项目结构变化的原因。

3.2.3 实验案例

【案例 3-2】 本实验仍以华为投资控股股份有限公司为例,主要包括以下实验内容。

(1) 资产结构分析:包括现金及现金等价物、应收账款及票据、存货占流动资产比例,固流比例,流动资产占比等资产结构及变化情况分析。

(2) 资本结构分析:包括应付账款、短期借款占流动负债比例、全部债务期限结构和来源结构[1]、产权比例[2]等资本结构及变化情况分析。

(3) 现金流结构分析:包括各类活动现金流入、流出及净额结构分析。

(4) 分部收入结构分析:包括地区分部、业务分部及变化情况分析。

(5) 以收入为例,分析各分部增长率差异对结构变动的影响。

3.2.4 实验步骤

在工作簿"实验 3.2"中命名一个"案例 3-2"的工作表,然后进行如下操作。

第一步:为保留原始数据不受影响,计算前将实验 3.1 准备好的原始数据复制到工作簿"实验 3.2"中。

第二步:在案例 3-2 及新工作表中依次完成本实验内容的相关计算。

第三步:分析公司资产结构及变化情况(表 3-5);图示公司资产结构(图 3.3),作图步骤如下。

---

[1] 包括长短期借款比例,流动非流动负债比例,商业信用、集团内担保借款、信用借款及公司债券比例。

[2] 产权比例=非流动负债/所有者权益。

（1）将数据整理成样表格式（表 3-6），所有"类别"放在项目中，数据分成不同的"系列"，保证总和为 100%。

（2）选中除标题行和合计行外的整个数据区域，插入结构图圆饼，将自动生成两层的结构。

（3）右击图块出现"添加数据标签"。

（4）右击添加好的数据标签，设置数据标签格式。标签包括"类别名称""系列名称""单元格中"三个选项，选择"单元格中"，选中"项目区域范围"，自动将标签对应到数。

（5）数据标签也可以双击后自己编辑，输入项目名称。

第四步：分析公司资本结构及变化情况（表 3-7）、编制作图样表（表 3-8）；图示公司资本结构（图 3.4），具体步骤同上。

第五步：分析公司现金流量结构及变化情况（表 3-9）；图示公司现金流量净额情况（图 3.5），具体步骤略。

第六步：分析公司分部收入结构与变化及增长情况（表 3-10）；图示公司分部收入结构及对比情况（图 3.6），具体步骤略。

第七步：图示公司分部收入水平及增长情况（图 3.7）。

3.2.5 实验报告

本实验报告包括：分析方法报告的 Word 版本和计算过程及作图的 Excel 压缩包。

实验报告文件命名规则：以"班级_学号_姓名_案例公司名称_分析方法报告"格式命名。本报告具体格式如下。

封　　面[①]
目　　录

第一部分　公司资产结构及变化分析

一、公司资产结构概述（500 字左右）

二、数据分析

表 3-5　　　　　　　　　公司资产结构及变化情况分析

金额单位：人民币百万元

项　　目	2015	2014	2013	2012	2011	2010
非流动资产	70 509	52 668	44 688	40 538	33 668	26 976
其中：物业、厂房、设备	35 438	27 248	22 209	20 366	18 631	16 008
流动资产	301 646	257 105	186 844	169 468	159 615	152 008
其中：1. 存货	61 363	46 576	24 929	22 237	25 873	27 568
2. 应收账款及应收票据	93 260	79 580	65 534	59 829	55 359	48 047
3. 现金及现金等价物	110 561	78 048	73 399	67 180	57 192	41 501
总资产	372 155	309 773	231 532	210 006	193 283	178 984

[①] 封面含实验报告文件名的全部要素。

续表

资产结构（%）	2015	2014	2013	2012	2011	2010
固流结构[1]	12%	11%	12%	12%	12%	11%
流动资产占比[2]	81%	83%	81%	81%	83%	85%
存货占比	16%	15%	11%	11%	13%	15%
应收账款及票据占比	25%	26%	28%	28%	29%	27%
现金及等价物占比	30%	25%	32%	32%	30%	23%
存货占流动资产比例	20%	18%	13%	13%	16%	18%

附注：
[1] 固流结构＝物业、厂房、设备（PPE）/流动资产×100%。
[2] 存货等流动资产占比是指存货等占总资产的百分比比重。

表3-6　　　　　　　　　　　　　资产结构作图样表

项　　目	2015	2015
非流动	19%	
PPE		10%
其他		9%
流动	81%	
存货		16%
应收款项		25%
现金		30%
其他		10%
总资产	100%	100%

第二部分　公司资本结构及变化分析

一、公司资本结构概述（500字左右）

二、数据分析

表3-7　　　　　　　　　　　　　公司资本结构及变化情况分析

金额单位：人民币百万元

项　　目	2015	2014	2013	2012	2011	2010
所有者权益	119 069	99 985	86 266	75 024	66 228	69 400
非流动负债	40 459	31 249	33 602	29 351	24 121	18 474
其中：长期借款	26 501	17 578	19 990	16 077	13 270	10 264
流动负债	212 627	178 539	111 664	105 631	102 934	91 110
其中：1. 短期借款	2 485	10 530	3 043	4 677	7 057	2 695
2. 应付账款及应付票据	61 017	45 899	31 980	40 273	27 039	28 604
负债合计	253 086	209 788	145 266	134 982	127 055	109 584

续表

资本结构（%）	2015	2014	2013	2012	2011	2010
产权比例	34%	31%	39%	39%	36%	27%
权益乘数	313%	310%	268%	280%	292%	258%
流动负债占负债总额比例	84%	85%	77%	78%	81%	83%
长期借款占总借款比例	91%	63%	87%	77%	65%	79%
借款占负债总额比例	11%	13%	16%	15%	16%	12%
应付账款及票据占负债总额比例	24%	22%	22%	30%	21%	26%

表 3-8　　　　　　　　　　　　　资本结构作图样表

项　　目	2015	2015	2015
所有者权益	32%	32%	32%
非流动负债		11%	
长期借款			7%
其他			4%
流动负债		57%	
短期借款			1%
应付款项			16%
其他			40%
负债	68%		
总资产	100%	100%	100%

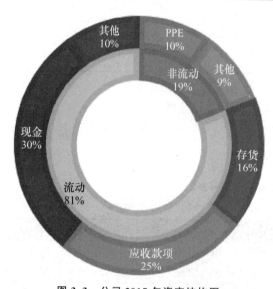

图 3.3　公司 2015 年资产结构图

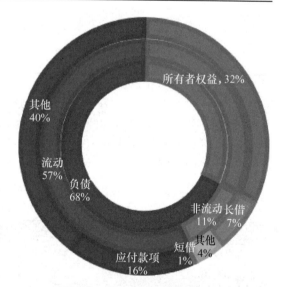

图 3.4　公司 2015 年资本结构图

第三部分　公司现金流量结构及变化分析

一、公司现金流量概述（500 字左右）

二、数据分析

表 3-9　　　　　　　　　　公司现金流量结构及变化情况分析

金额单位：人民币百万元

项　目	2015	2014	2013	2012	2011	2010
经营活动现金流量净额	49 315	41 755	22 554	24 969	17 826	31 555
投资活动现金流量净额	2 244	-26 209	-8 037	-5 426	3 421	-14 708
筹资活动现金流量净额	-19 763	-10 406	-7 126	-9 180	-4 774	-10 152
现金及现金等价物净增加额	31 796	5 140	7 391	10 363	16 473	6 695
自由现金流	51 559	15 546	14 517	19 543	21 247	16 847

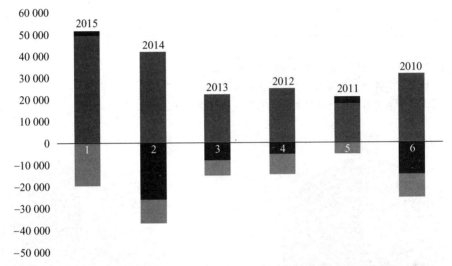

图 3.5　2010—2015 年公司现金流量净额对比图

第四部分　公司分部收入结构与变化及增长情况分析

一、公司分部收入概述（500 字左右）

二、数据分析

表 3-10　　　　　　　　　公司分部收入结构与变动及增长情况分析

金额单位：人民币百万元

项　目	原始数据		结构与变动情况分析			2015 年度收入增长情况分析			
一、业务分部收入摘要	2015	2014	2015	2014	变动	增长额	增长份额[1]	增长率[2]	增长贡献率[3]
运营商	232 307	192 073	58.8%	66.6%	-8%	40 234	37.5%	21%	14%
企业	27 609	19 391	7%	6.7%	0%	8 218	8%	42%	3%
消费者	129 128	75 100	32.7%	26.1%	7%	54 028	50.5%	72%	19%
其他	5 965	1 633	1.5%	0.6%	1%	4 332	4%	265%	2%
全部	395 009	288 197	100%	100%	—	106 812	100%	37%	37%

续表

项目	原始数据		结构与变动情况分析			2015年度收入增长情况分析			
二、地区分部收入摘要	2015	2014	2015	2014	变动	增长额	增长份额	增长率	增长贡献率
中国	167 690	108 881	42.5%	38%	4.5%	58 809	55%	54%	20%
欧洲中东非洲	128 016	100 990	32.5%	35%	−2.5%	27 026	25%	27%	9%
亚太（其他）	50 527	42 424	13%	15%	−2%	8 103	8%	19%	3%
美洲	38 976	30 852	10%	11%	−1%	8 124	8%	26%	3%
其他	9 800	5 050	2%	1%	1%	4 750	4%	94%	2%
全部	395 009	288 197	100%	100%	—	106 812	100%	37%	37%

附注：

[1] 增长份额是指各项目增长额占增长总额的百分比。

[2] 增长率是指各项目与其基期水平相比自身的增长速度百分比。

[3] 增长贡献率是指各项目增长额占基期收入总额的百分比。

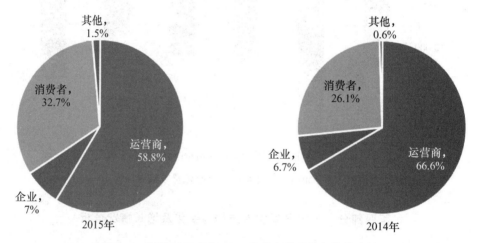

图3.6 公司2015年与2014年业务分部收入结构比较

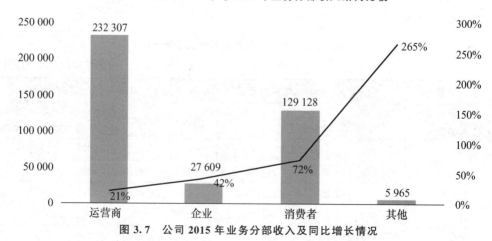

图3.7 公司2015年业务分部收入及同比增长情况

第五部分　附录

附录主要是对表 3-1～表 3-10 以及图 3.3～图 3.7 中难以准确表达的信息予以补充说明。

实验 3.3　财务能力分析

3.3.1　实验目的

理解企业的各项财务能力；理解企业各项财务能力之间相辅相成的关系；熟练掌握比率分析法和因素分析法；掌握杜邦财务分析体系；熟悉企业增长能力分析框架。

3.3.2　实验原理

（1）比率分析、因素分析、趋势分析是最为常用的财务分析思路和方法。

比率分析法实质上是将影响财务状况的两个相关因素联系起来，通过计算比率，反映它们之间的关系，借以评价企业财务状况和经营状况的一种分析方法。

因素分析法是依据分析指标与其影响因素之间的关系，按照一定的程序和方法，确定各因素对分析指标差异影响程度的一种技术方法。

趋势分析法是根据企业连续几年或几个时期的分析资料，通过指数或完成率的计算，确定分析期各有关项目的变动情况和趋势的一种财务分析方法。

（2）杜邦财务分析体系亦称杜邦财务分析法，是一种综合财务分析方法。

杜邦财务分析法是指根据各主要财务比率指标之间的内在联系，建立财务分析技术指标体系，综合分析企业财务状况的方法。

3.3.3　实验案例

【案例 3-3】　本实验仍以华为投资控股股份有限公司为例，主要包括如下实验内容。
（1）公司营运能力分析与营运资金管理。
（2）公司偿债能力分析与流动性管理。
（3）公司盈利能力和收入结构分析。
（4）因素分析法和杜邦分析法的运用。
（5）公司增长能力分析框架的运用。

3.3.4　实验步骤

为使原始数据不受影响，计算前将实验 3.1 准备好的原始数据复制到新工作簿"实验 3.3"中，然后进行如下操作。

第一步：计算现金周转率、应收账款平均收账期、存货周转率、应付账款平均付款期、流动资产周转率、总资产周转率，并分析汇总公司营运能力（表 3-11）。

第二步：计算流动比率、速动比率、资产负债率、已获利息倍数、债务偿付保证倍数[①]，并分析汇总公司偿债能力（表 3-12）。

---

① 债务偿付保证倍数＝（经营活动现金流量净额＋现金及短期投资）/长短期借款总额。

第三步：计算销售成本、毛利、期间费用、营业利润、财务费用、所得税、净利润等占收入百分比，并分析汇总公司产品盈利能力（表3-13），进而图示公司收入构成情况（图3.8）。

第四步：计算总资产报酬率（税前或税后 ROA）、权益报酬率（ROE）、投入资本报酬率（ROIC）等资产资本获利能力指标，并分析汇总公司资产资本获利能力（表3-14），进而验证财务杠杆理论模型。

第五步：绘制树形杜邦分析体系（图3.9），并对公司近两年权益报酬率变化进行因素分析。

第六步：计算收入、利润、所有者权益和资产各因素增长趋势，并分析汇总公司增长能力发展趋势（表3-15）、图示公司收入增长趋势（图3.10）。

第七步：分析评价企业增长的协调性和持续性，图示公司增长能力框架（图3.11）。

3.3.5 实验报告

本实验报告包括：财务能力分析报告的 Word 版本和计算过程及作图的 Excel 压缩包。

实验报告文件命名规则：以"班级_学号_姓名_案例公司名称_财务能力分析报告"格式命名。

本报告具体格式如下。

封　　面[①]
目　　录

第一部分　公司营运能力分析

一、公司营运能力概述（500字左右）

二、数据分析

表3-11　　　　　　　　2010—2015年度公司营运能力分析

金额单位：人民币百万元

项　目	2015	2014	2013	2012	2011	2010
销售收入	395 009	288 197	239 025	220 198	203 929	182 548
销售成本	230 312	160 746	141 005	132 512	127 481	102 195
流动资产	301 646	257 105	186 844	169 468	159 615	152 008
存货	61 363	46 576	24 929	22 237	25 873	27 568
应收账款及票据	93 260	79 580	65 534	59 829	55 359	48 047
现金及现金等价物	110 561	78 048	73 399	67 180	57 192	41 501
总资产	372 155	309 773	231 532	210 006	193 283	178 984
应付账款及票据	61 017	45 899	31 980	40 273	27 039	28 604

---

① 封面含实验报告文件名的全部要素。

续表

项　　目	2015	2014	2013	2012	2011	2010
现金周转期[1]（天）	100.8	97.5	110.5	109.8	101.0	81.8
应收账款平均收账期[2]（天）	85.0	99.4	98.7	97.8	97.7	94.8
存货周转率[3]	3.75	3.45	5.66	5.96	4.93	3.71
应付账款平均付款期[4]（天）	95.4	102.8	81.6	109.4	76.4	100.8
流动资产垫支周转率[5]	0.76	0.63	0.75	0.78	0.80	0.67
流动资产周转率[6]	1.31	1.12	1.28	1.30	1.28	1.20
总资产周转率[7]	1.06	0.93	1.03	1.05	1.06	1.02

附注：

[1] 现金周转期＝现金及等价物期末余额/销售收入×360。

[2] 应收账款平均收账期＝应收账款期末余额/销售收入×360。

[3] 存货周转率＝销货成本/存货期末余额。

[4] 应付账款平均付款期＝应付账款期末余额/销售成本×360。

[5] 流动资产垫支周转率＝销售成本/流动资产期末余额。

[6] 流动资产周转率＝销售收入/流动资产期末余额。

[7] 总资产周转率＝销售收入/总资产期末余额。

第二部分 公司偿债能力分析

一、公司偿债能力概述（500字左右）

二、数据分析

表 3-12　　　　　　　　2010—2015 年度公司偿债能力分析

金额单位：人民币百万元

项　　目	2015	2014	2013	2012	2011	2010
流动资产	301 646	257 105	186 844	169 468	159 615	152 008
存货	61 363	46 576	24 929	22 237	25 873	27 568
现金及短期投资[1]	125 208	106 036	81 944	71 649	62 342	55 458
资产总额	372 155	309 773	231 532	210 006	193 283	178 984
流动负债	212 627	178 539	111 664	105 631	102 934	91 110
负债总额	253 086	209 788	145 266	134 982	127 055	109 584
总借款[2]	28 986	28 108	23 033	20 754	20 327	12 959
利息支出[3]	3 715	1 455	3 942	2 039	5 897	2 118
息税前利润[4]	45 786	34 205	29 128	20 658	18 582	30 676
经营活动现金流量净额	49 315	41 755	22 554	24 969	17 826	31 555
营运资本[5]	89 019	78 566	75 180	63 837	56 681	60 898
流动比率	1.4	1.4	1.7	1.6	1.6	1.7

续表

项 目	2015	2014	2013	2012	2011	2010
速动比率[6]	1.1	1.2	1.5	1.4	1.3	1.4
资产负债率	68%	68%	63%	64%	66%	61%
已获利息倍数[7]	12	24	7	10	3	14
债务偿付保证倍数[8]	1.3	1.2	0.7	0.9	0.6	1.8

附注：
[1] 现金及短期投资来源于5年财务摘要。
[2] 总借款＝短期借款＋长期借款。
[3] 假设利息支出＝净财务费用。
[4] 根据利润表数据关系息税前利润即营业利润。
[5] 营运资本＝流动资产－流动负债。
[6] 速动比率＝速动资产/流动负债，其中速动资产＝流动资产－存货。
[7] 已获利息倍数＝息税前利润/利息支出。
[8] 债务偿付保证倍数＝经营活动现金流量/［利息支出＋总借款/（1－税率）］，税率根据利润表推算平均为15％。

第三部分 公司盈利能力分析

一、公司盈利能力概述（500字左右）

二、数据分析

表3-13　　　　　　　　2014—2015年度公司产品盈利能力分析

金额单位：人民币百万元

项 目	2015				2014			
	绝对数	多步相对数			绝对数	多步相对数		
销售收入	395 009				288 197			
销售成本	230 312	58.3%	58.3%	58.3%	160 746	55.8%	55.8%	55.8%
毛利	164 697	41.7%			127 451	44.2%		
其中：研发费用	59 607		15.0%	15.0%	40 845		14.2%	14.2%
销售、管理及其他费用[1]	59 304		15.1%	15.1%	52 401		18.1%	18.1%
营业利润	45 786		11.6%		34 205		11.9%	
净财务费用及其他[2]	3 631			0.9%	1 758			0.6%
所得税费用	5 077			1.3%	5 187			1.7%
净利润	36 910			9.3%	27 866			9.6%

附注：
[1] 销售、管理及其他费用包含销售费用、管理费用和其他业务收支净额。
[2] 净财务费用及其他包含利息支出、利息收入及应占联营公司业绩或损失。

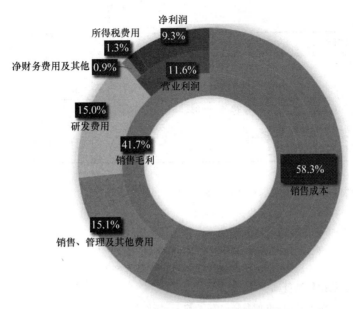

图 3.8 公司 2015 年度收入构成情况图

表 3-14　　　　2010—2015 年度公司资产资本获利能力分析

金额单位：人民币百万元

项　目	2015	2014	2013	2012	2011	2010
总资产	372 155	309 773	231 532	210 006	193 283	178 984
负债总额	253 086	209 788	145 266	134 982	127 055	109 584
非流动负债	40 459	31 249	33 602	29 351	24 121	18 474
所有者权益	119 069	99 985	86 266	75 024	66 228	69 400
息税前利润[1]	45 786	34 205	29 128	20 658	18 582	30 676
净财务费用	3 715	1 455	3 942	2 039	5 897	2 118
经营活动现金净额	49 315	41 755	22 554	24 969	17 826	31 555
净利润	36 910	27 866	21 003	15 624	11 647	24 716
收益质量[2]	1.3	1.5	1.1	1.6	1.5	1.3
权益报酬率[3]	31.0%	27.9%	24.3%	20.8%	17.6%	35.6%
总资产净利率[4]	10%	9%	9%	7%	6%	14%
总资产报酬率（税前）	12%	11%	13%	10%	10%	17%
总资产报酬率（税后）[5]	11%	9%	11%	8%	9%	15%
税率[6]	12%	16%	17%	15%	7%	13%
税后利率[7]	1.3%	0.6%	2.3%	1.3%	1.0%	1.7%
D/E[8]	213%	210%	168%	180%	192%	158%
总资产税后报酬率＋（总资产税后报酬率－税后利率）*D/E	31.06%	27.61%	24.37%	21.09%	24.35%	35.63%
息前税后利润[9]	40 709	29 018	24 969	17 900	17 772	26 844
投入资本[10]	159 528	131 234	119 868	104 375	90 349	87 874

续表

项　　目	2015	2014	2013	2012	2011	2010
投入资本报酬率[11]	25.52%	22.11%	20.83%	17.15%	19.67%	30.55%
税后利率[12]	8.07%	3.93%	9.79%	5.90%	22.86%	9.93%
D/E[13]	33.98%	31.25%	38.95%	39.12%	36.42%	26.62%
投入资本报酬率+(投入资本报酬率-税后利率)*D/E	31.4%	27.8%	25.1%	21.5%	18.5%	36.0%

附注：

[1] 根据利润表分析息税前利润=营业利润。

[2] 收益质量=经营活动现金净流量/净利润。

[3] 权益报酬率=净利润/所有者权益期末余额×100%。

[4] 总资产净利率=净利润/总资产期末余额×100%。

[5] 总资产报酬率（税后）=息税前利润×(1-税率)/总资产期末余额×100%。

[6] 根据利润表数据推算得到。

[7] 税后利率=净财务费用/负债总额×(1-税率)。

[8] D/E=负债总额/所有者权益总额×100%。

[9] 息前税后利润=营业利润-所得税费用。

[10] 投入资本=非流动负债+所有者权益。

[11] 投入资本报酬率=息前税后利润/投入资本×100%。

[12] 税后利率=净财务费用/非流动负债×(1-税率)×100%。

[13] D/E=非流动负债/所有者权益总额×100%。

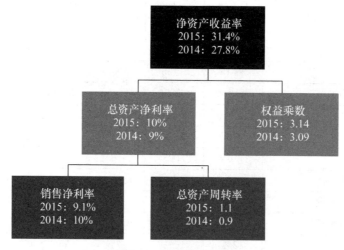

图3.9　杜邦分析体系

三、公司权益报酬率因素分析（500字左右）

第四部分　公司增长能力分析

一、公司增长能力概述（500字左右）

二、数据分析

表 3-15　　　　　　　　　　2010—2015 年度公司增长能力趋势分析

金额单位：人民币百万元

原始数据	2015	2014	2013	2012	2011	2010
总资产	372 155	309 773	231 532	210 006	193 283	178 984
销售收入	395 009	288 197	239 025	220 198	203 929	182 548
净利润	36 910	27 866	21 003	15 624	11 647	24 716
所有者权益	119 069	99 985	86 266	75 024	66 228	69 400
运营资本	89 019	78 566	75 180	63 837	56 681	60 898
营业利润	45 786	34 205	29 128	20 658	18 582	30 676
经营活动现金流量净额	49 315	41 755	22 554	24 969	17 826	31 555
环比和年复合增长率	2015	2014	2013	2012	2011	2010
总资产	20%	34%	10%	9%	8%	16%
销售收入	37%	21%	9%	8%	12%	17%
净利润	32%	33%	34%	34%	-53%	8%
所有者权益	19%	16%	15%	13%	-5%	11%
运营资本	13%	5%	18%	13%	-7%	8%
营业利润	34%	17%	41%	11%	-39%	8%
经营活动现金流量净额	18%	85%	-10%	40%	-44%	9%
作图数据	2015	2014	2013	2012	2011	2010
销售收入	395 009	288 197	239 025	220 198	203 929	182 548
销售收入增长率	37%	21%	9%	8%	12%	17%

附注：至少选中两个"数据系列"，插入"组合图"，右击"柱形图"，设置"数据系列格式"，选中"次坐标轴"即可。

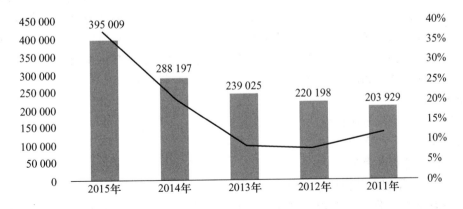

图 3.10　公司 2011—2015 年收入增长趋势

图 3.11 公司增长能力框架图

三、综合评价公司增长能力的可持续性

练习题

1. 某公司流动资产由速动资产和存货构成,年初存货为 145 万元,年初应收账款为 125 万元,年末流动比率为 300%,年末速动比率为 150%,存货周转率为 4 次,年末流动资产余额为 270 万元。一年按 360 天计算。

要求:

(1) 计算该公司流动负债年末余额。

(2) 计算该公司存货年末余额和年平均余额。

(3) 计算该公司本年主营业务成本。

(4) 假定本年赊销净额为 960 万元,应收账款以外的其他速动资产可忽略不计,计算该公司应收账款周转天数。

2. 某企业 2019 年主营业务收入净额为 77 万元,主营业务净利率为 10%,按照主营业务收入计算的存货周转率为 7 次,期初存货余额为 8 万元;期初应收账款余额为 12 万元,期末应收账款余额为 10 万元,速动比率为 150%,流动比率为 200%,固定资产总额是 50 万元,该企业期初资产总额为 80 万元。该公司的流动资产由速动资产和存货组成,资产总额由固定资产和流动资产组成。(计算结果保留两位小数)

要求:

(1) 计算应收账款周转率。

(2) 计算总资产周转率。

(3) 计算总资产净利率。

3. 2020 年年初,某公司的负债总额为 400 万元,股东权益是负债总额的 3 倍,年资本积累率为 50%,公司 2020 年年末的资产负债率为 40%。2020 年该公司的固定成本总额为 170 万元,实现净利润 300 万元,所得税税率为 25%。2020 年年末的股份总数为 600 万股,假设普通股股数在 2020 年和 2021 年均未发生变化,企业没有优先股,2020 年年末的普通股市价为 5 元/股。(计算结果保留两位小数)

要求：

(1) 计算2020年年初股东权益总额、资产总额、年初的资产负债率。

(2) 计算2020年年末股东权益总额、负债总额、资产总额、产权比率。

(3) 计算2020年的总资产净利率、权益乘数（使用平均数计算）、平均每股净资产、每股收益、市盈率。

4. 某公司2020年的有关资料如表3-16所示。

表3-16　　　　　　　　某公司部分财务数据表

项　目	年初数	年末数	本年数或平均数
存货（万元）	7 200	9 600	
流动负债（万元）	6 000	8 000	
总资产（万元）	15 000	17 000	
流动比率（%）		150	
速动比率（%）	80		
权益乘数（倍）			1.5
流动资产周转次数（次）			4
净利润（万元）			2 880

要求：

(1) 计算2020年该公司流动资产的年初余额、年末余额和平均余额（假定流动资产由速动资产和存货组成）。

(2) 计算2020年的主营业务收入和总资产周转率。

(3) 计算主营业务净利率和净资产收益率。

(4) 假定该公司2021年投资计划需要资金2 100万元，维持权益乘数1.5的资本结构，规定按照10%的比例提取法定盈余公积金，按照5%的比例提取法定公益金，计算按照剩余股利政策2020年向投资者分配股利的数额。

财务预测与预算

实验 4.1 筹资数量预测

4.1.1 实验目的

理解销售收入增长目标和财务资源约束之间的关系;掌握资产周转率与销售百分比之间的转换关系;理解产品获利能力对于内部资金来源的贡献;理解总资产和总资本在筹资数量预测中的意义;掌握外部融资需求的预测方法;掌握融资需求敏感性分析和经营计划修订的一般思路。

4.1.2 实验原理

1. 销售百分比法

该方法是根据财务报表各项目与营业收入总额之间的比例关系,按照预期销售额的增长情况来预测有关项目未来金额的一种方法。其原理是企业销售收入与企业各项经济资源之间有着密不可分的内在联系,这是由企业的各项能力综合决定的,而企业能力在一定时期内可以假设为相对稳定,相反,当销售收入被预测之后,同样可以根据一定的销售百分比预测各项经济资源的需求。通常销售百分比可以粗略地等于周转率的倒数或者等于周转期除以 360(假设一年以 360 天计算)。

2. 内部资金来源等于预测净利润的留存部分

内部资金来源通常也叫内源性资金,根据啄食顺序理论,当企业出现资金需求的时候,应该首先考虑自身利润的留存和积累,其次才是外部融资。

3. 外部融资需求=总资产预测值-总资本预测值

总资产预测值主要由收入增长计划和投资计划决定,总资本预测值取决于现有资本期初规模和本期内源性资金新增部分。

4.1.3 实验案例

【案例 4-1】 本实验仍以华为控股股份有限公司为例,主要实验内容包括编制 2016 年度预测的利润表和资产负债表,进一步预测案例公司未来年度的外部融资需求。

4.1.4 实验步骤

创建一个工作簿,命名为"第 4 章"。在该工作簿中命名一个"案例 4-1"的工作表,然后进行如下操作。

第一步:根据收入增长趋势及未来收入增长目标,预测公司下一年度销售收入增长率,汇总整理第 3 章的公司各项财务能力分析结果,如表 4-1 所示。

表 4-1 　　　　　　　　　　公司历年各项财务能力分析汇总表

项　　目	2016	2015	2014	2013	2012	2011	2010
来源于增长能力分析:							
销售增长率	15%	37%	21%	9%	8%	12%	17%
来源于产品获利能力分析:							
销售成本	58%	58%	56%	59%	60%	63%	56%
研发费用	15%	15%	14%	13%	14%	12%	10%
销售、管理及其他费用	15%	15%	18%	17%	17%	17%	18%
净财务费用及其他	—	0.9%	0.6%	1.6%	0.8%	2.8%	1.2%
来源于资产及资本获利能力分析:							
税率	15%	12%	16%	17%	15%	7%	13%
对股东的净支付率	12%	12%	12%	9%	8%	22%	—
来源于营运能力分析:							
现金周转期(天)	100.0	100.8	97.5	110.5	109.8	101.0	81.8
应收账款平均收账期(天)	90.0	85.0	99.4	98.7	97.8	97.7	94.8
存货周转率	4.0	3.8	3.5	5.7	6.0	4.9	3.7
应付账款平均付款期(天)	100.0	95.4	102.8	81.6	109.4	76.4	100.8
流动资产垫支周转率	0.75	0.76	0.63	0.75	0.78	0.80	0.67
流动资产周转率	1.25	1.31	1.12	1.28	1.30	1.28	1.20
总资产周转率	1.05	1.06	0.93	1.03	1.05	1.06	1.02
来源于偿债能力分析:							
流动比率	1.4	1.42	1.44	1.67	1.60	1.55	1.67
速动比率	1.10	1.13	1.18	1.45	1.39	1.30	1.37
资产负债率	0.68	0.68	0.68	0.63	0.64	0.66	0.61
已获利息倍数	11.5	12.32	23.51	7.39	10.13	3.15	14.48
其他应付款	158 991	133 779	108 308	80 448	55 379	54 059	54 052
销售收入(百万元)	454 260	395 009	288 197	239 025	220 198	203 929	182 548
其他应付款占销售收入	35%	34%	38%	34%	25%	27%	30%

第二步：分析与收入存在相关（百分比）关系的报表项目，如表 4-2 所示。

表 4-2　　　　　　　　2016 年度各项目占销售收入或成本的预测百分比

单位：%

项　　目	2016
销售增长率	15
现金占销售收入	28
应收账款占销售收入	25
存货占销售收入	25
应付账款占销售成本	28
流动资产占销售成本	133
流动资产占销售收入	80
总资产占销售收入	95
销售成本占销售收入	58
研发费用占销售收入	15
销管及其他占销售收入	15
其他应付款占销售收入	35
税率占息税前利润	15
对股东的净支付占所有者权益	12

第三步：根据投融资计划预测其他报表项目。
第四步：运用预测的利润表，计算内部资金来源，如表 4-3 所示。
第五步：运用预测的资产负债表，计算资金总需求和总来源，如表 4-4 所示。
第六步：预测外部融资需求，如表 4-4 所示。
第七步：对融资需求进行敏感性分析（略）。

4.1.5　实验报告

本实验报告包括：筹资数量预测报告的 Word 版本和计算过程的 Excel 压缩包。

实验报告文件命名规则：以"班级_学号_姓名_案例公司名称_筹资数量预测报告"格式命名。本报告具体格式如下：

封　　面[①]
目　　录

第一部分　筹资数量预测报告

一、销售增长及经营成果预测概述（500 字左右）

二、以表 4-3、表 4-4 的预测数据为依据，对资金总需求、总来源及外部融资需求分别进行文字概述。

[①]　封面含实验报告文件名的全部要素。

表 4-3　　　　　　　　　　　　　预测的利润表及内部资金来源

单位：人民币百万元

项　目	2015	2016
销售收入	395 009	454 260
销售成本	230 312	263 471
毛利	164 697	190 789
期间费用	118 911	136 278
其中：1. 研发费用	59 607	68 139
2. 销售和管理费用及其他业务收支	59 304	68 139
营业利润	45 786	54 511
净财务费用及其他联合营公司业绩	3 631	4 000
所得税费用	5 077	7 577
净利润	36 910	42 935

（一）资金总需求预测概述（500 字左右）

（二）资金总来源预测概述（500 字左右）

（三）外部融资需求预测概述（500 字左右）

表 4-4　　　　　　　　　　　　　预测的资产负债表及外部融资需求

单位：人民币百万元

项　目	2015	2016
非流动资产[3]	70 509	68 139
其中：物业、厂房、设备[4]	35 438	43 609
流动资产[1]	301 646	363 408
其中：1. 存货[5]	61 363	113 565
2. 应收账款及应收票据[6]	93 260	113 565
3. 现金及现金等价物[7]	110 561	127 193
总资产[2]	372 155	431 547
所有者权益[8]	119 069	147 716
非流动负债[11]	40 459	24 254
其中：长期借款	26 501	24 254
流动负债[9]	212 627	259 577
其中：1. 短期借款	2 485	26 814
2. 应付账款及应付票据	61 017	73 772
3. 其他应付款	133 779	158 991
负债总额[10]	253 086	283 831

续表

项　　目	2015	2016
总借款	28 986	51 068
需要增加外部负债融资[12]	—	22 082

附注：

[1] 流动资产数据根据流动资产占销售收入 2016 年预测值 80% 计算得到。

[2] 总资产数据根据总资产占销售收入 2016 年预测值 95% 计算得到。

[3] 非流动资产＝总资产－流动资产。

[4] 物业、厂房、设备根据固流结构 2016 年预测值 12% 计算得到。

[5][6][7] 根据各自占销售收入百分比 2016 年预测值计算得到。

[8] 所有者权益本年增加数等于净利润 2016 年预测值减去给股东净支付 2016 年预测值。其中 2016 年净支付率预测值为所有者权益期初余额的 12%。

[9] 流动负债根据流动比率 2016 年预测值 1.4 计算得到。

[10] 负债总额根据资产负债率 2016 年预测值 68% 计算，同时按照总资产预测值减去所有者权益预测值，取较低者。

[11] 非流动负债等于负债总额预测值减去流动负债预测值。

[12] 实际融资需求可能低于该预测值，因为流动负债中应付所得税和准备两项 15 年曾提供 15 346（百万元）资金。非流动负债中长期雇员福利递延政府补助和递延所得税负债及准备亦提供了 13 958（百万元）资金。

第二部分　附录

附录主要是对表 4-3、表 4-4 中无法准确表达的信息予以补充说明。

实验 4.2　现金流量预测

4.2.1　实验目的

理解预测的净利润表与预测经营活动现金流量净额之间的关系；理解预测的运营资产与运营资产变动之间的关系；理解预测的非流动资产与折旧摊销及投资活动现金流量净额之间的关系（简略）；理解内外部融资与筹资活动现金流量净额之间的关系；理解各类活动现金流量净额和汇率变动是引起现金及现金等价物余额变动的原因。

4.2.2　实验原理

（1）间接法预测经营活动现金流量净额

虽然利润表和现金流量表的编制原则不同，但是他们所反映的经济活动内容是相同的，只是反映的角度不同。因此可以以净利润为起点，通过一系列调整过程，从而得到企业经营活动现金流量净额。具体计算公式：经营活动现金流量净额＝本期净利润＋不减少现金的经营性费用＋非经营性活动费用－非经营性活动收入＋非现金流动资产的减少－非现金流动资产的增加＋流动负债的增加－流动负债的减少。

(2) 筹资活动现金流量净额＝给债权人的净支付＋给股东的净支付

(3) 现金及现金等价物余额变化＝各类活动现金流量净额＋汇率变动的影响

4.2.3 实验案例

【案例 4-2】 华为公司 2016 年度现金流量预测，具体包括经营活动和筹资活动现金流量净额两部分（不考虑投资活动现金流量净额及汇率变动对现金流量的影响）。

4.2.4 实验步骤

在工作簿"第 4 章"中命名一个"案例 4-2"的工作表，完成以下操作，结果如表 4-5 所示。

第一步：根据预测利润表和资产负债表，运用间接法计算经营活动现金流量净额。

第二步：根据内部融资来源，计算对股东的净支付。

第三步：根据外部融资需求及设定的利率水平，计算对债权人的净支付。

第四步：根据预测资产负债表，计算现金及现金等价物余额变化。

第五步：倒算出投资活动现金流量净额。

第六步：完成预测现金流量表的编制。

4.2.5 实验报告

本实验报告包括：现金流量预测报告的 Word 版本和计算过程的 Excel 压缩包。

实验报告文件命名规则：以"班级_学号_姓名_案例公司名称_现金流量预测报告"格式命名。本报告具体格式如下。

封　　面[1]

目　　录

第一部分　现金流量预测

一、经营活动现金流量概述（500 字左右）

二、筹资活动现金流量概述（500 字左右）

表 4-5　　　　　　　　　公司 2016 年度现金流量预测表

单位：人民币百万元

项　　目	2015	2016
一、调整法下经营活动现金流摘要		
净利润	36 910	42 935
折旧、摊销、非经营损益[1]	10 387	10 387
设定受益计划负债精算损失	－306	－306
运营资产减少（增加）[2]	2 324	－34 540
经营活动现金流量净额[3]	49 315	18 476

---

[1] 封面含实验报告文件名的全部要素。

续表

项　目	2015	2016
二、现金流量表主要项目摘要		
经营活动现金流量净额[3]	49 315	18 476
投资活动现金流量净额[9]	2 244	(8 533)
筹资活动现金流量净额[4]	−19 763	6 690
现金及现金等价物净增加额[5]	31 796	16 632
现金及现金等价物期初余额[6]	78 048	110 561
汇率变动的影响[7]	717	—
现金及现金等价物期末余额[8]	110 561	127 193

附注：

[1] 根据预测资产负债表，非流动资产低于上年金额，因此可以假设本年度没有重大投资项目，沿用上年度数据。

[2] 根据预测资产负债表结果分析得到，其中运营资产减少（增加）＝经营性应收项目减少（增加）−经营性应付项目减少（增加）。经营性应收项目包括：存货、应收账款和应收票据，经营性应付项目包括应付账款、应付票据和其他应付款。

[3] 经营活动现金流量净额＝净利润＋折旧等＋设定损失＋运营资产减少。

[4] 筹资活动现金流量净额＝对股东的净支付＋净财务费用，其中前者假设为所有者权益期初数的12％，后者根据"实验4.1"外部负债融资需求预测数（22 082）计算，税后利率假设为5％。

[5] 现金及现金等价物净增加额＝现金及现金等价期末余额−期初余额。

[6] [8] 现金及现金等价物期初、期末余额来源于预测的资产负债表。

[7] 假设汇率变动的影响为0。

[9] 投资活动现金流量净额＝现金及现金等价物净增加额−经营活动现金净增加额−筹资活动现金净增加额。

第二部分　附录

附录主要是对表4−5中无法准确表达的信息予以补充说明。

实验4.3　日常现金流预算

4.3.1　实验目的

熟悉公司日常现金收款来源和现金付款去向；理解现金收支和各项财务活动的关系；理解信用期限与收款和付款的关系；理解最低现金持有额在企业资金管理中的意义；理解日常现金预算的功能；掌握日常现金预算和现金需求的确定方法。

4.3.2 实验原理

（1）本期现金收支净额＝本期现金收款合计－本期现金付款合计
（2）现金期末余额＝现金期初余额＋本期现金收支净额
（3）本期现金盈余（赤字）＝现金期末余额－最低现金持有额

4.3.3 实验案例

【案例4-3】编制ABC制造公司现金预算表，如表4-6所示。

表4-6　　　　　　　　ABC制造公司2020年度业务数据摘要

单位：元

	实际财务数据		预测财务数据		
	五月	六月	七月	八月	九月
原始数据					
赊销	10 000	14 000	16 000	19 000	15 000
赊购	5 000	6 000	5 000	12 000	6 000

要求：根据销售和采购的原始及预测数据，为公司编制2020年第三季度现金预算。

4.3.4 实验步骤

在工作簿"第4章"中命名一个"案例4-3"的工作表，完成以下操作，结果见表4-7。

第一步：根据赊销信用期限预测相应月份的收款情况。
第二步：根据赊购信用期限预测相应月份的付款情况。
第三步：计算现金净收支额。
第四步：结合现金期初数和最低持有额，计算本期现金盈余或赤字情况。
第五步：编制完成现金月度预算表。

4.3.5 实验报告

本实验报告包括：现金预算报告的Word版本和计算过程的Excel压缩包。

实验报告文件命名规则：以"班级_学号_姓名_案例公司名称_现金预算报告"格式命名。本报告具体格式如下。

封　　面[①]
目　　录

第一部分　现金预算报告

现金预算原理和过程综述（500字左右）。

[①] 封面含实验报告文件名的全部要素。

第二部分 附录

附录内容包括表 4-7 以及相关的文字说明。

表 4-7　　　　　　　　　ABC 制造公司 2020 年第三季度现金预算报告

单位：元

	实际财务数据		预测财务数据		
	五月	六月	七月	八月	九月
原始数据					
赊销	10 000	14 000	16 000	19 000	15 000
赊购	5 000	6 000	5 000	12 000	6 000
现金预算					
现金收款					
现金销售			1 000	1 000	1 000
赊销回款[1]			10 000	14 000	16 000
旧机器处置收到现金				19 000	
现金收款合计			11 000	34 000	17 000
现金付款					
现购			1 000	1 000	2 000
赊购还款[2]			6 000	5 000	12 000
支付工资和薪金			4 000	4 000	4 000
支付利息					12 000
偿还债务本金					26 000
支付现金股利					8 000
支付税金			3 000		
现金付款合计			14 000	10 000	64 000
现金净收（支）			(3 000)	24 000	(47 000)
现金需求决定过程					
现金期初余额			15 000	12 000	36 000
现金净收（支）			(3 000)	24 000	(47 000)
现金期末余额			12 000	36 000	(11 000)
最低现金持有额			10 000	10 000	10 000
现金盈余（赤字）			2 000	26 000	(21 000)

附注：

[1] 赊销回款的信用期限为一个月。

[2] 赊购还款的信用期限为一个月。

练习题

1. 恒星公司为一有限责任公司，2019 年的资产负债表和利润表简表如表 4-8、表 4-9 所示。

表 4-8　　　　　　　　　　　　　　　资产负债表（简）
编制单位：恒星公司　　　　　　　2019 年 12 月 31 日　　　　　　　　　　　　　单位：万元

资　　产	金　　额	负债及所有者权益	金　　额
货币资金	16 000	应付账款	10 000
应收账款	18 000	其他应付款	15 000
存货	28 000	非流动负债	22 000
固定资产	34 200	实收资本	42 000
		留存收益	7 200
资产总计	96 200	负债及所有者权益总计	96 200

表 4-9　　　　　　　　　　　　　　　利润表（简）
编制单位：恒星公司　　　　　　　2019 年度　　　　　　　　　　　　　　　　单位：万元

项　　目	金　　额
营业收入	180 000
减：营业成本	140 000
税金及附加	2 400
销售费用	3 500
管理费用	2 000
财务费用	2 100
利润总额	30 000
减：所得税费用	12 000
净利润	18 000
减：应付股利	10 800
留存收益	7 200

2019 年该公司获得销售收入 180 000 万元，预计 2020 年可实现销售收入 230 000 万元，销售费用、管理费用、财务费用分别为 4 000 万元、2 200 万元、3 077 万元。假定销售成本率、销售净利率和利润分配政策与基期水平保持不变，该公司生产能力不饱和，不考虑折旧和更新改造因素。所得税税率为 40%，净利润的 60% 分配给投资者。

要求：

（1）利用销售百分比法预测模型预测该公司需要追加的外部资金。

（2）依据预测期的总资产、总负债、所有者权益总额，预测该公司需要追加的外部资金。

（3）直接通过编制预计利润表和预计资产负债表确定外部资金。（计算结果保留两位小数）

2. 某公司拟根据预计现金收入预算表和现金流出预算表编制该公司的预计现金需求计划。该公司某年度各季度预计的其他现金收入分别为 200 万元、50 万元、1 200 万元、

350万元。根据预计现金收入预算表和现金流出预算表的资料，各季度预计的销售现金收入分别为 7 500 万元、7 460 万元、7 890 万元、8 080 万元；预计现金流出分别为 9 500 万元、7 800 万元、7 850 万元、7 900 万元。该公司要求各季度的最低现金持有量为 400 万元，第一季度的期初现金余额为 500 万元。

要求：编制预计现金需求计划，格式如表 4-10 所示。

表 4-10　　　　　　　　　　　预计现金需求计划

单位：万元

项目	第一季度	第二季度	第三季度	第四季度
期初现金余额				
现金流入量				
销售现金收入				
其他现金收入				
合计				
现金流出量				
现金净流量				
期末现金余额				
最低现金持有量				
累计现金余（缺）				

3. 某企业预测 2021 年的第一季度至第四季度的经营现金需求量分别为：-200 万元、-680 万元、620 万元、2 590 万元。数据表明该企业第一季度与第二季度现金不足，为弥补现金缺口，第一季度拟出售全部短期有价证券，可获资金 102 万元，其余资金通过银行借款解决，借款年利率为 8%；第二季度只能向银行短期借款 500 万元，其余资金通过与供应商协商，利用商业信用解决，并承诺第三季度偿还应付账款。企业借款在期初，还款在期末，如果企业归还完银行借款，资金仍有剩余，该企业将进行短期有价证券投资，第四季度末需要保留现金余额 110 万元。

要求：编制该企业的短期资金筹集计划。

投资决策原理

实验 5.1 投资现金流量的计算

5.1.1 实验目的

理解投资方案的三个阶段，即建设期、经营期和终结期；掌握投资决策中的现金流量的计算方法。

5.1.2 实验原理

1. 投资现金流量的概念

投资现金流量是指与投资决策相关的现金流入和流出的数量。一定时期内现金流入与现金流出之差，称为净现金流量（NCF）。

只有做出某项决策后会发生改变的现金流量才是与决策相关的，才需要予以考虑。沉没成本与投资决策无关，不需要考虑。机会成本与投资决策相关，必须考虑。现金流量的计算不包括利息支出和股利支出。投资决策中的现金流量是建立在税后基础之上的，必须考虑所得税对现金流量的影响。

2. 投资现金流量的构成

投资现金流量按发生时间可划分为以下三个阶段或三类。

（1）初始现金流量：① 投资前费用；② 设备购置费用；③ 设备安装费用；④ 建筑工程费；⑤ 营运资金的垫支；⑥ 原有固定资产的变价收入扣除相关税金后的净收益；⑦ 不可预见费。

（2）营业现金流量。

（3）终结现金流量：① 固定资产残值收入或变价收入；② 收回垫支在流动资产上的资金；③ 停止使用的土地的变价收入。

3. 投资现金流量的计算

每年营业现金净流量＝年营业收入－年付现成本－所得税＝税后净利＋折旧。

假定：① 不存在赊销，营业收入全部为现金收入；② 营业成本＝付现成本＋折旧；③ 所得税当期支付。

假定各年投资在年初进行，各年营业现金流量在年末发生，终结现金流量在最后一年末发生。

5.1.3 实验案例

【案例 5-1】 某公司拟购买一台设备,购置成本为 200 万元,该设备的使用寿命预计为 5 年,预计残值为 20 万元,拟采用直线法计提折旧。使用该设备预计每年增加营业收入 120 万元,增加付现成本 70 万元,公司的所得税税率为 25%。试计算该方案的现金流量。

【案例 5-2】 某公司拟建造一条生产线以扩充生产能力。生产线需投资 120 万元,使用寿命为 5 年,采用直线法计提折旧,5 年后生产线有残值收入 20 万元。该生产线 5 年中每年预计增加营业收入 80 万元,付现成本第一年为 30 万元,以后随着设备陈旧,逐年将增加修理费 4 万元,另需垫支营运资本 30 万元,公司所得税税率为 25%。试计算该方案的现金流量。

5.1.4 实验步骤

1.【案例 5-1】的操作步骤

创建一个工作簿,命名为"第 5 章"。在该工作簿中命名一个"案例 5-1"的工作表。然后进行如下操作。

第一步:建立全部现金流量计算模型并录入数据。

首先在 Excel 工作表中建立全部现金流量计算模型并将【案例 5-1】的全部现金流量预测数据录入,如图 5.1 所示。

	A	B	C	D	E	F	G	H
1								
2				案例5-1			金额单位:万元	
3		项目	第0年	第1年	第2年	第3年	第4年	第5年
4		投资额	-200					
5		营业收入(1)		120	120	120	120	120
6		付现成本(2)		70	70	70	70	70
7		折旧(3)						
8		税前利润(4)=(1)-(2)-(3)						
9		所得税(5)=(4)*25%						
10		税后净利(6)=(4)-(5)						
11		残值						20
12		营业净现金流量(7)=(1)-(2)-(5)						

图 5.1 现金流量预测数据

第二步:调用 SLN 函数计算设备的折旧额。

用鼠标单击单元格 D7,单击"公式"编辑栏左侧的插入函数"f_x"按钮,弹出"插入函数"对话框,单击"或选择类别(C)"栏选择"财务"类,在"选择函数(N)"栏选择"SLN"函数名,如图 5.2 所示。

单击"确定"按钮就弹出计算折旧的"函数参数"对话框,如图 5.3 所示。

单击"Cost"栏右边的折叠对话框按钮,鼠标选择单元格 C4,再按下 F4 键,然后单击"Cost"栏右边的折叠对话框按钮,返回函数参数对话框,在 $C$4 单元格前加一个负号,使得设备原值变成正数。单击"Salvage"栏右边的折叠对话框按钮,鼠标选择单元格 H11,再按下 F4 键,然后单击"Salvage"栏右边的折叠对话框按钮,返回函数参数对话框。在"Life"栏中输入使用年数"5",单击"确定"按钮,计算出第 1 年的折旧额,如图 5.4 所示。

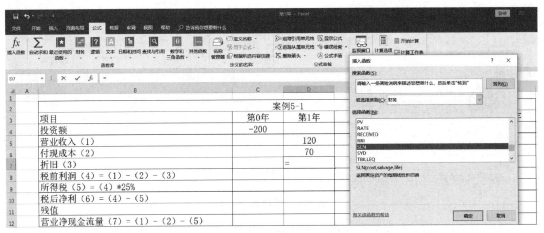

图 5.2 插入 SLN 函数

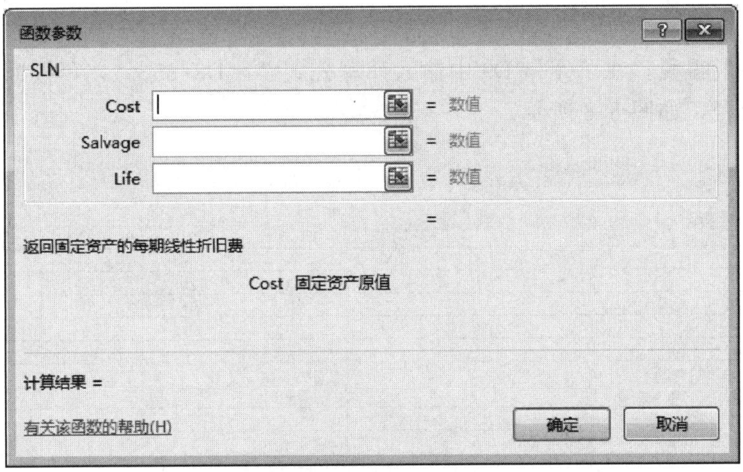

图 5.3 函数参数

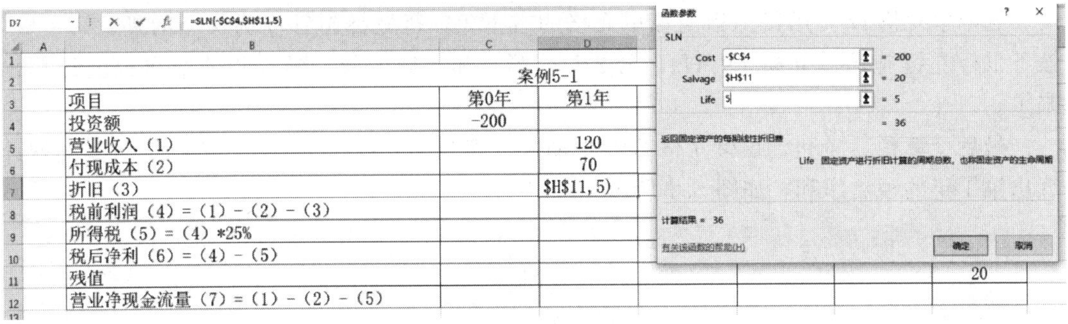

图 5.4 折旧额计算结果

选中单元格 D7，用鼠标指向该单元格的右下角，待鼠标指针变为实心的黑"＋"时，按下鼠标左键拖向单元格 E7：H7，第 2 年、第 3 年、第 4 年、第 5 年的折旧额就计算出来了。

第三步：计算税后净利。

首先计算"税前利润"，在单元格 D8 中输入"＝"，然后用鼠标选择单元格 D5，再输入"－"，然后用鼠标选择单元格 D6，再输入"－"，然后用鼠标选择单元格 D7，最后按回车键,就会算出第 1 年的税前利润,如图 5.5 所示。

	A	B	C	D	E	F	G	H
1								
2				案例5-1				金额单位:万元
3		项目	第0年	第1年	第2年	第3年	第4年	第5年
4		投资额	-200					
5		营业收入(1)		120	120	120	120	120
6		付现成本(2)		70	70	70	70	70
7		折旧(3)		36	36	36	36	36
8		税前利润(4)=(1)-(2)-(3)		=D5-D6-D7				
9		所得税(5)=(4)*25%						
10		税后净利(6)=(4)-(5)						
11		残值						20
12		营业净现金流量(7)=(1)-(2)-(5)						

图 5.5 税前利润计算

选中单元格 D8,用鼠标指向该单元格的右下角,待鼠标指针变为实心的黑"+"时,按下鼠标左键拖向单元格 E8:H8,第 2 年、第 3 年、第 4 年、第 5 年的税前利润就计算出来了。

然后计算所得税,在单元格 D9 中输入计算公式"=D8*25%",再按回车键就计算出第 1 年的所得税,如图 5.6 所示。

	A	B	C	D	E	F	G	H
1								
2				案例5-1				金额单位:万元
3		项目	第0年	第1年	第2年	第3年	第4年	第5年
4		投资额	-200					
5		营业收入(1)		120	120	120	120	120
6		付现成本(2)		70	70	70	70	70
7		折旧(3)		36	36	36	36	36
8		税前利润(4)=(1)-(2)-(3)		14	14	14	14	14
9		所得税(5)=(4)*25%		=D8*25%				
10		税后净利(6)=(4)-(5)						
11		残值						20
12		营业净现金流量(7)=(1)-(2)-(5)						

图 5.6 所得税计算

选中单元格 D9,用鼠标指向该单元格的右下角,待鼠标指针变为实心的黑"+"时,按下鼠标左键拖向单元格 E9:H9,第 2 年、第 3 年、第 4 年、第 5 年的所得税就计算出来了。

最后计算税后净利,在单元格 D10 中输入计算公式"=D8-D9",然后按回车键就计算出第 1 年的税后净利,如图 5.7 所示。

	A	B	C	D	E	F	G	H
1								
2				案例5-1				金额单位:万元
3		项目	第0年	第1年	第2年	第3年	第4年	第5年
4		投资额	-200					
5		营业收入(1)		120	120	120	120	120
6		付现成本(2)		70	70	70	70	70
7		折旧(3)		36	36	36	36	36
8		税前利润(4)=(1)-(2)-(3)		14	14	14	14	14
9		所得税(5)=(4)*25%		3.5	3.5	3.5	3.5	3.5
10		税后净利(6)=(4)-(5)		=D8-D9				
11		残值						20
12		营业净现金流量(7)=(1)-(2)-(5)						

图 5.7 税后净利计算

选中单元格 D10，用鼠标指向该单元格的右下角，待鼠标指针变为实心的黑"＋"时，按下鼠标左键拖向单元格 E10:H10，第 2 年、第 3 年、第 4 年、第 5 年的税后净利就计算出来了。

第四步：计算营业净现金流量。

单击单元格 C12，从工具栏中选择"∑"求和公式，然后选择求和范围是 C4:C11，按回车键，就会计算出第 0 年的营业净现金流量，如图 5.8 所示。

	A	B	C	D	E	F	G	H
1				案例5-1				金额单位：万元
2		项目	第0年	第1年	第2年	第3年	第4年	第5年
3		投资额	−200					
4		营业收入（1）		120	120	120	120	120
5		付现成本（2）		70	70	70	70	70
6		折旧（3）		36	36	36	36	36
7		税前利润（4）＝（1）−（2）−（3）		14	14	14	14	14
8		所得税（5）＝（4）*25%		3.5	3.5	3.5	3.5	3.5
9		税后净利（6）＝（4）−（5）		10.5	10.5	10.5	10.5	10.5
10		残值						20
11		营业净现金流量（7）＝（1）−（2）−（5）	=SUM(C4:C11)					
12			SUM(number1, [number2], ...)					

图 5.8　第 0 年营业净现金流量计算

在单元格 D12 中输入计算公式"＝D5−D6−D9"，然后按回车键就计算出第 1 年的营业净现金流量，如图 5.9 所示。

	A	B	C	D	E	F	G	H
1				案例5-1				金额单位：万元
2		项目	第0年	第1年	第2年	第3年	第4年	第5年
3		投资额	−200					
4		营业收入（1）		120	120	120	120	120
5		付现成本（2）		70	70	70	70	70
6		折旧（3）		36	36	36	36	36
7		税前利润（4）＝（1）−（2）−（3）		14	14	14	14	14
8		所得税（5）＝（4）*25%		3.5	3.5	3.5	3.5	3.5
9		税后净利（6）＝（4）−（5）		10.5	10.5	10.5	10.5	10.5
10		残值						20
11		营业净现金流量（7）＝（1）−（2）−（5）	−200	=D5−D6−D9				

图 5.9　第 1 年营业净现金流量计算

选中单元格 D12，用鼠标指向该单元格的右下角，待鼠标指针变为实心的黑"＋"时，按下鼠标左键拖向单元格 E12:G12，第 2 年、第 3 年、第 4 年的营业净现金流量就计算出来了。

在单元格 H12 中输入计算公式"＝G12＋H11"，然后按回车键就计算出第 5 年的营业净现金流量，如图 5.10 所示。

	A	B	C	D	E	F	G	H
1				案例5-1				金额单位：万元
2		项目	第0年	第1年	第2年	第3年	第4年	第5年
3		投资额	−200					
4		营业收入（1）		120	120	120	120	120
5		付现成本（2）		70	70	70	70	70
6		折旧（3）		36	36	36	36	36
7		税前利润（4）＝（1）−（2）−（3）		14	14	14	14	14
8		所得税（5）＝（4）*25%		3.5	3.5	3.5	3.5	3.5
9		税后净利（6）＝（4）−（5）		10.5	10.5	10.5	10.5	10.5
10		残值						20
11		营业净现金流量（7）＝（1）−（2）−（5）	−200	46.5	46.5	46.5	46.5	=G12+H11

图 5.10　第 5 年营业净现金流量计算

【案例 5-1】 最终的计算结果如图 5.11 所示。

	A	B	C	D	E	F	G	H
1								
2				案例5-1				金额单位：万元
3		项目	第0年	第1年	第2年	第3年	第4年	第5年
4		投资额	-200					
5		营业收入（1）		120	120	120	120	120
6		付现成本（2）		70	70	70	70	70
7		折旧（3）		36	36	36	36	36
8		税前利润（4）=（1）-（2）-（3）		14	14	14	14	14
9		所得税（5）=（4）*25%		3.5	3.5	3.5	3.5	3.5
10		税后净利（6）=（4）-（5）		10.5	10.5	10.5	10.5	10.5
11		残值						20
12		营业净现金流量（7）=（1）-（2）-（5）	-200	46.5	46.5	46.5	46.5	66.5

图 5.11 【案例 5-1】最终计算结果

2.【案例 5-2】的操作步骤

【案例 5-2】 的计算可以比照【案例 5-1】的计算步骤，在此省略。需要注意的是：① 初始投资分两部分，投资额和营运资金垫支。② 付现成本从第一年以后，逐年增加 4 万元，在单元格 E6 中输入公式"＝D6+4"，然后按回车键就计算出第 2 年的付现成本。选中单元格 E6，用鼠标指向该单元格的右下角，待鼠标指针变为实心的黑"+"时，按下鼠标左键拖向单元格 F6：H6，第 3 年、第 4 年、第 5 年的付现成本就计算出来。③ 终结现金流量的计算公式为：＝H5-H6-H9+H11+H12，即包括收回垫支的营运资金、残值和营业现金流量。【案例 5-2】最终的计算结果如图 5.12 所示。

	A	B	C	D	E	F	G	H
1								
2				案例5-2				金额单位：万元
3		项目	第0年	第1年	第2年	第3年	第4年	第5年
4		投资额	-120					
5		营业收入（1）		80	80	80	80	80
6		付现成本（2）		30	34	38	42	46
7		折旧（3）		20	20	20	20	20
8		税前利润（4）=（1）-（2）-（3）		30	26	22	18	14
9		所得税（5）=（4）*25%		7.5	6.5	5.5	4.5	3.5
10		税后净利（6）=（4）-（5）		22.5	19.5	16.5	13.5	10.5
11		营运资本垫支和收回	-30					30
12		残值						20
13		营业净现金流量（7）=（1）-（2）-（5）	-150	42.5	39.5	36.5	33.5	80.5

图 5.12 【案例 5-2】最终计算结果

实验 5.2 折现现金流量指标的计算与应用

5.2.1 实验目的

理解和掌握折现现金流量指标（包括净现值、内含报酬率、获利指数等）的计算、经济含义，以及在投资项目评价中的作用。

5.2.2 实验原理

1. 净现值

（1）净现值的含义

净现值是从投资开始到项目寿命终结，所有现金流量（现金流入量为正，现金流出量为负）的现值之和，其计算公式如下：

$$\mathrm{NPV} = \sum_{t=0}^{n} \frac{\mathrm{NCF}_t}{(1+K)^t}$$

式中，NCF_t 为该项目在各时点产生的净现金流量，净现金流入用正数表示，净现金流出用负数表示，折现率 K 为企业的资本成本。

如果项目的投资只在初始时刻发生，其他时点没有投资支出，则净现值的计算公式可以简化为：

$$\mathrm{NPV} = \sum_{t=0}^{n} \frac{\mathrm{NCF}_t}{(1+K)^t} = \sum_{t=1}^{n} \frac{\mathrm{NCF}_t}{(1+K)^t} - C$$

式中，C 为初始投资额。

(2) "净现值 NPV" 与 "NPV 函数" 的关系

Excel 中的 "NPV 函数" 实质上是折现函数，计算未来现金流量的现值的合计数，因此，该函数只是按照公式 $\sum_{t=1}^{n} \frac{\mathrm{NCF}_t}{(1+K)^t}$ 来计算，不包括在开始时刻的初始投资额 C。净现值实质上是未来现金流量的现值减去在开始时刻的初始投资额。

(3) 净现值的经济含义

净现值有一个基本假设，称为再投资假设，项目产生的净现金用于再投资产生的收益率等于资本成本。基于再投资假设，净现值的经济含义是：超额收益的现值。超额收益是指投资项目的收益超过资金成本的差额。

$$\mathrm{NPV} = \sum_{t=0}^{n} \frac{\mathrm{NCF}_t}{(1+K)^t} = \sum_{t=1}^{n} \frac{\mathrm{NCF}_t}{(1+K)^t} - C$$

$$\mathrm{NPV}(1+K)^n = \left[\sum_{t=1}^{n} \frac{\mathrm{NCF}_t}{(1+K)^t} - C\right](1+K)^n$$

$$= \sum_{t=1}^{n} \mathrm{NCF}_t (1+K)^{n-t} - C(1+K)^n$$

$$= \left[\sum_{t=1}^{n} \mathrm{NCF}_t (1+K)^{n-t} - C\right] - C[(1+K)^n - 1]$$

式中，$\left[\sum_{t=1}^{n} \mathrm{NCF}_t (1+K)^{n-t} - C\right]$ 为项目产生的净收益的终值，此处用到了项目产生的净现金流量的再投资收益率等于资本成本率的假设；$C[(1+K)^n - 1]$ 为资本成本总额；二者之差为项目产生的净收益超过资本成本的差额在终点的价值，我们将其称为超额收益的终值，即 $\mathrm{NPV}(1+K)^n$ 为超额收益的终值，将其折现就成为 NPV，由此可见，NPV 为超额收益的现值。

(4) 净现值的决策规则

一个备选方案的可行性分析：净现值大于等于 0，项目可行，可以采纳；净现值小于 0，方案不可行。

多个互斥方案选择最优方案：在可行方案中选择净现值最大者。

(5) 净现值的特点

优点：考虑了资金时间价值，能反映投资方案扣除资本成本后的收益。

缺点：不能揭示实际报酬率，未考虑现金流入后如何使用及获得的收益。

2. 内含报酬率

(1) 内含报酬率含义

内含报酬率又称内部报酬率，是使得净现值等于零的折现率。内含报酬率是如下方程的解 K：

$$\sum_{t=0}^{n} \frac{\text{NCF}_t}{(1+K)^t} = 0$$

如果项目的投资只在初始时刻发生，其他时点没有投资支出，则内含报酬率就是如下方程的解 K：

$$\sum_{t=1}^{n} \frac{\text{NCF}_t}{(1+K)^t} = C$$

(2) 内含报酬率的经济含义

内含报酬率为占用资金可望实现的预期报酬率。

NCF_t 为项目各期的净现金流量，$\frac{\text{NCF}_t}{(1+K)^t}$ 为 NCF_t 的折现值。$\sum_{t=1}^{n} \frac{\text{NCF}_t}{(1+K)^t} = C$ 意味着，初始投资为产生未来现金流量的本金，K 为占用资金产生的利率。

(3) 内含报酬率的决策规则

一个备选方案的可行性分析：内含报酬率大于资金成本或必要报酬率时，项目可行，可以采纳；反之，项目不可行，应予拒绝。

多个互斥方案选择最优方案：在可行方案中选择内含报酬率最大者。

(4) 内含报酬率的特点

优点：考虑了资金时间价值，反映占用资金的收益率。

缺点：没有考虑现金流入后的使用及收益情况。

3. 获利指数

(1) 获利指数的含义

获利指数又称现值指数，是投资项目投入使用后的现金流量现值之和与投资额现值的比率。如果项目的投资只在初始时刻发生，其他时点没有投资支出，则获利指数的计算公式可以简化如下：

$$\text{PI} = \Big[\sum_{t=1}^{n} \frac{\text{NCF}_t}{(1+K)^t}\Big]/C = (\text{NPV} + C)/C = 1 + \text{NPV}/C$$

(2) 获利指数的经济含义

获利指数是每单位投资可产生的现值，反映了投资的效率。将 PI 称为获利指数可能并不十分贴切，将其称为现值指数更准确，而用 PI－1＝NPV/C 反映项目的获利能力更为直接。

(3) 获利指数的决策规则

一个备选方案的可行性分析：获利指数大于 1 的项目可行，可以采纳；获利指数小于 1 的项目不可行，应当拒绝。

多个互斥方案选择最优方案：在可行方案中选择 PI 最大者。

(4) 获利指数的特点

获利指数考虑了资金时间价值，能反映项目的投资效率。

5.2.3 实验案例

【案例 5-3】 某公司有两个备选的投资方案,欲在其中选出一个最佳的投资方案。这两个方案的现金流量表如表 5-1 所示。该公司的资本成本 19%。假设 A 方案的投资期为 0 年,投资在第 1 年的年初支付;B 方案的投资期为 2 年,投资在第 1 年、第 2 年的年初分别支付 200 万元和 150 万元,在经营期开始的第 3 年年初还要垫支营运资金 50 万元。根据所提供的资料分别计算这两个项目的净现值、内含报酬率和获利指数等指标,进而对这两个项目进行评价,选出最优方案。

表 5-1 现金流量表

金额单位:万元

时点(年)	A 方案净现金流量	B 方案净现金流量
0	-150	-200
1	45	-150
2	40	-50
3	40	250
4	40	250
5	80	250

【案例 5-4】 某公司有两个备选的投资方案,欲在其中选出一个最佳的投资方案。这两个方案的现金流量表如表 5-2 所示。该公司的资本成本 12%。根据所提供的资料分别计算这两个项目的净现值、内含报酬率和获利指数等指标,进而对这两个项目进行评价,选出最优方案。

注意:这两个方案的净现值指标与内含报酬率指标、获利指数指标相互矛盾。如何对这两个项目进行评价,选出最优方案?

表 5-2 现金流量表

金额单位:万元

时点(年)	V 方案净现金流量	W 方案净现金流量
0	-350	-600
1	120	200
2	120	200
3	120	200
4	120	200
5	120	200

【案例 5-5】 某公司有两个备选的投资方案,欲在其中选出一个最佳的投资方案。这两个方案的现金流量表如表 5-3 所示。该公司的资本成本 10%。根据所提供的资料分别计算这两个方案的净现值、内含报酬率和获利指数等指标,进而对这两个项目进行评价,

选出最优方案。

注意：这两个方案的投资期限截然不同，C方案的投资期限为7年，而D方案的投资期限为1年。对于这两个项目的比较，只有将D方案产生的净现金流的再投资考虑进去，评价才是完整的，如何考虑？

表5-3　　　　　　　　　　　　　　现金流量表

金额单位：万元

时点（年）	C方案净现金流量	D方案净现金流量
0	-1 500	-1 500
1	0	1 800
2	0	
3	0	
4	0	
5	0	
6	0	
7	3 500	

【案例5-6】　某公司有两个备选的投资方案，欲在其中选出一个最佳的投资方案。这两个方案的现金流量表如表5-4所示。两个方案的初始投资均为300万元，经营期均为3年，F方案的建设期为2年。该公司的资本成本具有不确定性，在这种情况下如何对两个方案进行评价？

表5-4　　　　　　　　　　　　　　现金流量表

金额单位：万元

时点（年）	E方案净现金流量	F方案净现金流量
0	-300	-300
1	150	0
2	150	0
3	150	200
4	0	200
5	0	200

5.2.4　实验步骤

1.【案例5-3】的操作步骤

第一步：建立计算表并录入相关数据。

在工作簿"第5章"中命名一个"案例5-3"的工作表。然后创建如图5.13所示的各项折现指标的计算表。

	A	B	C	D
1				
2			案例5-3	金额单位：万元
3		时点(年)	A方案净现金流量	B方案净现金流量
4		0	−150	−200
5		1	45	−150
6		2	40	−50
7		3	40	250
8		4	40	250
9		5	80	250
10		资金成本	19%	19%
11		经营现金流量的现值		
12		投资的现值		
13		净现值		
14		内含报酬率		
15		获利指数		

图 5.13　折现指标计算表

第二步：计算各方案的经营现金流量的现值。

用鼠标单击 C11，单击"公式"编辑栏左侧的插入函数" f_x "按钮，弹出"插入函数"对话框，单击"或选择类别（C）"栏选择"财务"类，在"选择函数（N）"栏选择"NPV"函数名，单击"确定"按钮将弹出计算复利现值的"函数参数"对话框。单击"Rate"栏右边的折叠对话框按钮，用鼠标选择单元格 C10，再按下 F4 键，然后单击"Rate"栏右边的折叠对话框按钮，返回函数参数对话框。单击"Value1"栏右边的折叠对话框按钮，用鼠标选择单元格区域 C5：C9，然后单击"Value1"栏右边的折叠对话框按钮，返回函数参数对话框，如图 5.14 所示。

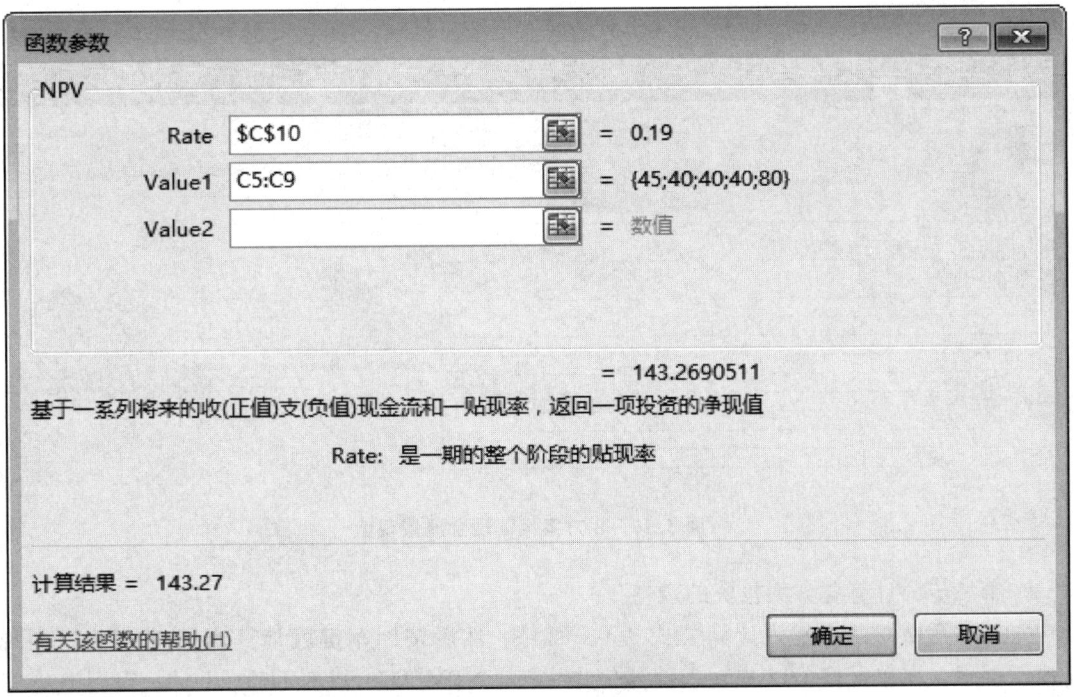

图 5.14　复利现值函数参数

单击"确定"按钮，计算出 A 方案经营现金流量的现值，如图 5.15 所示。

案例5-3		金额单位：万元
时点(年)	A方案净现金流量	B方案净现金流量
0	-150	-200
1	45	-150
2	40	-50
3	40	250
4	40	250
5	80	250
资金成本	19%	19%
经营现金流量的现值	143.27	
投资的现值		
净现值		
内含报酬率		
获利指数		

图 5.15　A 方案经营现金流量现值

类似的，用鼠标单击 D11，调出计算复利现值的"函数参数"对话框。单击"Rate"栏右边的折叠对话框按钮，用鼠标选择单元格 D10，再按下 F4 键，然后单击"Rate"栏右边的折叠对话框按钮，返回函数参数对话框。在"Value1"栏输入 0，在"Value2"栏输入 0，单击"Value3"栏右边的折叠对话框按钮，用鼠标选择单元格区域 D7：D9，然后单击"Value3"栏右边的折叠对话框按钮，返回函数参数对话框，单击"确定"按钮，计算出 B 方案经营现金流量的现值，如图 5.16 所示。

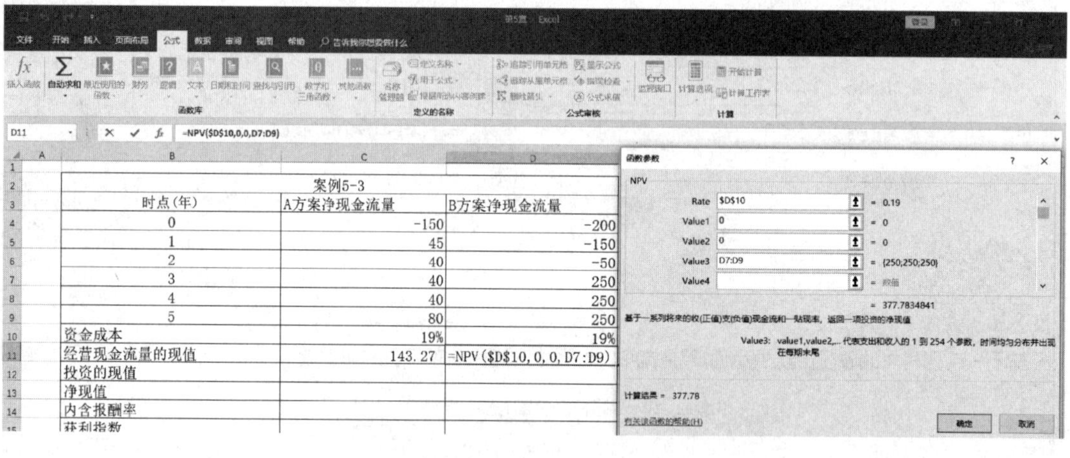

图 5.16　B 方案经营现金流量现值

第三步：计算各方案投资的现值。

在单元格 C12 中输入计算公式"＝－C4"，然后按回车键就计算出 A 方案投资的现值。同理，在单元格 D12 中输入计算公式"＝－NPV(D10，D5：D6)－D4"，得到 B 方案投资的现值。

第四步：计算各方案的净现值。

在单元格 C13 中输入计算公式"=C11-C12"，然后按回车键就计算出 A 方案投资的净现值。按住单元格 C13 向右拖，则得到 B 方案投资的净现值。

第五步：计算各方案的内含报酬率。

用鼠标单击 C14，单击"公式"编辑栏左侧的插入函数"f_x"按钮，弹出"插入函数"对话框，单击"或选择类别（C）"栏选择"财务"类，在"选择函数（N）"栏选择"IRR"函数名，点击"确定"按钮，将弹出计算一系列现金流的内部报酬率的"函数参数"对话框，如图 5.17 所示。

图 5.17 内含报酬率函数参数

单击"Values"栏右边的折叠对话框按钮，用鼠标选择单元格区域 C4:C9，单击"确定"按钮，计算出 A 方案的内含报酬率，如图 5.18 所示。按住单元格 C14 向右拖，则得到 B 方案投资的内含报酬率。

时点(年)	案例5-3	金额单位：万元
	A方案净现金流量	B方案净现金流量
0	-150	-200
1	45	-150
2	40	-50
3	40	250
4	40	250
5	80	250
资金成本	19%	19%
经营现金流量的现值	143.27	377.78
投资的现值	150.00	361.36
净现值	-6.73	16.42
内含报酬率	=IRR(C4:C9)	
获利指数		

图 5.18 A 方案内含报酬率

第六步：计算各方案的获利指数。

在单元格 C15 中输入计算公式"=C11/C12"，然后按回车键就计算出 A 方案投资的获利指数。按住单元格 C15 向右拖，则得到 B 方案投资的获利指数。

【案例 5-3】 最终的计算结果如图 5.19 所示。

	A	B	C	D
1				
2			案例5-3	金额单位：万元
3		时点（年）	A方案净现金流量	B方案净现金流量
4		0	-150	-200
5		1	45	-150
6		2	40	-50
7		3	40	250
8		4	40	250
9		5	80	250
10		资金成本	19%	19%
11		经营现金流量的现值	143.27	377.78
12		投资的现值	150.00	361.36
13		净现值	-6.73	16.42
14		内含报酬率	17.13%	20.59%
15		获利指数	0.96	1.05

图 5.19 【案例 5-3】最终计算结果

2.【案例 5-4】的操作步骤

第一步：建立计算表并录入相关数据。

在工作簿"第 5 章"中命名一个"案例 5-4"的工作表，然后创建各项折现指标的计算表，如图 5.20 所示。

	A	B	C	D
1				
2			案例5-4	金额单位：万元
3		时点（年）	V方案净现金流量	W方案净现金流量
4		0	-350	-600
5		1	120	200
6		2	120	200
7		3	120	200
8		4	120	200
9		5	120	200
10		资金成本	12%	12%
11		经营现金流量的现值		
12		投资的现值		
13		净现值		
14		内含报酬率		
15		获利指数		

图 5.20 折现指标计算表

第二步：计算 V 方案与 W 方案的各项评价指标。

【案例 5-4】的计算可以比照【案例 5-3】的计算步骤，在此省略。【案例 5-4】最终的计算结果如图 5.21 所示。

由计算结果可以看出，W 方案的净现值远大于 V 方案，说明 W 方案可以产生较大的超额收益；V 方案的内含报酬率大于 W 方案，说明 V 方案的资金利用效率较高；V 方案的获利指数较高，说明 V 方案的投资效率高。这两个方案的净现值指标与内含报酬率指标、获利指标相互矛盾，如何对这两个项目进行评价，选出最优方案？

	B	C	D
1			
2		案例5-4	金额单位：万元
3	时点(年)	V方案净现金流量	W方案净现金流量
4	0	-350	-600
5	1	120	200
6	2	120	200
7	3	120	200
8	4	120	200
9	5	120	200
10	资金成本	12%	12%
11	经营现金流量的现值	432.57	720.96
12	投资的现值	350.00	600.00
13	净现值	82.57	120.96
14	内含报酬率	21.15%	19.86%
15	获利指数	1.24	1.20

图5.21 【案例5-4】最终计算结果

W方案的资金利用效率低、投资效率低，但却产生了较大的超额收益，其中的原因是方案的投资规模较大、资金占用较多。与W方案相比，V方案的初始投资节约了250万元。本案例把决策的范围限定在V方案和W方案之间选择，其隐含的假定是节约的投资不可能产生正的净现值，否则就应当将能够产生净现值的项目列入决策范围。因此，在互斥项目中，应当以净现值最大作为评价标准。在本案例中，应选择W方案。

3.【案例5-5】的操作步骤

第一步：建立计算表并录入相关数据。

在工作簿"第5章"中命名一个"案例5-5"的工作表，然后创建再投资分析表，如图5.22所示。

	B	C	D	E	F	G	H	I	J
1									
2				案例5-5				金额单位：万元	
3	时点(年)	C方案净现金流量	D方案净现金流量	G	H	J	D+G	D+H	D+J
4	0	-1500	-1500				-1500	-1500	-1500
5	1	0	1800	-1800	-1800	-1800	0	0	0
6	2	0	0	0	0	0	0	0	0
7	3	0	0	0	0	0	0	0	0
8	4	0	0	0	0	0	0	0	0
9	5	0	0	0	0	0	0	0	0
10	6	0	0	0	0	0	0	0	0
11	7	3500							
12	资金成本	10%	10%				10%	10%	10%
13	再投资收益率			8%	10%	12%			
14	经营现金流量的现值								
15	投资的现值								
16	净现值								
17	内含报酬率								
18	获利指数								

图5.22 再投资分析表

第二步：计算C方案与D方案的各项评价指标。

【案例5-5】中方案的各项评价指标计算可以比照【案例5-3】的计算步骤，在此省略。【案例5-5】中方案的各项评价指标计算结果如图5.23所示。

	A	B	C	D	E	F	G	H	I	J
1										
2					案例5-5					金额单位：万元
3		时点(年)	C方案净现金流量	D方案净现金流量	G	H	J	D+G	D+H	D+J
4		0	−1500	−1500				−1500	−1500	−1500
5		1	0	1800	−1800	−1800	−1800	0	0	0
6		2	0		0	0	0	0	0	0
7		3	0		0	0	0	0	0	0
8		4	0		0	0	0	0	0	0
9		5	0		0	0	0	0	0	0
10		6	0		0	0	0	0	0	0
11		7	3500							
12		资金成本	10%	10%				10%	10%	10%
13		再投资收益率			8%	10%	12%			
14		经营现金流量的现值	1796.05	1636.36						
15		投资的现值	1500.00	1500.00						
16		净现值	296.05	136.36						
17		内含报酬率	12.87%	20.00%						
18		获利指数	1.20	1.09						

图 5.23 【案例 5-5】最终计算结果

由计算结果可以看到，C 方案的净现值和获利指数均较大，这似乎表明 C 方案较优。但是，D 方案的投资期限只有 1 年，而 C 方案的期限为 7 年，在这种情况下必须考虑 D 方案的再投资情况，也即必须考虑 D 方案在第 1 年年末产生的净现金流量 1 800 万元再投资的收益率情况。

第三步：计算 D 方案产生的净现金流量的再投资收益。

本案例考虑再投资收益率为 8％、10％和 12％三种情况，对应的方案分别为 G、H 和 J。在再投资收益率为 8％时，在单元格 E11 中输入计算公式"＝−E5＊(1＋E13)^6"，然后按回车键就计算出 G 再投资方案的收益，如图 5.24 所示。

	A	B	C	D	E	F	G	H	I	J
1										
2					案例5-5					金额单位：万元
3		时点(年)	C方案净现金流量	D方案净现金流量	G	H	J	D+G	D+H	D+J
4		0	−1500	−1500				−1500	−1500	−1500
5		1	0	1800	−1800	−1800	−1800	0	0	0
6		2	0		0	0	0	0	0	0
7		3	0		0	0	0	0	0	0
8		4	0		0	0	0	0	0	0
9		5	0		0	0	0	0	0	0
10		6	0		0	0	0	0	0	0
11		7	3500		=-E5*(1+E13)^6					
12		资金成本	10%	10%				10%	10%	10%
13		再投资收益率			8%	10%	12%			
14		经营现金流量的现值	1796.05	1636.36						
15		投资的现值	1500.00	1500.00						
16		净现值	296.05	136.36						
17		内含报酬率	12.87%	20.00%						
18		获利指数	1.20	1.09						

图 5.24 G 再投资方案的收益计算

按住单元格 E11 向右拖，则得到 H、J 再投资方案的收益，如图 5.25 所示。

第四步：计算 D 方案考虑再投资后的各项评价指标。

方案 D＋G、D＋H、D＋J 分别是 D 方案附加 G、H、J 再投资方案后的方案。在单元格 H11 中输入计算公式"＝E11"，然后按回车键就计算出 D＋G 方案第 7 年的净现金流量。选中单元格 H11，用鼠标指向该单元格的右下角，待鼠标指针变为实心的黑"＋"时，按下鼠标左键拖向单元格 I11:J11，得到 D＋H、D＋J 方案的第 7 年的净现金流量。方案 D＋G、D＋H、D＋J 各项评价指标计算可以比照【案例 5-3】的计算步骤，在此省略。方案 D＋G、D＋H、D＋J 各项评价指标计算结果如图 5.26 所示。

	A	B	C	D	E	F	G	H	I	J
1					案例5-5					金额单位：万元
2		时点（年）	C方案净现金流量	D方案净现金流量	G	H	J	D+G	D+H	D+J
3		0	-1500	-1500				-1500	-1500	-1500
4		1	0	1800	-1800	-1800	-1800	0	0	0
5		2	0	0	0	0	0	0	0	0
6		3	0	0	0	0	0	0	0	0
7		4	0	0	0	0	0	0	0	0
8		5	0	0	0	0	0	0	0	0
9		6	0	0	0	0	0	0	0	0
10		7	3500		2856.37	3188.81	3552.88			
11		资金成本	10%	10%				10%	10%	10%
12		再投资收益率			8%	10%	12%			
13		经营现金流量的现值	1796.05	1636.36						
14		投资的现值	1500.00	1500.00						
15		净现值	296.05	136.36						
16		内含报酬率	12.87%	20.00%						
17		获利指数	1.20	1.09						

图 5.25　H、J 再投资方案的收益计算

	A	B	C	D	E	F	G	H	I	J
1					案例5-5					金额单位：万元
2		时点（年）	C方案净现金流量	D方案净现金流量	G	H	J	D+G	D+H	D+J
3		0	-1500	-1500				-1500	-1500	-1500
4		1	0	1800	-1800	-1800	-1800	0	0	0
5		2	0	0	0	0	0	0	0	0
6		3	0	0	0	0	0	0	0	0
7		4	0	0	0	0	0	0	0	0
8		5	0	0	0	0	0	0	0	0
9		6	0	0	0	0	0	0	0	0
10		7	3500		2856.37	3188.81	3552.88	2856.37	3188.81	3552.88
11		资金成本	10%	10%				10%	10%	10%
12		再投资收益率			8%	10%	12%			
13		经营现金流量的现值	1796.05	1636.36				1465.77	1636.36	1823.19
14		投资的现值	1500.00	1500.00				1500.00	1500.00	1500.00
15		净现值	296.05	136.36				-34.23	136.36	323.19
16		内含报酬率	12.87%	20.00%				9.64%	11.38%	13.11%
17		获利指数	1.20	1.09				0.98	1.09	1.22

图 5.26　各项评价指标计算结果

可以发现，当 D 方案再投资收益率等于资金成本 10% 时，再投资不创造净现值，方案 D+H 的净现值仍然为 D 方案的净现值 136.36 万元，而且降低了内含报酬率。与 C 方案相比，D 方案的净现值、内含报酬率、获利指数均低于 C 方案。

当 D 方案再投资收益率低于资金成本，为 8% 时，再投资降低了 D 方案的净现值和内含报酬率。与 C 方案相比，净现值、内含报酬率、获利指数均低于 C 方案。

当 D 方案再投资收益率高于资金成本，为 12% 时，再投资增加了 D 方案的净现值，方案 D+J 的净现值为 323.19 万元。与 C 方案相比，净现值、内含报酬率、获利指数均高于 C 方案。

由此可见，再投资收益率是影响投资项目优劣的一个重要因素。在本例中，再投资收益率较低时，比如为 8%，C 方案较好；再投资收益率较高时，比如为 12%，D 方案较好。我们可以找到这个临界值（读者可以尝试去找这个临界值）为 11.72%，当再投资收益率为临界值时，C、D 方案的净现值、内含报酬率、获利指数都一样；当再投资收益率高于该值时，D 方案优于 C 方案；当再投资收益率低于该值时，C 方案优于 D 方案。

4.【案例 5-6】的操作步骤

第一步：建立计算表并录入相关数据。

在工作簿"第 5 章"中命名一个"案例 5-6"的工作表，然后创建投资分析表，如图 5.27 所示。

第二步：计算 E 方案和 F 方案的内含报酬率。

图 5.27 投资分析表

	A	B	C	D
1				
2			案例5-6	金额单位：万元
3		时点(年)	E方案净现金流量	F方案净现金流量
4		0	-300	-300
5		1	150	0
6		2	150	0
7		3	150	200
8		4	0	200
9		5	0	200
10		资金成本		
11		经营现金流量的现值		
12		投资的现值		
13		净现值		
14		内含报酬率		
15		获利指数		
16				

在 C14 单元格中输入计算公式"＝IRR(C4:C9)"，然后按回车键就计算出 E 方案的内含报酬率，选中单元格 C14，用鼠标指向该单元格的右下角，待鼠标指针变为实心的黑"＋"时，按下鼠标左键拖向单元格 D14，得到 F 方案的内含报酬率，结果如图 5.28 所示。

	A	B	C	D
1				
2			案例5-6	金额单位：万元
3		时点(年)	E方案净现金流量	F方案净现金流量
4		0	-300	-300
5		1	150	0
6		2	150	0
7		3	150	200
8		4	0	200
9		5	0	200
10		资金成本		
11		经营现金流量的现值		
12		投资的现值		
13		净现值		
14		内含报酬率	23.38%	19.23%
15		获利指数		
16				

图 5.28 内含报酬率计算

由计算结果可以看出，E 方案的内含报酬率高于 F 方案，这说明 E 方案的资金使用效率较高。但是，在再投资收益率等于资金成本的假定之下，净现值才是方案选择的依据，内含报酬率不能作为决策的依据。而我们恰恰不知道资金成本是多少，资金成本具有不确定性。

第三步：创建净现值表。

(1) 建立折现率列表。在 B20 单元格输入 8％，在 B21 单元格输入计算公式"＝B20＋0.5％"，然后按回车键。选中单元格 B21，用鼠标指向该单元格的右下角，待鼠标指针变为实心的黑"＋"时，按下鼠标左键拖向单元格 B22:B55，得到一列折现率。

(2) 在 C20 单元格输入计算公式"＝NPV(B20,$C$5:$C$9)＋$C$4"，然后按回车键就可计算出 E 方案在折现率为 8％时的净现值。选中单元格 C20，用鼠标指向该单元格的右下角，待鼠标指针变为实心的黑"＋"时，按下鼠标左键拖向单元格 C21:C55，得到 E 方案在对应折现率下的净现值。

(3) 在 D20 单元格输入计算公式"＝NPV(B20,$D$5:$D$9)＋$D$4"，然后按回

车键就可计算出 F 方案在折现率为 8% 时的净现值。选中单元格 D20，用鼠标指向该单元格的右下角，待鼠标指针变为实心的黑"+"时，按下鼠标左键拖向单元格 D21:D55，得到 F 方案在对应折现率下的净现值。净现值表部分数据如图 5.29 所示。

	A	B	C	D
19		折现率	E方案的NPV	F方案的NPV
20		8.0%	86.6	141.9
21		8.5%	83.1	133.9
22		9.0%	79.7	126.1
23		9.5%	76.3	118.5
24		10.0%	73.0	111.0
25		10.5%	69.8	103.8
26		11.0%	66.6	96.7
27		11.5%	63.4	89.7
28		12.0%	60.3	82.9
29		12.5%	57.2	76.3
30		13.0%	54.2	69.8
31		13.5%	51.2	63.5
32		14.0%	48.2	57.3
33		14.5%	45.3	51.2
34		15.0%	42.5	45.3
35		15.5%	39.7	39.5
36		16.0%	36.9	33.8
37		16.5%	34.1	28.3
38		17.0%	31.4	22.8
39		17.5%	28.8	17.5

图 5.29 净现值表（部分）

由计算结果可以看出，当折现率为 15.5% 时，两个方案的净现值约等；当折现率小于 15.5% 时，F 方案的净现值较大；当折现率大于 15.5% 时，E 方案的净现值较大。

第四步：生成净现值折线图。

选择插入图表操作，进一步选择插入折线图；用鼠标右键单击折线图，单击"选择数据"，弹出"选择数据源"对话框，单击"图表数据区域"栏右边的折叠对话框按钮，用鼠标选择单元格区域"='案例5-6'!$B$19:$D$55"，然后单击"图表数据区域"栏右边的折叠对话框按钮，返回"选择数据源"对话框，如图 5.30 所示。

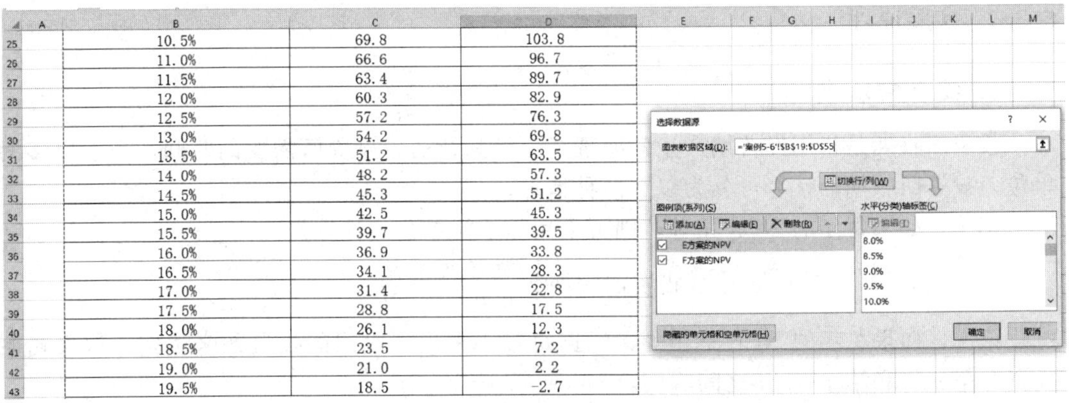

图 5.30 净现值函数参数

单击"确定"按钮，画出净现值折线图，单击图表右边的"+"，勾选"图例"，则生成如图 5.31 所示的折线图。

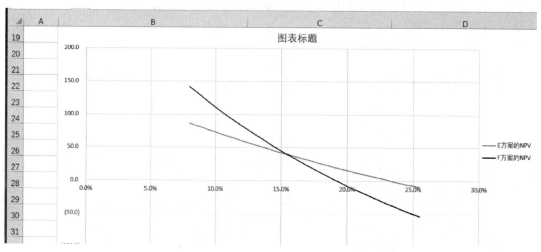

图 5.31　净现值折线图

由图 5.31 可以看出，净现值是折现率的减函数，随着折现率的提高，净现值逐渐减少。在资金成本不确定时，投资项目选择的关键是要确定资金成本的变动范围，范围确定了，才能做出正确的选择。在本案例中，当资金成本低于 15.5% 时应选择 F 方案，当资金成本高于 15.5% 时应选择 E 方案。E 方案的内含报酬率较高，资金的使用效率较高，从而具有较高的抵御由于资金成本不确定性带来的风险的能力。

实验 5.3　非折现现金流量指标的计算与应用

5.3.1　实验目的

了解投资决策评价中用到的非折现现金流指标，包括投资回收期和平均报酬率；掌握它们的计算；理解这两项指标的缺陷。在投资决策中慎重使用这两项指标。

5.3.2　实验原理

1. 投资回收期

投资回收期是指用经营期产生的净现金流量弥补初始投资所需要的时间，一般以年为单位。投资回收期的计算可分为以下两种情形。

第一，如果每年的 NCF 相等，则可采用如下简单公式计算：

$$投资回收期 = \frac{初始投资额}{每年的 NCF}$$

第二，如果每年的 NCF 不相等，根据每年年末尚未收回的投资额来确定。假设初始投资在第 n 年和第 $n+1$ 年之间收回：

$$投资回收期 = n + \frac{第 n 年尚未收回的初始投资额}{第 (n+1) 年的 NCF}$$

决策规则：

一个备选方案的可行性分析，投资回收期≤企业要求，则项目为可行项目，应接受该项目；反之应拒绝。在通常情况下，企业要求的投资回收期可设定为项目经济寿命的三分之二。

在多个互斥方案中选出唯一的一个，在可行方案中选择投资回收期最短的方案。

缺陷：投资回收期指标计算，通常没有考虑资金的时间价值，没有考虑初始投资回收后的现金流情况。因此，投资回收期不宜作为投资决策的主要决策指标，否则可能会产生决策错误。

2. 平均报酬率

平均报酬率是指投资项目寿命周期内年平均的投资报酬率，按如下公式计算：

$$平均报酬率 = \frac{平均现金流量}{初始投资额} \times 100\%$$

平均现金流量是项目经营期和终结期各年净现金流量的平均值。

决策规则：

一个备选方案的可行性分析，平均报酬率≥企业期望的必要报酬率，则项目为可行项目，应采纳该项目；反之应拒绝。

在多个互斥方案中选出唯一的一个，在可行方案中选择平均报酬率最高者。

缺陷：平均报酬率计算通常没有考虑资金的时间价值，采用平均报酬率作为决策指标可能会产生决策错误。

5.3.3 实验案例

【案例 5-7】 两个投资项目的现金流量如表 5-5 所示，分别计算这两个项目的投资回收期，依据投资回收期对这两个项目进行评价。

表 5-5　　　　　　　　　　　现金流量表

金额单位：万元

时点（年）	A 项目净现金流量	B 项目净现金流量
0	−1 000	−1 200
1	300	400
2	300	350
3	300	300
4	300	200
5	300	200

【案例 5-8】 两个投资项目的现金流量如表 5-6 所示，分别计算这两个项目的投资回收期，依据投资回收期对这两个项目进行评价，分析评价结果的合理性。

表 5-6　　　　　　　　　　　　　　　现金流量表

金额单位：万元

时点（年）	C 项目净现金流量	D 项目净现金流量
0	−800	−800
1	150	400
2	250	400
3	320	100
4	430	80
5	550	40

【案例 5-9】 两个投资项目的现金流量如表 5-7 所示，分别计算这两个项目的平均报酬率，依据平均报酬率对这两个项目进行评价，分析评价结果的合理性。

表 5-7　　　　　　　　　　　　　　　现金流量表

金额单位：万元

时点（年）	E 项目净现金流量	F 项目净现金流量
0	−1 000	−1 000
1	300	200
2	300	200
3	250	200
4	150	200
5		200
6		200
7		200
8		200

5.3.4　实验步骤

1.【案例 5-7】的操作步骤

在工作簿"第 5 章"中命名一个"案例 5-7"的工作表，然后进行如下操作。

第一步：建立全部现金流量计算模型并录入数据。

首先在 Excel 工作表中建立投资回收期计算模型，并将【案例 5-7】的全部现金流量预测计算相关数据录入，如图 5.32 所示。

第二步：计算两个项目的投资回收期。

首先，计算 A 项目的投资回收期。在单元格 C10 中输入计算公式"＝−C4/C5"，再按回车键就计算出 A 项目的投资回收期。

其次，计算 B 项目的投资回收期。在单元格区域 E4:E9 计算 B 项目在各时点尚未收

	A	B	C	D	E
1					
2			案例5-7		金额单位：万元
3		时点(年)	A项目净现金流量	B项目净现金流量	B项目尚未收回投资
4		0	-1000	-1200	
5		1	300	400	
6		2	300	350	
7		3	300	300	
8		4	300	200	
9		5	300	200	
10		投资回收期(年)			

图 5.32　现金流量预测数据

回的投资。① 在 E4 单元格输入计算公式"＝D4"，即在初始时点尚未收回的投资就是投资总额本身；② 在 E5 单元格输入计算公式"＝E4＋D5"，即在第一年的年末尚未收回投资为期初尚未收回金额加上本年收回的金额；③ 将 E5 单元格的公式复制到 E6:E9 区域。

在 D10 单元格计算 B 项目的投资回收期。观察区域 E4:E9 的数据可以看出，B 项目投资回收期介于 3 年和 4 年之间，第四年需要回收的投资为 150 万元，第四年流入的现金为 200 万元，故投资回收期为：3＋150/200，在 D10 单元格输入计算公式"＝3＋(－E7)/D8"，计算出 B 项目的投资回收期为 3.75 年。本案例的计算结果如图 5.33 所示。

	A	B	C	D	E
1					
2			案例5-7		金额单位：万元
3		时点(年)	A项目净现金流量	B项目净现金流量	B项目尚未收回投资
4		0	-1000	-1200	-1200
5		1	300	400	-800
6		2	300	350	-450
7		3	300	300	-150
8		4	300	200	50
9		5	300	200	250
10		投资回收期(年)	3.33	3.75	

图 5.33　【案例 5-7】最终计算结果

以要求的投资回收期不超过项目经济寿命的 2/3 为标准，即 3.33 年，A 项目为可行项目，B 项目为不可行项目，A 项目优于 B 项目。

2. 案例 5-8 的操作步骤

在第 5 章工作簿中命名一个"案例 5-8"的工作表，然后进行如下操作。

第一步：建立全部现金流量计算模型并录入数据。

首先在 Excel 工作表中建立投资回收期计算模型，并将【案例 5-8】的全部现金流量预测数据录入，如图 5.34 所示。

第二步：计算两个项目的投资回收期。

【案例 5-8】项目投资回收期的计算可以比照【案例 5-7】的计算步骤，在此省略。【案例 5-8】的计算结果如图 5.35 所示。

由计算结果可以看出，C 项目与 D 项目的投资回收期分别为 3.19 和 2 年。按照投资回收期指标来评价，显然 D 项目优于 C 项目。

	A	B	C	D	E	F
1						
2				案例5-8		金额单位：万元
3		时点(年)	C项目净现金流量	D项目净现金流量	C项目尚未收回投资	D项目尚未收回投资
4		0	-800	-800		
5		1	150	400		
6		2	250	400		
7		3	320	100		
8		4	430	80		
9		5	550	40		
10		投资回收期(年)				

图 5.34 现金流量预测数据

	A	B	C	D	E	F
1						
2				案例5-8		金额单位：万元
3		时点(年)	C项目净现金流量	D项目净现金流量	C项目尚未收回投资	D项目尚未收回投资
4		0	-800	-800	-800	-800
5		1	150	400	-650	-400
6		2	250	400	-400	0
7		3	320	100	-80	100
8		4	430	80	350	180
9		5	550	40	900	220
10		投资回收期(年)	3.19	2.00		

图 5.35 【案例 5-8】最终计算结果

第三步：计算两个项目的投资回收期后的现金流量。

在 C11 单元格输入计算公式"＝C8＋C9＋E7"，按回车键，即得到 C 项目在投资回收期后的现金流量。在单元格 D11 输入计算公式"＝D7＋D8＋D9"，按回车键，即得到 D 项目在投资回收期后的现金流量。C 项目与 D 项目投资回收期后的现金流量计算结果，如图 5.36 所示。

	A	B	C	D	E	F
1						
2				案例5-8		金额单位：万元
3		时点(年)	C项目净现金流量	D项目净现金流量	C项目尚未收回投资	D项目尚未收回投资
4		0	-800	-800	-800	-800
5		1	150	400	-650	-400
6		2	250	400	-400	0
7		3	320	100	-80	100
8		4	430	80	350	180
9		5	550	40	900	220
10		投资回收期(年)	3.19	2.00		
11		回收期后的现金流量	900	220		

图 5.36 项目 C、D 投资回收期后现金流量计算结果

由计算结果可以看出，C 项目投资回收期后的现金流量远大于 D 项目，就投资回收期后的现金流量而言，C 项目远优于 D 项目。但是投资回收期指标并未考虑投资回收期后的现金流量，因此，按照投资回收期来选择项目，可能会出现错误。

第四步：计算两个项目的净现值。

假设该公司的资金成本为 12%，比照【案例 5-3】净现值的计算步骤，在单元格 C13 输入计算公式"＝NPV(C12,C5:C9)＋C4"，按回车键，即可得到 C 项目的净现值。在

单元格 D13 输入计算公式"=NPV(D12,D5:D9)+D4",按回车键,即可得到 D 项目的净现值。

C 项目与 D 项目净现值计算结果如图 5.37 所示。

	A	B	C	D	E	F
1						
2				案例5-8		金额单位:万元
3		时点(年)	C项目净现金流量	D项目净现金流量	C项目尚未收回投资	D项目尚未收回投资
4		0	-800	-800	-800	-800
5		1	150	400	-650	-400
6		2	250	400	-400	0
7		3	320	100	-80	100
8		4	430	80	350	180
9		5	550	40	900	220
10		投资回收期(年)	3.19	2.00		
11		回收期后的现金流量	900	220		
12		资金成本	12%	12%		
13		净现值NPV	346.35	20.74		

图 5.37 项目 C、D 净现值计算结果

由计算结果可以看出,C 项目净现值远大于 D 项目,就净现值而言,C 项目远优于 D 项目。但是投资回收期指标并未考虑资金的时间价值,因此,按照投资回收期来选择项目,可能会出现错误。

3. 【案例 5-9】的操作步骤

在工作簿"第 5 章"中命名一个"案例 5-9"的工作表,然后进行如下操作。

第一步:建立全部现金流量计算模型并录入数据。

首先在 Excel 工作表中建立平均报酬率计算模型,并将【案例 5-9】的全部现金流量预测数据录入,结果如图 5.38 所示。

	A	B	C	D
1				
2			案例5-9	金额单位:万元
3		时点(年)	E项目净现金流量	F项目净现金流量
4		0	-1000	-1000
5		1	300	200
6		2	300	200
7		3	250	200
8		4	150	200
9		5		200
10		6		200
11		7		200
12		8		200
13		年平均现金流量		
14		平均报酬率		

图 5.38 现金流量预测数据

第二步:计算两个项目的年平均现金流量。

在单元格 C13 输入计算公式"=AVERAGE(C5:C8)",按回车键,即可得到 E 项目的年平均现金流量。在单元格 D13 输入计算公式"=AVERAGE(D5:D12)",按回车键,即可得到 F 项目的年平均现金流量。

第三步：计算两个项目的平均报酬率。

在单元格 C14 输入计算公式"＝C13/(－C4)"，按回车键，即可得到 E 项目的平均报酬率。在单元格 D14 输入计算公式"＝D13/(－D4)"，按回车键，即可得到 F 项目的平均报酬率。【案例 5-9】的计算结果如图 5.39 所示。

	A	B	C	D
2			案例5-9	金额单位：万元
3		时点(年)	E项目净现金流量	F项目净现金流量
4		0	-1000	-1000
5		1	300	200
6		2	300	200
7		3	250	200
8		4	150	200
9		5		200
10		6		200
11		7		200
12		8		200
13		年平均现金流量	250	200
14		平均报酬率	0.25	0.2

图 5.39 【案例 5-9】最终计算结果

由计算结果可知，按照平均报酬率来评价，E 项目优于 F 项目。但是，平均报酬率并未考虑资金的时间价值，其做出的评价结果可能是错误的。就本例而言，E 项目的经营期的现金流量仅仅能够回本，根本就无法弥补资金的时间价值，更不可能为企业创造收益，因此 E 项目不是一个可行的项目。

第四步：计算两个项目的净现值。

假设该公司的资金成本为 10%，比照【案例 5-3】净现值的计算步骤，在单元格 C16 输入计算公式"＝NPV(C15，C5:C8)＋C4"，按回车键，即可得到 E 项目的净现值。在单元格 D16 输入计算公式"＝NPV(D15，D5:D12)＋D4"，按回车键，即可得到 F 项目的净现值。

E 项目与 F 项目净现值计算结果如图 5.40 所示。

	A	B	C	D
2			案例5-9	金额单位：万元
3		时点(年)	E项目净现金流量	F项目净现金流量
4		0	-1000	-1000
5		1	300	200
6		2	300	200
7		3	250	200
8		4	150	200
9		5		200
10		6		200
11		7		200
12		8		200
13		年平均现金流量	250	200
14		平均报酬率	0.25	0.2
15		资金成本	10%	10%
16		净现值NPV	-189.06	66.99

图 5.40 项目 E、F 净现值计算结果

由计算结果可以看出，按照净现值指标来评价，E 项目是一个不可行的项目，F 项目是可行的项目，F 项目优于 E 项目。这才是正确的选择。

练习题

1. 某公司拟购买一台新设备。设备购置成本 150 万元，使用寿命为 5 年，采用直线法计提折旧，5 年后设备有残值收入 25 万元。该公司添置新设备后的 5 年中，每年预计增加营业收入 100 万元，付现成本第一年为 40 万元，以后随着设备陈旧，逐年将增加修理费 5 万元，另需垫支营运资本 50 万元，假设所得税税率为 25%。试计算该方案的现金流量。

2. 某公司有两个备选的投资方案，欲在其中选出一个最佳的投资方案。这两个方案的现金流量如表 5-8 所示。该公司的资本成本为 16%。假设 A 方案的投资期为 0 年，投资在第一年的年初支付；B 方案的投资期为 2 年，投资在第一年、第二年的年初分别支付 300 万元和 100 万元，在经营期开始的第三年还要垫支营运资金 80 万元。根据所提供的资料计算这两个项目的净现值、内含报酬率和获利指数等指标，进而对这两个投资项目进行评价，选出最优的投资方案。

表 5-8　　　　　　　　　　　　　现金流量表

金额单位：万元

时点（年）	A 方案净现金流量	B 方案净现金流量
0	−180	−300
1	70	−100
2	60	−80
3	60	400
4	60	400
5	120	400

第 6 章

投资决策实务

实验 6.1 固定资产更新决策分析

6.1.1 实验目的

理解固定资产更新决策的概念；掌握固定资产更新决策的初始投资的计算方法；掌握固定资产更新决策的分析方法。

6.1.2 实验原理

固定资产更新决策就是决定是继续使用旧设备还是更换新设备的决策。

固定资产更新决策的思路：将购置新设备视为一个方案，继续使用旧设备视为另一个方案，在这两个互斥方案中选出最优的方案。购置新设备方案的初始现金流量，当然要考虑新设备的购置成本。将继续使用旧设备视为另一种方案，初始现金流量要考虑旧设备的出售收入，还要考虑旧设备出售可能带来的税负影响，从而确定继续使用旧设备的机会成本，作为继续使用旧设备的初始现金流量。

在新旧设备使用寿命相同的情况下，可以采用差量分析法。首先，将两个方案的现金流量进行对比，求出两个方案现金流量的差（A 的现金流量－B 的现金流量）；其次，根据各期现金流量的差，计算两个方案净现值的差；最后，根据净现值的差做出判断，如果净现值的差≥0，则选择方案 A，否则，选择方案 B。

6.1.3 实验案例

【案例 6-1】 某公司准备用一台新的效率更高的设备来代替原来的旧设备，以减少成本，增加收益。旧设备采用直线法计提折旧，新设备采用年数总和法计提折旧，公司的所得税税率为 25%，资金成本为 12%，不考虑增值税的影响，其他情况如表 6-1 所示，请做出该公司是继续使用旧设备还是对其进行更新的决策。

表 6-1　　　　　　　　　　　设备更新的相关数据

项　目	旧　设　备	新　设　备
原价（元）	40 000	65 000
预计使用年限（年）	10	5

续表

项　　目	旧　设　备	新　设　备
已使用年限（年）	5	0
年销售收入（元）	50 000	80 000
年付现成本（元）	35 000	45 000
残值（元）	0	15 000
目前变现价值（元）	10 000	
折旧方法	直线法	年数总和法

6.1.4　实验步骤

创建一个工作簿，命名为"第 6 章"。在该工作簿中命名一个"案例 6-1"的工作表。然后进行如下操作。

第一步：建立设备更新决策计算模型并录入数据。

首先在 Excel 工作表中建立设备更新决策计算模型并将【案例 6-1】的设备更新决策相关数据录入，结果如图 6.1 所示。

图 6.1　旧机器更新决策计算模型

第二步：计算初始现金流量。

新项目的初始现金流量即投资成本，已经获得。现在计算旧机器继续使用的初始现金流量。销售旧设备产生的现金流入可以理解为继续使用旧设备的机会成本，作为继续使用旧设备方案的初始投入，因为继续使用旧设备就放弃了销售旧设备产生的净现金流入。在 L3 中输入计算公式"＝40 000－5＊40 000/10"，即旧设备的账面价值＝原价－已计提折旧－残值。在 L5 中输入计算公式"＝L3－L4"，按回车键，即可获得销售旧设备产生的损失。在 L6 中输入计算公式"＝L5＊0.25"，按回车键，即可获得销售旧设备损失所节省的所得税。在 L7 输入计算公式"＝L4＋L6"，按回车键，即可获得销售旧设备产生的净现金流入。在 D5 中输入计算公式"＝L7"，按回车键，即可获得两个方案的初始现金流量。计算结果如图 6.2 所示。

		案例6-1 旧机器是否更新决策								金额单位:元
		折现率	12%						清理旧设备产生的净现金流量	
		年限	0	1	2	3	4	5	旧设备的账面价值	20000
	初始期现金流量	投资成本	65000						销售旧设备产生的收入	10000
		旧机器变现价值	12500						销售旧设备产生的损失	10000
		新机器销售收入		80000	80000	80000	80000	80000	损失节省的所得税	2500
		旧机器销售收入		50000	50000	50000	50000	50000	销售旧设备产生的净现金流入	12500
		新机器付现成本		45000	45000	45000	45000	45000		
		旧机器付现成本		35000	35000	35000	35000	35000		
	经营期现金流量	新机器折旧								
		旧机器折旧								
		税前利润增加								
		所得税增加								
		税后利润增加								
		增加营业现金流量								
	终结期现金流量	法定残值						15000		
		净现金流量								
		净现值								
		决策结果								

图 6.2 初始现金流量计算

第三步：计算经营期现金流量。

首先，计算新设备的年折旧额。新设备采用的是年数总和法计算折旧，需要调用"SYD"函数，结果如图 6.3 所示。

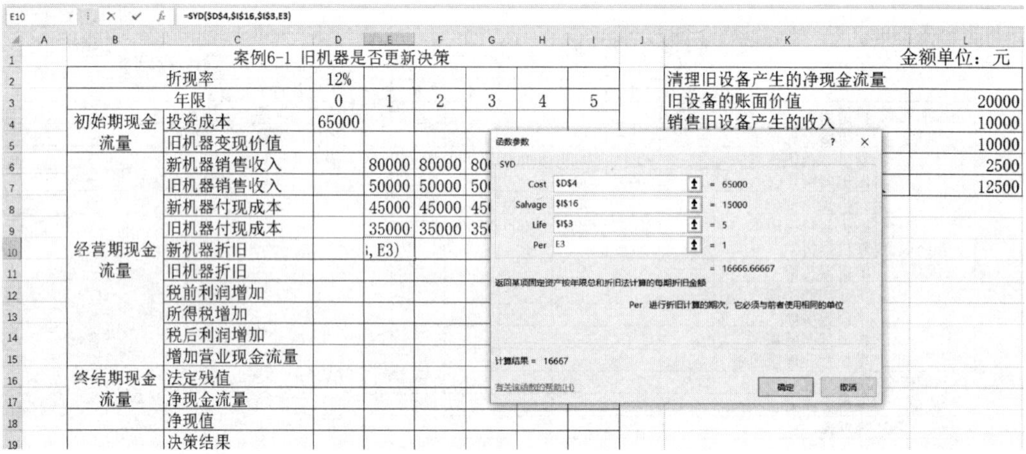

图 6.3 "SYD"函数

单击"确定"则获得新设备第 1 年的折旧额。选中 E10 单元格，用鼠标指向该单元格的右下角，待鼠标指针变为实心的黑"+"时，按下鼠标左键拖向单元格 F10:I10，就可以计算出新机器的第 2~5 年的年折旧额。

然后，计算旧设备的折旧额。由于旧设备使用直线法计算折旧，在单元格 E11 输入计算公式"=$L$3/5"，按回车键计算出折旧额。同理，可以计算出第 2~5 年旧设备的折旧额。

接着，计算税前利润增加，在单元格 E12 输入计算公式"=E6－E7－(E8－E9)－(E10－E11)"，按回车键计算出第 1 年的税前利润增加额。同理，可以计算出第 2~5 年的税前利润增加额。

接着，计算所得税增加，在单元格 E13 输入计算公式"=E12*0.25"，按回车键计算出第 1 年的所得税增加。同理，可以计算出第 2~5 年的所得税增加额。

然后,计算税后利润增加,在单元格 E14 输入计算公式"=E12-E13",按回车键计算出第 1 年的税后利润增加。同理,可以计算出第 2~5 年的税后利润增加。

最后,计算增加的营业现金流量。在单元格 E15 输入计算公式"=E14+E10-E11",按回车键计算出第 1 年增加的营业现金流量。同理,可以计算出第 2~5 年增加的营业现金流量。第三步的计算结果如图 6.4 所示。

	A	B	C	D	E	F	G	H	I
1				案例6-1 旧机器是否更新决策					金额单位:元
2			折现率	12%					
3			年限	0	1	2	3	4	5
4		初始期现金流量	投资成本	65000					
5			旧机器变现价值	12500					
6			新机器销售收入		80000	80000	80000	80000	80000
7			旧机器销售收入		50000	50000	50000	50000	50000
8			新机器付现成本		45000	45000	45000	45000	45000
9			旧机器付现成本		35000	35000	35000	35000	35000
10		经营期现金流量	新机器折旧		16667	13333	10000	6667	3333
11			旧机器折旧		4000	4000	4000	4000	4000
12			税前利润增加		7333	10667	14000	17333	20667
13			所得税增加		1833.33	2666.67	3500.00	4333.33	5166.67
14			税后利润增加		5500	8000	10500	13000	15500
15			增加营业现金流量		18167	17333	16500	15667	14833

图 6.4　增加营业现金流量计算

第四步:计算终结期现金流量。

在单元格 D17 中输入计算公式"=D5-D4",计算出第 0 年的净现金流量。在单元格 E17 中输入计算公式"=E15+E16",计算出第 1 年的净现金流量。同理,可以计算出第 2~5 年的净现金流量。

最后,计算净现值。调用"NPV"函数,在单元格 D18 中输入计算公式"=NPV(D2,E17:I17)+D17",结果如图 6.5 所示。

	A	B	C	D	E	F	G	H	I
1				案例6-1 旧机器是否更新决策					金额单位:元
2			折现率	12%					
3			年限	0	1	2	3	4	5
4		初始期现金流量	投资成本	65000					
5			旧机器变现价值	12500					
6			新机器销售收入		80000	80000	80000	80000	80000
7			旧机器销售收入		50000	50000	50000	50000	50000
8			新机器付现成本		45000	45000	45000	45000	45000
9			旧机器付现成本		35000	35000	35000	35000	35000
10		经营期现金流量	新机器折旧		16667	13333	10000	6667	3333
11			旧机器折旧		4000	4000	4000	4000	4000
12			税前利润增加		7333	10667	14000	17333	20667
13			所得税增加		1833.33	2666.67	3500.00	4333.33	5166.67
14			税后利润增加		5500	8000	10500	13000	15500
15			增加营业现金流量		18167	17333	16500	15667	14833
16		终结期现金流量	法定残值						15000
17			净现金流量	-52500	18167	17333	16500	15667	29833
18			净现值	16167.3					

图 6.5　净现值计算

第五步:做出决策。

单击单元格 D19,调用"IF"函数,显示决策结果中,如图 6.6 所示。该案例的决策结果是更新设备。

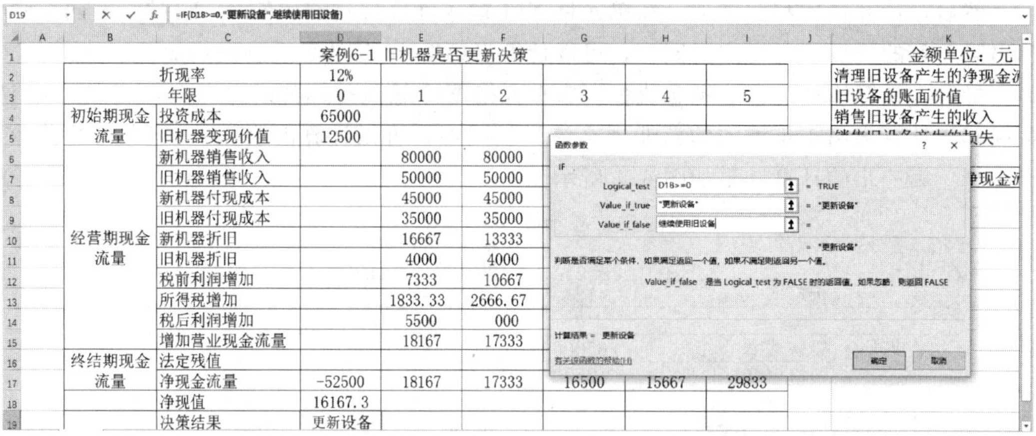

图 6.6 "IF" 函数

实验 6.2 资金限量决策分析

6.2.1 实验目的

理解投资决策中的资金有限量的含义，掌握资金有限量条件下的投资决策分析方法。

6.2.2 实验原理

资金有限量是指企业用于相关投资项目的资金有一个上限，不能投资于所有可行的项目，只能投资于其中的部分项目。

在资金有限的情况下，应投资于一组使净现值合计最大的项目组合，投资决策可以采用两种方法：净现值法和获利指数法。对可供投资的项目进行不同的投资组合，每一投资组合所需要的投资总额不能大于可供投资的资金上限，将每一投资组合中各项目的净现值分别进行汇总，计算各投资组合的净现值总额，并据此作出投资决策。

6.2.3 实验案例

【案例 6-2】 某公司有 5 个可行性投资项目，但是公司只有 600 000 元的资金，资金总量受到限制，只能在这 5 个项目中选出部分项目作为投资组合。这 5 个项目的相关资料见表 6-2。该公司应该如何做出选择？

表 6-2 5 个可行性投资项目的基本资料

投资项目	初始投资（元）	获利指数 PI	净现值 NPV（元）
A	200 000	1.34	67 000
B	150 000	1.33	50 000
C	300 000	1.43	130 000
D	130 000	1.23	30 000
E	115 000	1.17	20 000

6.2.4 实验步骤

在工作簿"第6章"中命名一个"案例6-2"的工作表，然后进行如下操作。

第一步：建立资金限额投资决策模型并录入表6-2中相关数据。

在Excel工作表中建立资金限额投资决策模型并将【案例6-2】的资金限额投资决策相关数据录入，如图6.7所示。

	A	B	C	D	E	F	G	H
1						案例6-2 资金限额投资决策		金额单位：元
2	投资项目	初始投资	获利指数PI	净现值NPV	选择投资项目	项目投资占投资总额的比例	项目投资占实际投资的比例
3	A	200000	1.34	67000			
4	B	150000	1.33	50000			
5	C	300000	1.43	130000			
6	D	130000	1.23	30000			
7	E	115000	1.17	20000			
8	合计						
9	投资限额	600000					
10	使用资金						
11	NPV合计						
12	PI合计						

图6.7 资金限额投资决策

第二步：计算投资项目占比和实际占比。

在单元格G3中输入公式"=C3/$C$9"，按回车键计算出A项目的占比。选中G3单元格，用鼠标指向该单元格的右下角，待鼠标指针变为实心的黑"+"时，按下鼠标左键拖向单元格G4:G7，就可以计算出各项目投资占投资总额的比例。然后，调用"SUM"函数计算出5个项目投资的占比合计，如图6.8所示。

G3			fx	=SUM(G3:G7)				
	A	B	C	D	E	F	G	H
1						案例6-2 资金限额投资决策		金额单位：元
2	投资项目	初始投资	获利指数PI	净现值NPV	选择投资项目	项目投资占投资总额的比例	项目投资占实际投资的比例
3	A	200000	1.34	67000		0.33	
4	B	150000	1.33	50000		0.25	
5	C	300000	1.43	130000		0.50	
6	D	130000	1.23	30000		0.22	
7	E	115000	1.17	20000		0.19	
8	合计					=SUM(G3:G7)	
9	投资限额	600000				SUM(number1, [number2], ...)	
10	使用资金						
11	NPV合计						
12	PI合计						

图6.8 项目投资占比计算

单击单元格H3，在该单元格中调用"IF"函数，计算出A项目投资的实际投资占比，如图6.9所示。

IF			fx	=IF(F3=1,G3,0)				
	A	B	C	D	E	F	G	H
1						案例6-2 资金限额投资决策		金额单位：元
2	投资项目	初始投资	获利指数PI	净现值NPV	选择投资项目	项目投资占投资总额的比例	项目投资占实际投资的比例
3	A	200000	1.34	67000		0.33	=IF(F3=1,G3,0)
4	B	150000	1.33	50000		0.25	
5	C	300000	1.43	130000		0.50	
6	D	130000	1.23	30000		0.22	
7	E	115000	1.17	20000		0.19	
8	合计					1.49	
9	投资限额	600000					
10	使用资金						
11	NPV合计						
12	PI合计						

图6.9 A项目投资实际投资占比计算

选中 H3 单元格，用鼠标指向该单元格的右下角，待鼠标指针变为实心的黑"+"时，按下鼠标左键拖向单元格 H4:H7，就可以计算出各项目投资占实际投资的比例。然后，调用"SUM"函数计算出 5 个项目投资占实际投资的占比合计，如图 6.10 所示。

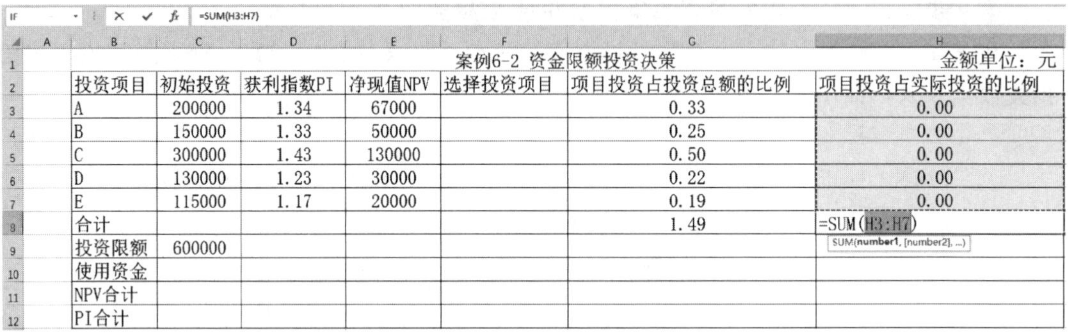

图 6.10　各项目投资占实际投资的比例

第三步：计算投资项目组合使用的资金总额。

调用"SUMPRODUCT"函数，计算投资项目组合使用的资金数额。用鼠标单击单元格 C10，单击"公式"编辑栏左侧的插入函数"f_x"按钮，弹出"插入函数"对话框，单击"或选择类别（C）"栏选择"全部"类，在"选择函数（N）"栏选择"SUMPRODUCT"函数名，单击"确定"按钮，就弹出"函数参数"的对话框。单击"Array1"栏右边的折叠对话框按钮，用鼠标选择单元格 C3:C7，然后单击"Array1"栏右边的折叠对话框按钮，返回函数参数对话框。单击"Array2"栏右边的折叠对话框按钮，用鼠标选择单元格 F3:F7，然后单击"Array2"栏右边的折叠对话框按钮，返回函数参数对话框。单击"确定"按钮，计算出投资项目使用的资金，如图 6.11 所示。因为现在我们还没确定项目组合，所以这里投资组合使用的资金总额为零。

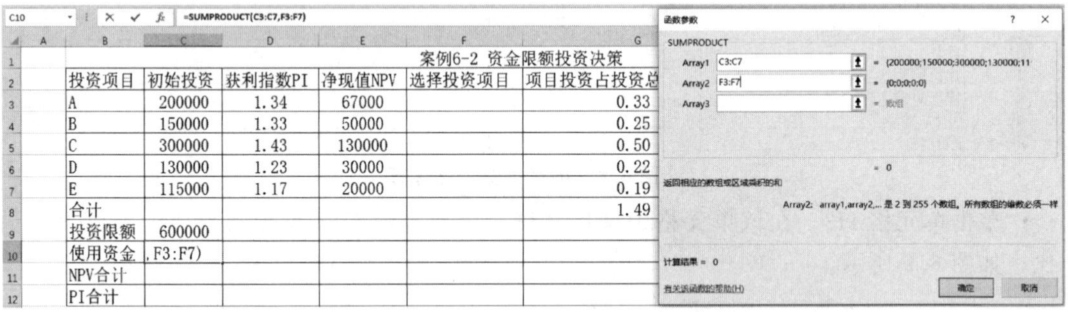

图 6.11　投资项目组合使用的资金总额

第四步：计算投资组合的净现值和获利指数。

用鼠标单击单元格 C11，调用"SUMPRODUCT"函数，计算投资项目组合的净现值。以单元格 E3:E7 乘以单元格 F3:F7，再求和，计算出投资项目组合的净现值。具体方法类似第三步，在此省略。

调用"SUMPRODUCT"函数，计算出项目投资组合的 PI 合计。单击单元格 C12，输入计算公式"＝SUMPRODUCT(D3:D7，F3:F7，H3:H7)＋1－H8"，得到项目投资组合的 PI 合计，如图 6.12 所示。

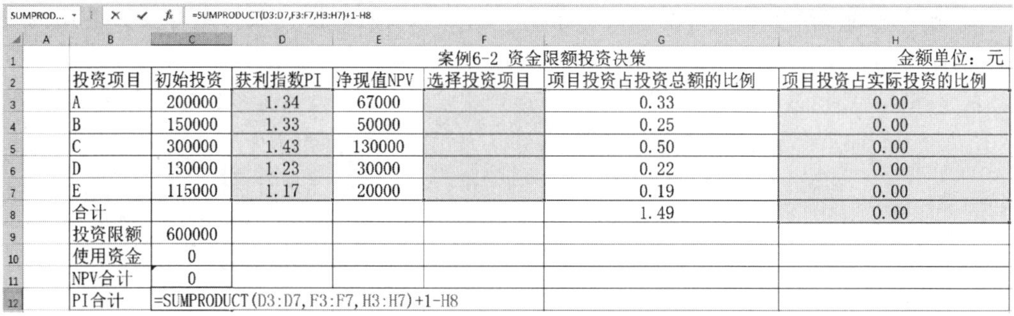

SUMPROD... =SUMPRODUCT(D3:D7,F3:F7,H3:H7)+1-H8

	A	B	C	D	E	F	G	H
1						案例6-2 资金限额投资决策		金额单位：元
2		投资项目	初始投资	获利指数PI	净现值NPV	选择投资项目	项目投资占投资总额的比例	项目投资占实际投资的比例
3		A	200000	1.34	67000		0.33	0.00
4		B	150000	1.33	50000		0.25	0.00
5		C	300000	1.43	130000		0.50	0.00
6		D	130000	1.23	30000		0.22	0.00
7		E	115000	1.17	20000		0.19	0.00
8		合计					1.49	0.00
9		投资限额	600000					
10		使用资金	0					
11		NPV合计	0					
12		PI合计	=SUMPRODUCT(D3:D7,F3:F7,H3:H7)+1-H8					

图 6.12 净现值和获利指数计算

第五步：确定投资项目组合。

调用“规划工具”工具，确定能使 NPV 合计数最大的投资项目组合及其使用的资金数额。用鼠标单击单元格 C11，单击“数据”菜单，在其展开菜单中选择“规划求解”工具①，弹出“规划求解参数”对话框，在“设置目标”单元格栏中，用鼠标选中单元格 C11，在“可变单元格”栏中，用鼠标选中 \$F\$3:\$F\$7 单元格，在“遵守约束”栏内添加约束条件，如图 6.13 所示。

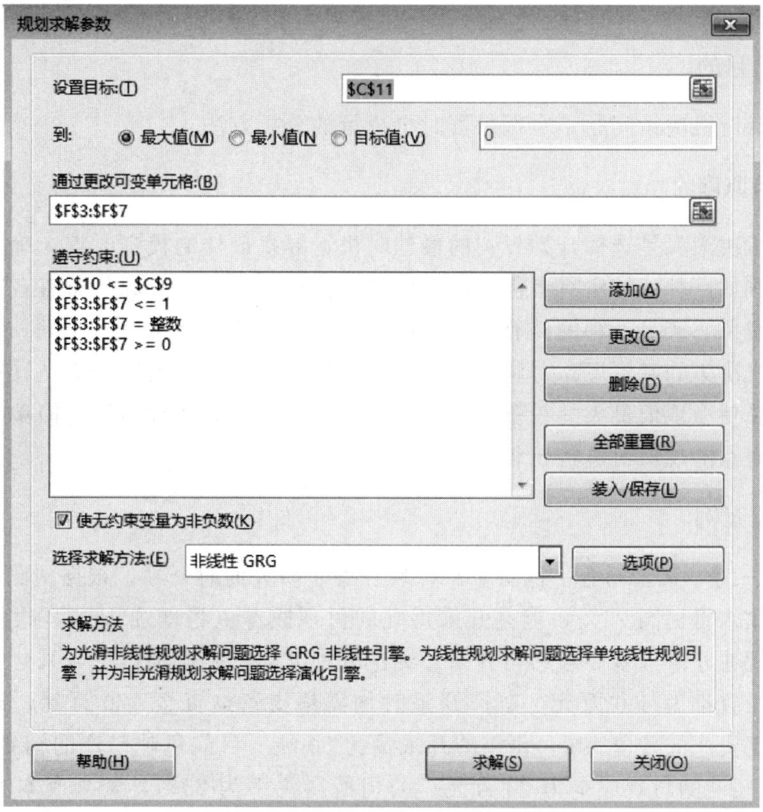

图 6.13 规划求解参数

---

① 如果“规划求解”命令不存在，则需要加载“规划求解”加载项：单击“文件”—“选项”—“加载项”，在“管理”框中，选择“Excel 加载项”—单击“转到”，在“可用加载项”框中，勾选“规划求解加载项”，单击“确定”。

单击"规划求解参数"对话框右下角的"求解"按钮,投资项目组合及其使用的资金数据就计算出来了,如图6.14所示。

	A	B	C	D	E	F	G	H
1						案例6-2 资金限额投资决策		金额单位:元
2		投资项目	初始投资	获利指数PI	净现值NPV	选择投资项目	项目投资占投资总额的比例	项目投资占实际投资的比例
3		A	200000	1.34	67000	0	0.33	0.00
4		B	150000	1.33	50000	1	0.25	0.25
5		C	300000	1.43	130000	1	0.50	0.50
6		D	130000	1.23	30000	1	0.22	0.22
7		E	115000	1.17	20000	0	0.19	0.00
8		合计					1.49	0.97
9		投资限额	600000					
10		使用资金	580000					
11		NPV合计	210000					
12		PI合计	1.35					

图 6.14 使用资金计算

在本例中,通过"规划求解"工具,求出的最优解是选择B、C、D三个项目进行投资,可以使净现值最大,达到210 000元,此时获利指数为1.35,其使用的资金数额为580 000元。

实验 6.3 投资时机选择决策

6.3.1 实验目的

理解投资时机决策问题,掌握投资时机决策的分析方法。

6.3.2 实验原理

投资时机决策就是选择开始投资的最佳时机,寻找最佳的投资时点,确定在何时进行投资最优。例如,林地的所有者需要决定何时采伐林木,矿产资源的所有者需要决定何时开发该矿产资源,产品专利的持有者需要决定何时推出该产品。

投资时机决策的基本思路:将不同的投资时机视为不同的投资方案,计算各自的净现值,从中选择使净现值最大的投资时机。不能将计算出来的净现值进行简单对比,应该折合成同一个时点的现值再进行比较。

6.3.3 实验案例

【案例6-3】 某公司有一储备矿产,现在着手研究何时开采。根据预测,该矿产每年每吨的销售收入将提高25%,但是开采每吨的付现成本也将增加15%。根据公司拟定的方案,可以现在开采或者3年后再开采。无论哪种方案,矿产都可供开采4年,开采该矿产需要初始投资都为600万元,矿产开采时均需垫支营运资金120万元,开采结束后收回,期满固定资产的残值为0,每年的开采量为50吨。目前每吨矿产的销售收入为25万元/吨,开采每吨的付现成本为20万元。公司所得税率为25%,资金成本为10%。请对这两个方案做出分析。

6.3.4 实验步骤

在工作簿"第6章"中命名一个"案例6-3"的工作表,然后进行如下操作。

第一步:建立投资时机选择决策模型并录入数据。

在 Excel 工作表中建立投资时机选择决策模型并将【案例 6-3】的投资时机选择决策的相关数据录入，如图 6.15 所示。

	A	B	C	D	E	F	G	H	I	J	K	L
1					案例6-3 投资时机选择决策							金额单位：万元
2			开采年限	4	资金成本率	10%						
3			当前开采每亩收入	25	所得税税率	25%						
4			当前开采每亩付现成本	20	年采伐量	50						
5			开采年限	0	1	2	3	4	4	5	6	7
6		初始期现	初始成本	600				600				
7		金流量	营运资金垫支	120				120				
8			销售收入									
9			付现成本									
10		经营期现	折旧									
11		金流量	税前利润									
12			所得税									
13			税后利润									
14			营业现金流量									
15		终结期现	营运资金垫支收回									
16		金流量	固定资产残值									
17			现在开采净现金流量									
18			现在开采方案的净现值									
19			3年后开采净现金流量									
20			3年后开采方案的净现值									
21			决策结果									

图 6.15　投资时机选择决策

第二步：计算经营期现金流量。

其中，1，2，3，4 表示现在开采方案的净现值，4，5，6，7 表示 3 年后才开采方案的净现值。首先，计算销售收入。在单元格 E8 中输入计算公式"=\$F\$4*\$D\$3*(1+25%)^D5"，计算出第 1 年的销售收入。选中 E8 单元格，用鼠标指向该单元格的右下角，待鼠标指针变为实心的黑"+"时，按下鼠标左键拖向单元格 F8:L8，再在单元格 I8 中输入计算公式"=H8"，就可以计算出两种方案各年的销售收入，结果如图 6.16 所示。

	A	B	C	D	E	F	G	H	I	J	K	L
1					案例6-3 投资时机选择决策							金额单位：万元
2			开采年限	4	资金成本率	10%						
3			当前开采每亩收入	25	所得税税率	25%						
4			当前开采每亩付现成本	20	年采伐量	50						
5			开采年限	0	1	2	3	4	4	5	6	7
6		初始期现	初始成本	600				600				
7		金流量	营运资金垫支	120				120				
8			销售收入		=\$F\$4*\$D\$3*(1+25%)^D5		1953	2441	2441	3052	3815	4768
9			付现成本									
10		经营期现	折旧									
11		金流量	税前利润									
12			所得税									
13			税后利润									
14			营业现金流量									
15		终结期现	营运资金垫支收回									
16		金流量	固定资产残值									
17			现在开采净现金流量									
18			现在开采方案的净现值									
19			3年后开采净现金流量									
20			3年后开采方案的净现值									
21			决策结果									

图 6.16　各年销售收入

然后，在单元格 E9 中输入公式"=\$D\$4*\$F\$4*(1+15%)^D5"，计算出第 1 年的付现成本。选中 E9 单元格，用鼠标指向该单元格的右下角，待鼠标指针变为实心的黑"+"时，按下鼠标左键拖向单元格 F9:L9，再在单元格 I9 中输入计算公式"=H9"，就可以计算出两种方案各年的付现成本，如图 6.17 所示。

图 6.17 各年付现成本

	A	B	C	D	E	F	G	H	I	J	K	L
1					案例6-3 投资时机选择决策							金额单位：万元
2			开采年限	4	资金成本率	10%						
3			当前开采每亩收入	25	所得税税率	25%						
4			当前开采每亩付现成本	20	年采伐量	50						
5			开采年限	0	1	2	3	4	4	5	6	7
6		初始期现	初始成本	600				600				
7		金流量	营运资金垫支	120				120				
8			销售收入		1250	1563	1953	2441	2441	3052	3815	4768
9			付现成本		=$D$4*$F$4*(1+15%)^D5		1323	1521	1521	1749	2011	2313
10			折旧									
11		经营期现	税前利润									
12		金流量	所得税									
13			税后利润									
14			营业现金流量									
15		终结期现	营运资金垫支收回									
16		金流量	固定资产残值									
17			现在开采净现金流量									
18			现在开采方案的净现值									
19			3年后开采净现金流量									
20			3年后开采方案的净现值									
21			决策结果									

图 6.17 各年付现成本

计算折旧。在单元格 E10 中输入计算公式"=$D$6/$D$2"，计算出第 1 年的折旧。选中 E10 单元格，用鼠标指向该单元格的右下角，待鼠标指针变为实心的黑"＋"时，按下鼠标左键拖向单元格 F10:L10，就可以计算出两种方案各年的折旧。

计算税前利润。在单元格 E11 中输入计算公式"＝E8－E9－E10"，计算出第 1 年的税前利润。同理，可以计算出第 2～7 年的税前利润。

计算所得税。在单元格 E12 中输入计算公式"＝E11*$F$3"，计算出第 1 年的所得税。同理，可以计算出第 2～7 年的所得税。

计算税后利润。在单元格 E13 中输入计算公式"＝E11－E12"，计算出第 1 年的税后利润。同理，可以计算出第 2～7 年的税后利润。

最后，计算营业现金流量。在单元格 E14 中输入计算公式"＝E13＋E10"，计算出第 1 年的营业现金流量。同理，可以计算出第 2～7 年的营业现金流量。经营期现金流量计算结果如图 6.18 所示。

	A	B	C	D	E	F	G	H	I	J	K	L
1					案例6-3 投资时机选择决策							金额单位：万元
2			开采年限	4	资金成本率	10%						
3			当前开采每亩收入	25	所得税税率	25%						
4			当前开采每亩付现成本	20	年采伐量	50						
5			开采年限	0	1	2	3	4	4	5	6	7
6		初始期现	初始成本	600				600				
7		金流量	营运资金垫支	120				120				
8			销售收入		1250	1563	1953	2441	2441	3052	3815	4768
9			付现成本		1000	1150	1323	1521	1521	1749	2011	2313
10		经营期现	折旧		150	150	150	150	150	150	150	150
11		金流量	税前利润		100	263	481	771	771	1153	1653	2305
12			所得税		25	66	120	193	193	288	413	576
13			税后利润		75	197	360	578	578	865	1240	1729
14			营业现金流量		225	347	510	728	728	1015	1390	1879
15		终结期现	营运资金垫支收回									
16		金流量	固定资产残值									
17			现在开采净现金流量									
18			现在开采方案的净现值									
19			3年后开采净现金流量									
20			3年后开采方案的净现值									
21			决策结果									

图 6.18 经营期现金流量

第三步：计算终结期现金流量。

计算营运资金垫支收回。将单元格 D7，即营运资金垫支的值分别引用到单元格 H15 和 L15。

第四步：计算净现金流量与净现值。

计算现在开采方案的净现金流量与净现值。在单元格 D17 中输入计算公式"=-D6-D7"，计算出第 0 年的净现金流量。单击单元格 E17，调用 SUM 函数，计算出第 1 年的净现金流量，如图 6.19 所示。

	A	B	C	D	E	F	G	H	I	J	K	L
1					案例6-3 投资时机选择决策						金额单位：万元	
2			开采年限	4	资金成本率	10%						
3			当前开采每亩收入	25	所得税税率	25%						
4			当前开采每亩付现成本	20	年采伐量	50						
5			开采年限	0	1	2	3	4	4	5	6	7
6		初始期现	初始成本	600				600				
7		金流量	营运资金垫支	120				120				
8			销售收入		1250	1563	1953	2441	2441	3052	3815	4768
9			付现成本		1000	1150	1323	1521	1521	1749	2011	2313
10		经营期现	折旧		150	150	150	150	150	150	150	150
11		金流量	税前利润		100	263	481	771	771	1153	1653	2305
12			所得税		25	66	120	193	193	288	413	576
13			税后利润		75	197	360	578	578	865	1240	1729
14			营业现金流量		225	347	510	728	728	1015	1390	1879
15		终结期现	营运资金垫支收回					120				120
16		金流量	固定资产残值									
17			现在开采净现金流量		=SUM(E14:E16)							
18			现在开采方案的净现值									
19			3年后开采净现金流量									
20			3年后开采方案的净现值									
21			决策结果									

图 6.19 第 1 年净现金流量

同理，计算出现在开采方案第 2~4 年的净现金流量。然后，单击单元格 D18，调用"NPV"函数，计算出现在开采方案的净现值，如图 6.20 所示。现在开采方案的净现值为 734 万元。

	A	B	C	D	E	F	G	H	I	J	K	L
1					案例6-3 投资时机选择决策						金额单位：万元	
2			开采年限	4	资金成本率	10%						
3			当前开采每亩收入	25	所得税税率	25%						
4			当前开采每亩付现成本	20	年采伐量	50						
5			开采年限	0	1	2	3	4	4	5	6	7
6		初始期现	初始成本	600				600				
7		金流量	营运资金垫支	120				120				
8			销售收入		1250	1563	1953	2441	2441	3052	3815	4768
9			付现成本		1000	1150	1323	1521	1521	1749	2011	2313
10		经营期现	折旧		150	150	150	150	150	150	150	150
11		金流量	税前利润		100	263	481	771	771	1153	1653	2305
12			所得税		25	66	120	193	193	288	413	576
13			税后利润		75	197	360	578	578	865	1240	1729
14			营业现金流量		225	347	510	728	728	1015	1390	1879
15		终结期现	营运资金垫支收回					120				120
16		金流量	固定资产残值									
17			现在开采净现金流量	-720	225	347	510	848				
18			现在开采	=NPV(F2,E17:H17)+D17								
19			3年后开采净现金流量	NPV(rate, **value1**, [value2], [value3], ...)								
20			3年后开采方案的净现值									
21			决策结果									

图 6.20 现在开采净现金流量

接着，计算3年后开采方案的净现金流量与净现值。在单元格H19中输入计算公式"=－H6－H7"，计算出第4年初的净现金流量。单击单元格I19，调用"SUM"函数，对单元格I14:I16求和，计算出3年后开采方案第1年末净现金流量。同理，计算出3年后开采方案第2~5年的净现金流量。然后，单击单元格H20，调用"NPV"函数，计算出3年后开采方案的净现值，如图6.21所示。

	A	B	C	D	E	F	G	H	I	J	K	L
1						案例6-3 投资时机选择决策					金额单位：万元	
2			开采年限	4		资金成本率	10%					
3			当前开采每亩收入	25		所得税税率	25%					
4			当前开采每亩付现成本	20		年采伐量	50					
5			开采年限	0		1	2	3	4	4	5	6	7
6		初始期现	初始成本	600					600				
7		金流量	营运资金垫支	120					120				
8			销售收入			1250	1563	1953	2441	2441	3052	3815	4768
9			付现成本			1000	1150	1323	1521	1521	1749	2011	2313
10		经营期现	折旧			150	150	150	150	150	150	150	150
11		金流量	税前利润			100	263	481	771	771	1153	1653	2305
12			所得税			25	66	120	193	193	288	413	576
13			税后利润			75	197	360	578	578	865	1240	1729
14			营业现金流量			225	347	510	728	728	1015	1390	1879
15		终结期现	营运资金垫支收回						120				120
16		金流量	固定资产残值										
17			现在开采净现金流量	−720		225	347	510	848				
18			现在开采方案的净现值	734									
19			3年后开采净现金流量						−720	728	1015	1390	1999
20			3年后开采方案的净现值					=NPV(F2,I19:L19)+H19					
21			决策结果					NPV(rate, **value1**, [value2], [value3], ...)					

图6.21 3年后开采净现金流量

3年后开采方案的净现值为3 190万元，由于该值是第4年年初的值，因此，还需将该净现值再折现到第0年的净现值。在单元格D20中输入计算公式"＝H20/(1＋F2)^G5"，按回车键，计算出3年后开采方案的净现值的现值为2 397万元，结果如图6.22所示。

	A	B	C	D	E	F	G	H	I	J	K	L
1						案例6-3 投资时机选择决策					金额单位：万元	
2			开采年限	4		资金成本率	10%					
3			当前开采每亩收入	25		所得税税率	25%					
4			当前开采每亩付现成本	20		年采伐量	50					
5			开采年限	0		1	2	3	4	4	5	6	7
6		初始期现	初始成本	600					600				
7		金流量	营运资金垫支	120					120				
8			销售收入			1250	1563	1953	2441	2441	3052	3815	4768
9			付现成本			1000	1150	1323	1521	1521	1749	2011	2313
10		经营期现	折旧			150	150	150	150	150	150	150	150
11		金流量	税前利润			100	263	481	771	771	1153	1653	2305
12			所得税			25	66	120	193	193	288	413	576
13			税后利润			75	197	360	578	578	865	1240	1729
14			营业现金流量			225	347	510	728	728	1015	1390	1879
15		终结期现	营运资金垫支收回						120				120
16		金流量	固定资产残值										
17			现在开采净现金流量	−720		225	347	510	848				
18			现在开采方案的净现值	734									
19			3年后开采净现金流量						−720	728	1015	1390	1999
20			3年后开采方案的净现值	2397					3190				
21			决策结果										

图6.22 3年后开采方案的净现值

第五步：选择决策方案。

单击单元格 D21，调用 IF 函数进行决策判断，在单元格 D21 输入计算公式"＝IF(D20＞＝D18,"3年后开采","现在开采")"进行判别，其决策结果是3年后开采，如图6.23所示。

	A	B	C	D	E	F	G	H	I	J	K	L
1					案例6-3 投资时机选择决策						金额单位：万元	
2			开采年限	4	资金成本率	10%						
3			当前开采每亩收入	25	所得税税率	25%						
4			当前开采每亩付现成本	20	年采伐量	50						
5			开采年限	0	1	2	3	4	4	5	6	7
6		初始期现金流量	初始成本	600				600				
7			营运资金垫支	120				120				
8		经营期现金流量	销售收入		1250	1563	1953	2441	2441	3052	3815	4768
9			付现成本		1000	1150	1323	1521	1521	1749	2011	2313
10			折旧		150	150	150	150	150	150	150	150
11			税前利润		100	263	481	771	771	1153	1653	2305
12			所得税		25	66	120	193	193	288	413	576
13			税后利润		75	197	360	578	578	865	1240	1729
14			营业现金流量		225	347	510	728	728	1015	1390	1879
15		终结期现金流量	营运资金垫支收回					120				120
16			固定资产残值									
17			现在开采现金流量	-720	225	347	510	848				
18			现在开采方案的净现值	734								
19			3年后开采现金流量					-720	728	1015	1390	1999
20			3年后开采方案的净现值	2397				3190				
21			决策结果	3年后开采								

图6.23 决策结果

实验6.4 投资期选择决策

6.4.1 实验目的

理解投资期决策问题，掌握投资期决策的分析方法。

6.4.2 实验原理

投资期是指从投资项目开始施工到建成投产所需要的时间。投资期在有些情况下可以是变动的，这时要针对不同的投资期进行分析，选择最佳的投资期。选择投资期的基本依据是净现值最大化。

6.4.3 实验案例

【案例6-4】某公司拟投资一个项目，投资期有两种方案：一种是投资期为3年，另一种是投资期为2年。投资期为3年的方案，每年投资400万元，投产后可使用15年，每年的营业现金流量为300万元，项目终结时可回收残值45万元。投资期为2年的方案，每年需要初始投资700万元，项目投产后的使用年限和每年的现金流量均不变，项目终结时可回收残值90万元。公司的资金成本为10%。请对该公司的投资期决策作出分析。

6.4.4 实验步骤

在工作簿"第 6 章"中命名一个"案例 6-4"的工作表，然后进行如下操作。

第一步：建立投资期选择决策模型并录入数据。

在 Excel 工作表中建立投资期选择决策模型并将【案例 6-4】的投资期选择决策的相关数据录入，如图 6.24 所示。

	A	B	C	D	E
1			案例6-4 投资期选择决策		金额单位：万元
2		3年期年投资额	400	3年期残值	45
3		2年期年投资额	700	2年期残值	90
4		经营期年现金流量	300	资金成本率	10%
5					
6		时点	投资期3年	投资期2年	差量现金流量
7		0			
8		1			
9		2			
10		3			
11		4			
12		5			
13		6			
23		16			
24		17			
25		18			
26		NPV			
27		IRR			
28		决策结果			

图 6.24 投资期选择决策

第二步：计算 3 年投资期和 2 年投资期的现金流量。

首先，计算 3 年投资期的现金流量。3 年投资期的现金流量第 0 年至第 2 年的计算公式是"=-$C$2"，第 3 年的现金流量是 0，因为第 3 年年末没有现金流量。第 4~17 年现金流量的计算公式是"=$C$4"，第 18 年现金流量的计算公式是"=$C$4+$E$2"，即等于年营业现金流量+残值。

然后，计算 2 年投资期的现金流量。2 年投资期的现金流量第 0 年至第 1 年的计算公式是"=-$C$3"，第 2 年的现金流量是 0，因为第 2 年年末没有现金流量。第 3~16 年现金流量的计算公式是"=$C$4"，第 17 年现金流量的计算公式是"=$C$4+$E$3"，即等于年营业现金流量+残值。第 18 年的现金流量是 0，因为该年年末没有现金流量。两种方案的年营业现金流量如图 6.25 所示。

第三步：计算评价指标。

首先，计算 3 年投资期的评价指标。在 C26 单元格计算净现值，输入计算公式"=NPV($E$4,C8:C25)+C7"；在 C27 单元格计算内含报酬率，输入计算公式"=IRR(C7:C25)"。

然后，计算 2 年投资期的评价指标。将区域 C26:C27 中的公式复制到区域 D26:D27。两种方案的评价指标计算结果如图 6.26 所示。

第四步：对两个方案进行差量分析。

在单元格 E7 中输入公式"=C7-D7"，按回车键计算出第 0 年的差量现金流量。选

	A	B	C	D	E
1			案例6-4 投资期选择决策		金额单位：万元
2		3年期年投资额	400	3年期残值	45
3		2年期年投资额	700	2年期残值	90
4		经营期年现金流	300	资金成本率	10%
5					
6		时点	投资期3年	投资期2年	差量现金流量
7		0	-400	-700	
8		1	-400	-700	
9		2	-400	0	
10		3	0	300	
11		4	300	300	
12		5	300	300	
13		6	300	300	
23		16	300	300	
24		17	300	390	
25		18	345	0	
26		NPV			
27		IRR			
28		决策结果			

图 6.25 年营业现金流量

	A	B	C	D	E
1			案例6-4 投资期选择决策		金额单位：万元
2		3年期年投资额	400	3年期残值	45
3		2年期年投资额	700	2年期残值	90
4		经营期年现金流	300	资金成本率	10%
5					
6		时点	投资期3年	投资期2年	差量现金流量
7		0	-400	-700	
8		1	-400	-700	
9		2	-400	0	
10		3	0	300	
11		4	300	300	
12		5	300	300	
13		6	300	300	
23		16	300	300	
24		17	300	390	
25		18	345	0	
26		NPV	628.25	567.25	
27		IRR	16.48%	15.32%	
28		决策结果			

图 6.26 评价指标计算结果

中 E7 单元格，用鼠标指向该单元格的右下角，待鼠标指针变为实心的黑"+"时，按下鼠标左键拖向单元格 E8:E25，就可以计算出两个方案各年的现金流量的差量。

在 E26 计算差量现金流量的净现值，将 D26 中的公式复制过来即可。在 E28 单元格计算两方案净现值的差额，输入计算公式"=C26－D26"，按回车即可。计算结果如图 6.27 所示。

	A	B	C	D	E
1			案例6-4 投资期选择决策		金额单位：万元
2		3年期年投资额	400	3年期残值	45
3		2年期年投资额	700	2年期残值	90
4		经营期年现金流	300	资金成本率	10%
5					
6		时点	投资期3年	投资期2年	差量现金流量
7		0	-400	-700	300
8		1	-400	-700	300
9		2	-400	0	-400
10		3	0	300	-300
11		4	300	300	0
12		5	300	300	0
13		6	300	300	0
23		16	300	300	0
24		17	300	390	-90
25		18	345	0	345
26		NPV	628.25	567.25	61.00
27		IRR	16.48%	15.32%	
28		决策结果			61.00

图 6.27 差量现金流量

第五步：选择决策方案。

单击单元格 C28，调用"IF"函数，利用"=IF(E26>=0,"选择投资期3年","选择投资期2年")"条件进行判别。由于投资期2年产生的现金流量的净现值比投资期3年少61万元，其决策结果是应当选择投资期3年。结果如图6.28所示。

	A	B	C	D	E
1			案例6-4 投资期选择决策		金额单位：万元
2		3年期年投资额	400	3年期残值	45
3		2年期年投资额	700	2年期残值	90
4		经营期年现金流	300	资金成本率	10%
5					
6		时点	投资期3年	投资期2年	差量现金流量
7		0	-400	-700	300
8		1	-400	-700	300
9		2	-400	0	-400
10		3	0	300	-300
11		4	300	300	0
12		5	300	300	0
13		6	300	300	0
23		16	300	300	0
24		17	300	390	-90
25		18	345	0	345
26		NPV	628.25	567.25	61.00
27		IRR	16.48%	15.32%	
28		决策结果	选择投资期3年		61.00

图 6.28 决策结果

由计算结果可以看出,差量现金流量的净现值为 61 万元,大于 0,说明投资期 3 年的方案比投资期 2 年的方案好;差量现金流量的净现值与两方案的净现值的差额在 E28 单元格计算相等,这并不是巧合,恰恰是因为两者相等才决定了差量分析法是正确的。

实验 6.5 项目寿命不等的投资决策分析

6.5.1 实验目的

理解寿命不等方案评价的特殊性,理解寿命不等方案评价的假设条件,掌握寿命不等方案评价的方法。

6.5.2 实验原理

项目寿命不等的投资决策就是在寿命不等的多个投资项目中进行选择。

由于备选项目的寿命不等,因此,必须考虑项目产生的净现金流量的再投资。

第一种情况:项目产生的净现金流量的再投资收益率等于资金成本,这意味着投资项目不可重复。在这种情况下,净现值最大化是决策的目标。

第二种情况:投资项目可以重复,即项目实施终结后,可以启动再一次投资,重复该项目。在这种情况有以下两种评价方法。

(1) 年均净现值法。将项目总的净现值年均化,用年均净现值在寿命不等的项目之间进行对比,以年均净现值最大化作为决策目标,其计算公式如下:

$$\text{ANPV} = \frac{\text{NPV}}{\text{PVIFA}_{k,n}}$$

年均净现值 ANPV 实质上是年金,年金的期数等于 n,年金的现值等于投资项目的净现值 NPV。年均净现值 ANPV 的经济含义是:将投资项目的净现金流量转化为与其等值(净现值相等)的年金。

(2) 最小公倍寿命法。求出两个项目寿命的最小公倍数,假设各个项目都在公倍寿命内重复投资,进而计算各自的净现值。以重复投资项目的净现值最大化作为决策的目标。

对寿命不同的项目,不能对它们的净现值、内含报酬率及获利指数进行直接比较。为了使投资项目的各项指标具有可比性,要设法使其在相同的寿命期内进行比较。此时可以采用的方法有最小公倍寿命法和年均净现值法。

6.5.3 实验案例

【案例 6-5】 某公司有两个寿命不等的投资方案,方案 A 和 B 的寿命分别为 3 年和 6 年,经营期的现金流量分别为 30 万元和 35 万元,初始投资分别为 40 万元和 100 万元,终结期的残值分别为 5 万元和 0,公司资金成本为 10%。该公司如何在这两个项目之间做出选择?

6.5.4 实验步骤

在工作簿"第 6 章"中命名一个"案例 6-5"的工作表,然后进行如下操作。

第一步：建立项目寿命不等的投资决策模型并录入数据。

在 Excel 工作表中建立项目寿命不等的投资决策模型并将【案例 6-5】的项目寿命不等的投资决策的相关数据录入，如图 6.29 所示。

	A	B	C	D	E	F	G	H	I	J
1						案例6-5 项目寿命不等的投资决策				金额单位：万元
2		方案	A	B						
3		年初始投资	40	100						
4		残值	5	0						
5		营业期	3	6						
6		营业现金流量	30	35						
7		资金成本	10%	10%						
8		净现金流量和评价指标的计算				重复投资净现金流量和评价指标的计算				
9		时点（年）	方案A	方案B		时点（年）	方案A+方案A	方案B	与方案A+方案A等值的年金	与方案B等值的年金
10		0				0				
11		1				1				
12		2				2				
13		3				3				
14		4				4				
15		5				5				
16		6				6				
17		IRR				IRR				
18		NPV				NPV				
19		年金现值系数				年金现值系数				
20		年均净现值ANPV				年均净现值ANPV				

图 6.29　项目寿命不等的投资决策

第二步：假设再投资收益等于资金成本，编制净现金流量和评价指标计算表。

首先，对方案 A 与方案 B 各年的净现金流量进行填列，注意方案在最后一年的净现金流量包括营业现金流量和残值。两种方案的年净现金流量如图 6.30 所示。

	A	B	C	D	E	F	G	H	I	J
1						案例6-5 项目寿命不等的投资决策				金额单位：万元
2		方案	A	B						
3		年初始投资	40	100						
4		残值	5	0						
5		营业期	3	6						
6		营业现金流量	30	35						
7		资金成本	10%	10%						
8		净现金流量和评价指标的计算				重复投资净现金流量和评价指标的计算				
9		时点（年）	方案A	方案B		时点（年）	方案A+方案A	方案B	与方案A+方案A等值的年金	与方案B等值的年金
10		0	-40	-100		0				
11		1	30	35		1				
12		2	30	35		2				
13		3	35	35		3				
14		4		35		4				
15		5		35		5				
16		6		35		6				
17		IRR				IRR				
18		NPV				NPV				
19		年金现值系数				年金现值系数				
20		年均净现值ANPV				年均净现值ANPV				

图 6.30　年净现金流量

然后，计算两种方案的评价指标。在 C17 单元格计算方案 A 的内含报酬率，输入计算公式"＝IRR(C10:C13)"；在 C18 单元格计算方案 A 的净现值，输入计算公式"＝NPV($C$7，C11:C13)＋C10"。同理，可以计算得到方案 B 的评价指标。两种方案的评价指标计算结果如图 6.31 所示。

由计算结果可以看出，方案 B 的净现值大于方案 A，当再投资收益率等于资金成本时，以净现值最大为依据，方案 B 优于方案 A。从内部报酬率指标来看，方案 A 的内含报酬率较大，这说明方案 A 的资金利用效率较高，但该方案期限较短，初始投资较少，从而占用的资金较少，因此，尽管企业资金利用效率高，产生的净现值较少，在再投资收益率等于资金成本的假设条件下，以净现值最大化为目标，方案 A 不如方案 B。

	A	B	C	D	E	F	G	H	I	J
1					案例6-5 项目寿命不等的投资决策					金额单位：万元
2		方案	A	B						
3		年初始投资	40	100						
4		残值	5	0						
5		营业期	3	6						
6		营业现金流量	30	35						
7		资金成本	10%	10%						
8		净现金流量和评价指标的计算					重复投资净现金流量和评价指标的计算			
9		时点(年)	方案A	方案B		时点(年)	方案A+方案A	方案B	与方案A+方案A等值的年金	与方案B等值的年金
10		0	-40	-100		0				
11		1	30	35		1				
12		2	30	35		2				
13		3	35	35		3				
14		4		35		4				
15		5		35		5				
16		6		35		6				
17		IRR	57.7%	26.4%		IRR				
18		NPV	38.36	52.43		NPV				
19		年金现值系数				年金现值系数				
20		年均净现值ANPV				年均净现值ANPV				

图 6.31　评价指标计算

第三步：假设投资项目可重复，用最小公倍寿命法来评价。

项目 A 的寿命为 3 年，项目 B 的寿命为 6 年，在 6 年中，项目 A 实施两次，据此编制重复投资净现金流量和评价指标的计算表。

首先，对重复投资下"方案 A+方案 A"与方案 B 各年的净现金流量进行填列。注意重复投资下"方案 A+方案 A"第三年的现金流量包括方案 A 的终结现金流量 35 万元和方案 A 重复投资的初始现金流量－40 万元。重复投资下两种方案的年净现金流量如图 6.32 所示。

	A	B	C	D	E	F	G	H	I	J
1					案例6-5 项目寿命不等的投资决策					金额单位：万元
2		方案	A	B						
3		年初始投资	40	100						
4		残值	5	0						
5		营业期	3	6						
6		营业现金流量	30	35						
7		资金成本	10%	10%						
8		净现金流量和评价指标的计算					重复投资净现金流量和评价指标的计算			
9		时点(年)	方案A	方案B		时点(年)	方案A+方案A	方案B	与方案A+方案A等值的年金	与方案B等值的年金
10		0	-40	-100		0	-40	-100		
11		1	30	35		1	30	35		
12		2	30	35		2	30	35		
13		3	35	35		3	-5	35		
14		4		35		4	30	35		
15		5		35		5	30	35		
16		6		35		6	35	35		
17		IRR	57.7%	26.4%		IRR				
18		NPV	38.36	52.43		NPV				
19		年金现值系数				年金现值系数				
20		年均净现值ANPV				年均净现值ANPV				

图 6.32　重复投资下的年净现金流量

然后，计算重复投资下两种方案的评价指标。在 G17 单元格计算"方案 A+方案 A"的内含报酬率，输入计算公式"＝IRR(G10:G16)"；在 G18 单元格计算"方案 A+方案 A"的净现值，输入计算公式"＝NPV($C$7, G11:G16)+G10"。同理，可以计算得到方案 B 的评价指标。重复投资下两种方案的评价指标计算结果如图 6.33 所示。

由计算结果可以看出："方案 A+方案 A"的净现值较大，因此，在投资项目可重复的条件下，方案 A 是最优的项目；"方案 A+方案 A"的内含报酬率等于方案 A 的内含报酬率，可见，重复投资不改变内含报酬率。

第四步：采用年均净现值法来评价，计算 ANPV。

	A	B	C	D	E	F	G	H	I	J
1					案例6-5 项目寿命不等的投资决策					金额单位：万元
2		方案	A	B						
3		年初始投资	40	100						
4		残值	5	0						
5		营业期	3	6						
6		营业现金流量	30	35						
7		资金成本	10%	10%						
8		净现金流量和评价指标的计算					重复投资净现金流量和评价指标的计算			
9		时点（年）	方案A	方案B		时点（年）	方案A+方案A	方案B	与方案A+方案A等值的年金	与方案B等值的年金
10		0	-40	-100		0	-40	-100		
11		1	30	35		1	30	35		
12		2	30	35		2	30	35		
13		3	35	35		3	-5	35		
14		4		35		4	30	35		
15		5		35		5	30	35		
16		6		35		6	35	35		
17		IRR	57.7%	26.4%		IRR	57.7%	26.4%		
18		NPV	38.36	52.43		NPV	67.18	52.43		
19		年金现值系数				年金现值系数				
20		年均净现值ANPV				年均净现值ANPV				

图 6.33　重复投资下的评价指标计算

在 C19 单元格计算方案所对应的期数为 3，折现率为 10% 的年金现值系数，输入计算公式"=(1-(1+$C$7)^-C5)/$C$7"；在 D19 单元格计算方案所对应的期数为 6，折现率为 10% 的年金现值系数，输入计算公式"=(1-(1+$D$7)^-$D$5)/$D$7"。

计算两方案的年均净现值 ANPV。在 C20 单元格输入计算公式"=C18/C19"，将其复制到 D20 单元格。年均净现值法计算结果如图 6.34 所示。

	A	B	C	D	E	F	G	H	I	J
1					案例6-5 项目寿命不等的投资决策					金额单位：万元
2		方案	A	B						
3		年初始投资	40	100						
4		残值	5	0						
5		营业期	3	6						
6		营业现金流量	30	35						
7		资金成本	10%	10%						
8		净现金流量和评价指标的计算					重复投资净现金流量和评价指标的计算			
9		时点（年）	方案A	方案B		时点（年）	方案A+方案A	方案B	与方案A+方案A等值的年金	与方案B等值的年金
10		0	-40	-100		0	-40	-100		
11		1	30	35		1	30	35		
12		2	30	35		2	30	35		
13		3	35	35		3	-5	35		
14		4		35		4	30	35		
15		5		35		5	30	35		
16		6		35		6	35	35		
17		IRR	57.7%	26.4%		IRR	57.7%	26.4%		
18		NPV	38.36	52.43		NPV	67.18	52.43		
19		年金现值系数	2.49	4.36		年金现值系数				
20		年均净现值ANPV	15.43	12.04		年均净现值ANPV				

图 6.34　年均净现值 ANPV

由计算结果可以看出，方案 A 的年均净现值大于方案 B，如果项目可以重复，则按照年均净现值法来评价，项目 A 是最优方案。

第五步：考察年均净现值法的原理。

计算"方案 A+方案 A"、方案 B 的年均净现值。在单元格 G19 输入计算公式"=(1-(1+$D$7)^-$D$5)/$D$7"，在单元格 H19 输入计算公式"=(1-(1+$D$7)^-$D$5)/$D$7"，计算出"方案 A+方案 A"、方案 B 的年金现值系数。在单元格 G20 输入计算公式"=G18/G19"，将其复制到单元格 H20。计算出"方案 A+方案 A"、方案 B 的年均净现值。

以"方案 A+方案 A"、方案 B 年均净现值作为年金，填列于区域 I11:I16，J11:J16，并计算年金的现值，在单元格 I18 输入计算公式"=NPV($C$7，I11:I16)"，在单元格 J18 输入计算公式"=NPV($D$7，J11:J16)"。计算和填列结果如图 6.35 所示。

	A	B	C	D	E	F	G	H	I	J
1						案例6-5 项目寿命不等的投资决策				
2		方案	A	B						
3		年初始投资	40	100						
4		残值	5	0						
5		营业期	3	6						
6		营业现金流量	30	35						
7		资金成本	10%	10%						
8		净现金流量和评价指标的计算					重复投资净现金流量和评价指标的计算			
9		时点(年)	方案A	方案B		时点(年)	方案A+方案A	方案B	与方案A等值的年金	与方案B等值的年金
10		0	-40	-100		0	-40	-100		
11		1	30	35		1	30	35	15.43	12.04
12		2	30	35		2	30	35	15.43	12.04
13		3	35	35		3	-5	35	15.43	12.04
14		4		35		4	30	35	15.43	12.04
15		5		35		5	30	35	15.43	12.04
16		6		35		6	35	35	15.43	12.04
17		IRR	57.7%	26.4%		IRR	57.7%	26.4%		
18		NPV	38.36	52.43		NPV	67.18	52.43	67.18	52.43
19		年金现值系数	2.49	4.36		年金现值系数	4.36	4.36		
20		年均净现值ANPV	15.43	12.04		年均净现值ANPV	15.43	12.04		

图 6.35 年均净现值法原理

由计算结果可以看出,"方案 A+方案 A"对应的年金 15.43 万元的现值为 67.18 万元,方案 B 对应的年金 12.04 万元的现值为 52.43 万元。由此可以看出,利用年均净现值可以将项目不等额的净现金流量(包括初始投资)转化为等额的未来现金流量(年金),这一转化改变的是现金流量,不是净现值。因此,对净现值的比较就可以转化为对年均净现值的比较,当然包括的前提条件是两项目的期限是相同的。

实验 6.6 风险投资决策分析

6.6.1 实验目的

理解和掌握风险投资项目评价的风险调整折现率法和风险调整现金流量法。

6.6.2 实验原理

长期投资项目的净现金流量往往存在不确定性,或者是在不同程度上存在风险,加之长期投资涉及的时间较长,对长期投资项目的评价不仅要考虑货币的时间价值,还要考虑风险因素。对投资项目评价所采用的主要指标是净现值,对于风险性投资项目其净现值的计算主要有两种思路:第一是依据风险程度对计算净现值的折现率进行调整,即折现率包含风险报酬;第二是依据风险程度对不确定的净现金流量进行折算。

1. 按风险调整折现率法

按风险调整折现率法是指将与特定投资项目有关的风险报酬,加入资金成本或公司要求的报酬率中,构成按风险调整的折现率,对风险大的项目采用较高的折现率,对风险小的项目采用较低的折现率,并据以进行投资决策分析的方法。

调整折现率的方法主要有三种:① 用资本资产定价模型调整折现率;② 用风险报酬率模型调整折现率;③ 按投资项目风险等级调整折现率是对影响投资项目风险的各因素进行评分,根据评分来确定风险等级,再根据风险等级来调整折现率的一种方法。

2. 按风险调整现金流量法

由于风险的存在,即各年的现金流量具有不确定性,为此,就需要按风险情况对各年的现金流量进行调整,将不确定的现金流量折算为确定的现金流量。这种先按风险调整现金流量,然后进行长期投资决策的评价方法,称为按风险调整现金流量法。最常用的调整方法是确定当量法。

确定当量法是把不确定的各年现金流量,按照一定的系数(通常称为约当系数)折算为大约相当于确定的现金流量的数量,然后,利用无风险折现率来评价风险投资项目的决策分析方法。

确定的现金流量=期望现金流量×约当系数(d)

在进行评价时,可根据各年现金流量风险的大小,选取不同的约当系数,当现金流量为确定时,可取 $d=1$;当现金流量的风险很小时,可取 $1>d\geqslant0.8$;当风险中等时,可取 $0.8>d\geqslant0.4$;当现金流量风险很大时,可取 $0.4>d>0$。

d 的确定方法有两种:依据标准离差率或者依据不同分析人员给出的约当系数加权平均。

6.6.3 实验案例

【案例 6-6】 某公司拟建设一条生产线,初始投资需要 400 万元,无风险报酬率为 10%。该生产线建成后在经营期产生的净现金流量具有不确定性,依赖于当时的市场状况,公司现金流量状况如表 6-3 所示。

表 6-3　　　　　　　　　　　　　公司现金流量状况

市场状况	年　度	1	2	3	4
低迷	现金流量 (万元)	150	150	150	150
正常		200	200	200	200
繁荣		250	250	250	250
低迷	概　率	0.1	0.2	0.2	0.3
正常		0.8	0.5	0.6	0.5
繁荣		0.1	0.3	0.2	0.2

(1) 假设风险报酬系数为 0.2,计算反映该项目各年现金流量不确定性的指标,以及各年的要求报酬率,并计算该项目的净现值,对其做出评价。

(2) 采用"按风险调整现金流量法"对项目进行评价。约当系数如表 6-4 所示。试对该项目的可行性做出分析和评价。

表 6-4　　　　　　　　　　　　　　约当系数表

标准差系数区间		约当系数
区间下限	区间上限	
0	0.05	1
0.05	0.15	0.9
0.15	0.25	0.8
0.25	0.35	0.7
0.35	0.45	0.6
0.45	0.55	0.5
0.55	0.65	0.4

6.6.4 实验步骤

在工作簿"第6章"中命名一个"案例6-6"的工作表,然后进行如下操作。

第一步:建立风险投资决策模型并录入数据。

在Excel工作表中建立风险投资决策模型并将【案例6-6】的风险投资决策的相关数据录入,如图6.36所示。

	A	B	C	D	E	F	G	H
1				案例6-6 风险投资决策				金额单位:万元
2		市场状况和净现金流量						
3		市场状况		年度	0	1	2	3	4
4		低迷				150	150	150	150
5		正常	现金流量		-400	200	200	200	200
6		繁荣				250	250	250	250
7		低迷				0.1	0.2	0.2	0.3
8		正常	概率		1	0.8	0.5	0.6	0.5
9		繁荣				0.1	0.3	0.2	0.2
10		风险调整折现率及净现值的计算							
11		期望值							
12		方差							
13		标准差							
14		标准差系数							
15		无风险报酬率				10%	10%	10%	10%
16		风险报酬系数				0.2	0.2	0.2	0.2
17		要求报酬率							
18		期望现金流量的现值							
19		净现值NPV							
20		风险调整现金流量及净现值的计算							
21		约当系数							
22		确定的现金流量							
23		净现值NPV							

图6.36 风险投资决策

第二步:计算各年度现金流量的期望值。

首先,初始投资不存在不确定性,其期望值就是其本身,在D11单元格输入计算公式"=D4",填入数值-400(万元)。然后计算第1年现金流量的期望值,在E11单元格输入计算公式"=SUMPRODUCT(E4:E6,E7:E9)",即各种状况下的现金流量与其对应的概率相乘再求和,按回车键得到第1年的现金流量的期望值。将E11单元格的公式复制到区域F11:H11,计算其余各年现金流量的期望值。

第三步:计算各年度现金流量的方差。

首先,初始投资不存在不确定性,其方差为0。然后计算第1年现金流量的方差,在E12单元格输入计算公式"=(E4-E11)^2*E7+(E5-E11)^2*E8+(E6-E11)^2*E9",按回车键得到第1年的现金流量的方差。将E12单元格的公式复制到区域F12:H12,计算其余各年现金流量的方差。

第四步:计算各年度现金流量的标准差。

在D13单元格输入计算公式"=D12^0.5",即标准差等于方差的0.5次方,然后将此公式复制到区域E13:H13,计算其余各年的现金流量的标准差。

第五步:计算各年度现金流量的标准差系数。

在D14单元格输入计算公式"=D13/D11",即标准差系数为标准差与期望值的比值,然后将此公式复制到区域E14:H14,计算其余各年的现金流量的标准差系数。

第六步:计算各年度要求的报酬率。

在E17单元格输入计算公式"=E15+E16*E14",即要求报酬率为无风险报酬率与风险报酬的合计，然后将此公式复制到区域 F17:H17，计算其余各年度要求的报酬率。该项目标准差系数与各年要求的报酬率计算结果如图 6.37 所示。

	A	B	C	D	E	F	G	H
1				案例6-6 风险投资决策				金额单位：万元
2		市场状况和净现金流量						
3		市场状况		年度	0	1	2	3	4
4		低迷	现金流量	-400	150	150	150	150
5		正常			200	200	200	200
6		繁荣			250	250	250	250
7		低迷	概率	1	0.1	0.2	0.2	0.3
8		正常			0.8	0.5	0.6	0.5
9		繁荣			0.1	0.3	0.2	0.2
10		风险调整折现率及净现值的计算						
11		期望值		-400	200	205	200	195
12		方差		0	500	1225	1000	1225
13		标准差		0	22.36	35.00	31.62	35.00
14		标准差系数		0	0.11	0.17	0.16	0.18
15		无风险报酬率			10%	10%	10%	10%
16		风险报酬系数			0.2	0.2	0.2	0.2
17		要求报酬率			12.24%	13.41%	13.16%	13.59%
18		期望现金流量的现值						
19		净现值NPV						

图 6.37 标准差系数与报酬率计算结果

第七步：计算各年期望现金流量的现值。

在单元格 D18 输入计算公式"=D4"，按回车键获得初始投资的数值。在单元格 E18 输入计算公式"=E11/(1+E17)^E3"，然后将此公式复制到区域 F18:H18，计算获得各年度期望现金流量的现值。

第八步：计算各年期望现金流量现值的合计。

在 D19 单元格计算各年期望现金流量现值的合计，输入计算公式"=SUM(D18:H18)"，按回车键获得各年期望现金流量现值的合计。计算结果如图 6.38 所示。由此得到该项目的净现值为 192.716 万元，净现值大于 0，说明该项目可行。

	A	B	C	D	E	F	G	H
1				案例6-6 风险投资决策				金额单位：万元
2		市场状况和净现金流量						
3		市场状况		年度	0	1	2	3	4
4		低迷	现金流量	-400	150	150	150	150
5		正常			200	200	200	200
6		繁荣			250	250	250	250
7		低迷	概率	1	0.1	0.2	0.2	0.3
8		正常			0.8	0.5	0.6	0.5
9		繁荣			0.1	0.3	0.2	0.2
10		风险调整折现率及净现值的计算						
11		期望值		-400	200	205	200	195
12		方差		0	500	1225	1000	1225
13		标准差		0	22.36	35.00	31.62	35.00
14		标准差系数		0	0.11	0.17	0.16	0.18
15		无风险报酬率			10%	10%	10%	10%
16		风险报酬系数			0.2	0.2	0.2	0.2
17		要求报酬率			12.24%	13.41%	13.16%	13.59%
18		期望现金流量的现值		-400	178.20	159.37	138.01	117.13
19		净现值NPV		192.716				

图 6.38 项目净现值

第九步：按风险调整现金流量法计算该项目的净现值。

首先，确定各年现金流量的约当系数。根据上面 D14:H14 区域计算得到的各年标准差系数，结合表 6-4 提供的标准差区间与约当系数的对应关系，在区域 D21:H21 填列各年现金流量的约当系数。

然后，将期望现金流量折算为确定的现金流量。在 D22 输入计算公式"＝D11*D21"，即确定的现金流量＝期望现金流量×约当系数。然后将 D22 单元格的计算公式复制到 E22:H22 区域，获得各年的确定现金流量。

最后，计算净现值。在单元格 D23 输入计算公式"＝NPV(E15，E22:H22)＋D22"，即可计算出风险调整现金流量法计算的净现值。计算结果如图 6.39 所示。由此得到按风险调整现金流量法计算的该项目的净现值为 125.93 万元。

比较两种方法计算出来的净现值，风险调整折现率法计算的净现值为 192.716 万元，而风险调整现金流量法计算的净现值为 125.93 万元，两者不相等并且还有较大的差异，可见对于风险投资项目的评价方法存在着很大的主观性，这两种方法都还不够完善。

	A	B	C	D	E	F	G	H
1					案例6-6 风险投资决策			金额单位：万元
2		市场状况和净现金流量						
3		市场状况		年度	0	1	2	3	4
4		低迷	现金流量			150	150	150	150
5		正常		-400	200	200	200	200
6		繁荣			250	250	250	250
7		低迷	概率			0.1	0.2	0.2	0.3
8		正常		1	0.8	0.5	0.6	0.5
9		繁荣			0.1	0.3	0.2	0.2
10		风险调整折现率及净现值的计算						
11		期望值		-400	200	205	200	195
12		方差		0	500	1225	1000	1225
13		标准差		0	22.36	35.00	31.62	35.00
14		标准差系数		0	0.11	0.17	0.16	0.18
15		无风险报酬率			10%	10%	10%	10%
16		风险报酬系数			0.2	0.2	0.2	0.2
17		要求报酬率			12.24%	13.41%	13.16%	13.59%
18		期望现金流量的现值		-400	178.20	159.37	138.01	117.13
19		净现值NPV		192.716				
20		风险调整现金流量及净现值的计算						
21		约当系数		1	0.9	0.8	0.8	0.8
22		确定的现金流量		-400	180	164	160	156
23		净现值NPV		125.93				

图 6.39　风险调整现金流量法下项目净现值

练习题

1. 某公司准备用一台新的效率更高的设备来替换原来的旧设备，以减少成本、增加收益。旧设备采用直线法计提折旧，新设备采用年数总和法计提折旧，公司的所得税税率为 25％，资金成本为 18％，不考虑增值税的影响，其他情况如表 6-5 所示，请对该公司是继续使用旧设备还是对其进行更新做出决策。

表 6-5　　　　　　　　　　　　设备更新的相关数据

项　　目	旧　设　备	新　设　备
原价（元）	60 000	85 000
预计使用年限（年）	10	5
已使用年限（年）	5	0
年销售收入（元）	60 000	100 000
年付现成本（元）	40 000	50 000
残值（元）	0	15 000
目前变现价值（元）	15 000	
折旧方法	直线法	年数总和法

2. 某公司有四个可以选择的投资项目，但是公司只有 1 000 万元的资金，资金总量受到限制，只能在这四个项目中选出部分项目作为投资组合。这四个项目的相关资料如表 6-6 所示。该公司应该如何做出选择？

表 6-6　　　　　　　　　　　四个可行性投资项目的基本资料

投 资 项 目	初始投资（万元）	获利指数 PI	净现值 NPV（万元）
A	500	1.44	150
B	250	1.25	80
C	300	1.30	120
D	400	1.33	130

第7章

资本结构决策

实验 7.1 经营杠杆系数的计算

7.1.1 实验目的

本实验的目的是掌握经营杠杆利益、经营杠杆风险和经营杠杆系数的计算方法,并理解经营杠杆原理。

7.1.2 实验原理

经营杠杆是指由于固定经营成本的存在,使得息税前利润的变动幅度大于营业收入变动幅度的现象。固定经营成本是指当经营规模在一定范围内变动而保持固定不变的经营成本。

由于固定经营成本的存在,当企业的营业收入增加时,单位营业收入所分摊的固定经营成本就会降低,从而使得企业的息税前利润发生更大幅度的增加,这就是经营杠杆利益。由于固定经营成本的存在,当企业的营业收入减少时,单位营业收入所分摊的固定经营成本就会上升,从而使得企业的息税前利润发生更大幅度的减少,这就是经营杠杆风险。

经营杠杆系数是用来衡量经营杠杆利益或风险程度的指标,它是息税前利润变动率相当于营业收入变动率的倍数,其计算公式为:

$$\mathrm{DOL} = \frac{\Delta \mathrm{EBIT}/\mathrm{EBIT}}{\Delta S/S}$$

式中,DOL 为经营杠杆系数;ΔEBIT 为息税前利润变动额;EBIT 为基期的息税前利润;ΔS 为营业收入变动额;S 为基期的营业收入。

对以上公式加以整理,可将其简化为基于基期数据的计算公式:

$$\mathrm{DOL} = \frac{Q(P-V)}{Q(P-V)-F}$$

或

$$\mathrm{DOL} = \frac{S-C}{S-C-F}$$

式中,Q 为产品销售数量;P 为产品销售单价;V 为单位产品的变动经营成本;F 为固定经营成本总额;S 为营业收入;C 为变动经营成本总额;式中的数据均为基期数据。

7.1.3 实验案例

【案例 7-1】 A 公司 2016 年的营业收入为 1 000 万元,变动成本率为 60%,固定经营成本为 300 万元。假设 A 公司未来期间变动成本率和固定经营成本保持不变。

要求：(1) 假设 A 公司 2017 年的营业收入为 1 200 万元，分别计算营业收入变动率和息税前利润的变动率；(2) 假设 A 公司 2017 年的营业收入为 800 万元，分别计算营业收入变动率和息税前利润的变动率；(3) 计算 A 公司 2016 年的经营杠杆系数。

7.1.4 实验步骤

创建一个工作簿，命名为"第 7 章"。在该工作簿中命名一个"案例 7-1"的工作表，然后进行如下操作。

第一步：建立经营杠杆系数计算模型并录入相关数据，如图 7.1 所示。

A	B	C	D	E	F	G	H	I	J
					经营杠杆系数计算				
	年份	营业收入（万元）	营业收入变动率	变动成本率	变动经营成本（万元）	固定经营成本（万元）	息税前利润（万元）	息税前利润变动率	经营杠杆系数
	2016	1000		60%		300			
	2017（1）	1200		60%		300			
	2017（2）	800		60%		300			

图 7.1 经营杠杆系数计算模型

第二步：计算营业收入变动率。在单元格 D4 输入公式"=(C4−$C$3)/$C$3"，计算当 2017 年营业收入为 1 200 万元时的营业收入变动率；选中单元格 D4，用鼠标指向该单元格的右下角，待鼠标指针变为实心的黑"+"时，按下鼠标左键拖向单元格 D5，就可以计算出当 2017 年营业收入为 800 万元时的营业收入变动率，计算结果如图 7.2 所示。

A	B	C	D	E	F	G	H	I	J
					经营杠杆系数计算				
	年份	营业收入（万元）	营业收入变动率	变动成本率	变动经营成本（万元）	固定经营成本（万元）	息税前利润（万元）	息税前利润变动率	经营杠杆系数
	2016	1000		60%		300			
	2017（1）	1200	20%	60%		300			
	2017（2）	800	−20%	60%		300			

图 7.2 营业收入变动率计算

第三步：计算变动经营成本。在单元格 F3 输入公式"=C3*E3"，计算 2016 年变动经营成本；选中单元格 F3，用鼠标指向该单元格的右下角，待鼠标指针变为实心的黑"+"时，按下鼠标左键拖向单元格 F4:F5，就可以计算出当 2017 年营业收入为 1 200 万元和 800 万元时的变动经营成本，计算结果如图 7.3 所示。

A	B	C	D	E	F	G	H	I	J
					经营杠杆系数计算				
	年份	营业收入（万元）	营业收入变动率	变动成本率	变动经营成本（万元）	固定经营成本（万元）	息税前利润（万元）	息税前利润变动率	经营杠杆系数
	2016	1000		60%	600	300			
	2017（1）	1200	20%	60%	720	300			
	2017（2）	800	−20%	60%	480	300			

图 7.3 变动经营成本计算

第四步：计算息税前利润。在单元格 H3 输入公式"=C3*(1−E3)−G3"，计算 2016 年息税前利润；选中单元格 H3，用鼠标指向该单元格的右下角，待鼠标指针变为实心的黑"+"时，按下鼠标左键拖向单元格 H4:H5，就可以计算出当 2017 年营业收入为 1 200 万元和 800 万元时的息税前利润，计算结果如图 7.4 所示。

A	年份	营业收入（万元）	营业收入变动率	变动成本率	变动经营成本（万元）	固定经营成本（万元）	息税前利润（万元）	息税前利润变动率	经营杠杆系数
1	经营杠杆系数计算								
2									
3	2016	1000		60%	600	300	100		
4	2017（1）	1200	20%	60%	720	300	180		
5	2017（2）	800	−20%	60%	480	300	20		

图 7.4　息税前利润计算

第五步：计算息税前利润变动率。在单元格 I4 输入公式"=(H4−$H$3)/$H$3"，计算当 2017 年营业收入为 1 200 万元时的息税前利润变动率；选中单元格 I4，用鼠标指向该单元格的右下角，待鼠标指针变为实心的黑"+"时，按下鼠标左键拖向单元格 I5，就可以计算出当 2017 年营业收入为 800 万元时的息税前利润变动率，计算结果如图 7.5 所示。

A	年份	营业收入（万元）	营业收入变动率	变动成本率	变动经营成本（万元）	固定经营成本（万元）	息税前利润（万元）	息税前利润变动率	经营杠杆系数
1	经营杠杆系数计算								
2									
3	2016	1000		60%	600	300	100		
4	2017（1）	1200	20%	60%	720	300	180	80%	
5	2017（2）	800	−20%	60%	480	300	20	−80%	

图 7.5　息税前利润变动率计算

第六步：计算经营杠杆系数。在单元格 J3 输入公式"=C3*(1−E3)/(C3*(1−E3)−G3)"，计算基于基期数据的经营杠杆系数；在单元格 J4 输入公式"=I4/D4"，计算当 2017 年营业收入为 1 200 万元时的基于息税前利润变动率和营业收入变动率的经营杠杆系数；选中单元格 J4，用鼠标指向该单元格的右下角，待鼠标指针变为实心的黑"+"时，按下鼠标左键拖向单元格 J5，就可以计算出当 2017 年营业收入为 800 万元时的基于息税前利润变动率和营业收入变动率的经营杠杆系数，计算结果如图 7.6 所示。

A	年份	营业收入（万元）	营业收入变动率	变动成本率	变动经营成本（万元）	固定经营成本（万元）	息税前利润（万元）	息税前利润变动率	经营杠杆系数
1	经营杠杆系数计算								
2									
3	2016	1000		60%	600	300	100		4.0
4	2017（1）	1200	20%	60%	720	300	180	80%	=I4/D4
5	2017（2）	800	−20%	60%	480	300	20	−80%	4.0

图 7.6　经营杠杆系数计算

第七步：对计算结果的分析。由于 A 公司存在固定经营成本 300 万元，因而存在经营杠杆利益，即在营业收入增长时（20%），息税前利润以更大的幅度增长（80%），但同时也存在经营杠杆风险，即在营业收入下降时（−20%），息税前利润以更大的幅度下降（−80%）。经营杠杆利益或风险的程度，可通过经营杠杆系数衡量。计算经营杠杆系数有基于基期数据的方法和基于息税前利润变动率和营业收入变动率的方法，两种方法计算结果相同。

计算结果显示，基于基期数据方法计算的经营杠杆系数等于 4（倍），基于息税前利润变动率和营业收入变动率计算的经营杠杆系数也等于 4（倍）。这个结果表示，A 公司

2017 年的营业收入在 2016 年营业收入的基础上每变动 1%，A 公司 2017 年的息税前利润就会在 2016 年息税前利润的基础上以 1% 的 4 倍即 4% 变动，案例中经营杠杆利益和经营杠杆风险的计算结果正好验证了这一点。

实验 7.2　财务杠杆系数的计算

7.2.1　实验目的

本实验的目的是掌握财务杠杆利益、财务杠杆风险和财务杠杆系数的计算方法，并理解财务杠杆原理。

7.2.2　实验原理

财务杠杆是指由于固定财务成本的存在，使得每股利润的变动幅度大于息税前利润变动幅度的现象。固定财务成本是指在一定的筹资规模下不随息税前利润变动而变动保持相对不变的财务成本，包括债务利息和优先股股利。

由于固定财务成本的存在，当企业的息税前利润增加时，单位息税前利润所分摊的固定财务成本就会降低，从而使得企业的每股利润发生更大幅度的增加，这就是财务杠杆利益；由于固定财务成本的存在，当企业的息税前利润减少时，单位息税前利润所分摊的固定财务成本就会上升，从而使得企业的每股利润发生更大幅度的减少，这就是财务杠杆风险。

财务杠杆系数是用来衡量财务杠杆利益或风险程度的指标，它是每股利润变动率相当于息税前利润变动率的倍数，其计算公式为：

$$DFL = \frac{\Delta EPS/EPS}{\Delta EBIT/EBIT}$$

式中，DFL 为财务杠杆系数；ΔEPS 为每股利润变动额；EPS 为基期的每股利润；ΔEBIT 为息税前利润变动额；EBIT 为基期的息税前利润。

对以上公式加以整理，可将其简化为基于基期数据的计算公式：

$$DFL = \frac{EBIT}{EBIT - I - D/(1-T)}$$

在没有优先股的情况下，上式为：

$$DFL = \frac{EBIT}{EBIT - I}$$

式中，I 为债务利息；D 为优先股年股利；T 为企业所得税税率。式中的数据均为基期数据。

7.2.3　实验案例

【案例 7-2】　A 公司 2016 年的息税前利润为 1 000 万元，债务利息为 400 万元，优先股股利为 50 万元，普通股股数为 1 000 万股。假设 A 公司固定财务成本和普通股股数在未来期间保持不变，适用所得税税率为 25%。

要求：(1) 假设 A 公司 2017 年的息税前利润为 1 200 万元，分别计算息税前利润变动率和每股利润的变动率；(2) 假设 A 公司 2017 年的息税前利润为 800 万元，分别计算息税前利润变动率和每股利润的变动率；(3) 计算 A 公司 2016 年的财务杠杆系数。

7.2.4 实验步骤

在工作簿"第 7 章"中命名一个"案例 7-2"的工作表，然后进行如下操作。

第一步：建立财务杠杆系数计算模型并录入相关数据，如图 7.7 所示。

	A	B	C	D	E	F	G	H	I	J	K	L	M
1						财务杠杆系数计算							
2		年份	息税前利润（万元）	息税前利润变动率	债务利息（万元）	税前利润（万元）	所得税税率	所得税（万元）	优先股股利（万元）	普通股股数（万股）	每股利润（元）	每股利润变动率	财务杠杆系数
3		2016	1000		400		25%		50	1000			
4		2017（1）	1200		400		25%		50	1000			
5		2017（2）	800		400		25%		50	1000			

图 7.7 财务杠杆系数计算模型

第二步：计算息税前利润变动率。在单元格 D4 输入公式"＝(C4－$C$3)/$C$3"，计算当 2017 年营业收入为 1 200 万元时的息税前利润变动率；选中单元格 D4，用鼠标指向该单元格的右下角，待鼠标指针变为实心的黑"＋"时，按下鼠标左键拖向单元格 D5，就可以计算出当 2017 年营业收入为 800 万元时的息税前利润变动率，计算结果如图 7.8 所示。

	A	B	C	D	E	F	G	H	I	J	K	L	M
1						财务杠杆系数计算							
2		年份	息税前利润（万元）	息税前利润变动率	债务利息（万元）	税前利润（万元）	所得税税率	所得税（万元）	优先股股利（万元）	普通股股数（万股）	每股利润（元）	每股利润变动率	财务杠杆系数
3		2016	1000		400		25%		50	1000			
4		2017（1）	1200	20%	400		25%		50	1000			
5		2017（2）	800	－20%	400		25%		50	1000			

图 7.8 息税前利润变动率计算

第三步：计算税前利润。在单元格 F3 输入公式"＝C3－E3"，计算 2016 年税前利润；选中单元格 F3，用鼠标指向该单元格的右下角，待鼠标指针变为实心的黑"＋"时，按下鼠标左键拖向单元格 F4:F5，就可以计算出当 2017 年营业收入为 1 200 万元和 800 万元时的税前利润，计算结果如图 7.9 所示。

	A	B	C	D	E	F	G	H	I	J	K	L	M
1						财务杠杆系数计算							
2		年份	息税前利润（万元）	息税前利润变动率	债务利息（万元）	税前利润（万元）	所得税税率	所得税（万元）	优先股股利（万元）	普通股股数（万股）	每股利润（元）	每股利润变动率	财务杠杆系数
3		2016	1000		400	600	25%		50	1000			
4		2017（1）	1200	20%	400	800	25%		50	1000			
5		2017（2）	800	－20%	400	400	25%		50	1000			

图 7.9 税前利润计算

第四步：计算所得税。在单元格 H3 输入公式"＝F3*G3"，计算 2016 年所得税；选中单元格 H3，用鼠标指向该单元格的右下角，待鼠标指针变为实心的黑"＋"时，按下鼠标左键拖向单元格 H4:H5，就可以计算出当 2017 年营业收入为 1 200 万元和 800 万元时的所得税，计算结果如图 7.10 所示。

A	B 年份	C 息税前利润（万元）	D 息税前利润变动率	E 债务利息（万元）	F 税前利润（万元）	G 所得税税率	H 所得税（万元）	I 优先股股利（万元）	J 普通股股数（万股）	K 每股利润（元）	L 每股利润变动率	M 财务杠杆系数
1					财务杠杆系数计算							
3	2016	1000		400	600	25%	150	50	1000			
4	2017（1）	1200	20%	400	800	25%	200	50	1000			
5	2017（2）	800	−20%	400	400	25%	100	50	1000			

图 7.10　所得税计算

第五步：计算每股利润。在单元格 K3 输入公式"＝（F3－H3－I3）/J3"，计算 2016 年每股利润；选中单元格 K3，用鼠标指向该单元格的右下角，待鼠标指针变为实心的黑"＋"时，按下鼠标左键拖向单元格 K4:K5，就可以计算出当 2017 年营业收入为 1 200 万元和 800 万元时的每股利润，计算结果如图 7.11 所示。

A	B 年份	C 息税前利润（万元）	D 息税前利润变动率	E 债务利息（万元）	F 税前利润（万元）	G 所得税税率	H 所得税（万元）	I 优先股股利（万元）	J 普通股股数（万股）	K 每股利润（元）	L 每股利润变动率	M 财务杠杆系数
1					财务杠杆系数计算							
3	2016	1000		400	600	25%	150	50	1000	0.4		
4	2017（1）	1200	20%	400	800	25%	200	50	1000	0.55		
5	2017（2）	800	−20%	400	400	25%	100	50	1000	0.25		

图 7.11　每股利润计算

第六步：计算每股利润变动率。在单元格 L4 输入公式"＝（K4－$K$3）/$K$3"，计算当 2017 年营业收入为 1 200 万元时的每股利润变动率；选中单元格 L4，用鼠标指向该单元格的右下角，待鼠标指针变为实心的黑"＋"时，按下鼠标左键拖向单元格 L5，就可以计算出当 2017 年营业收入为 800 万元时的每股利润变动率，计算结果如图 7.12 所示。

A	B 年份	C 息税前利润（万元）	D 息税前利润变动率	E 债务利息（万元）	F 税前利润（万元）	G 所得税税率	H 所得税（万元）	I 优先股股利（万元）	J 普通股股数（万股）	K 每股利润（元）	L 每股利润变动率	M 财务杠杆系数
1					财务杠杆系数计算							
3	2016	1000		400	600	25%	150	50	1000	0.4		
4	2017（1）	1200	20%	400	800	25%	200	50	1000	0.55	37.5%	
5	2017（2）	800	−20%	400	400	25%	100	50	1000	0.25	−37.5%	

图 7.12　每股利润变动率计算

第七步：计算财务杠杆系数。在单元格 M3 输入公式"＝C3/（C3－E3－I3/（1－G3））"，计算基于基期数据的财务杠杆系数；在单元格 M4 输入公式"＝L4/D4"，计算当 2017 年营业收入为 1 200 万元时的基于每股利润变动率和息税前利润变动率的财务杠杆系数；选中单元格 M4，用鼠标指向该单元格的右下角，待鼠标指针变为实心的黑"＋"时，按下鼠标左键拖向单元格 M5，就可以计算出当 2017 年营业收入为 800 万元时的基于每股利润变动率和息税前利润变动率的财务杠杆系数，计算结果如图 7.13 所示。

第八步：对计算结果的分析。由于 A 公司存在固定财务成本，因而存在财务杠杆利益，即在息税前利润增长时（20%），每股利润以更大的幅度增长（37.5%），但同时也存

	A	B	C	D	E	F	G	H	I	J	K	L	M
1						财务杠杆系数计算							
2	年份	息税前利润（万元）	息税前利润变动率	债务利息（万元）	税前利润（万元）	所得税税率	所得税（万元）	优先股股利（万元）	普通股股数（万股）	每股利润（元）	每股利润变动率	财务杠杆系数
3	2016	1000		400	600	25%	150	50	1000	0.4		1.88
4	2017（1）	1200	20%	400	800	25%	200	50	1000	0.55	37.5%	1.88
5	2017（2）	800	-20%	400	400	25%	100	50	1000	0.25	-37.5%	1.88

图 7.13　财务杠杆系数计算

在财务杠杆风险，即在息税前利润下降时（－20%），每股利润以更大的幅度下降（－37.5%）。财务杠杆利益或风险的程度，可通过财务杠杆系数衡量。计算财务杠杆系数有基于基期数据的方法和基于每股利润变动率和息税前利润变动率的方法，两种方法计算结果相同。

计算结果显示，基于基期数据方法计算的财务杠杆系数等于 1.88（倍），基于每股利润变动率和息税前利润变动率计算的财务杠杆系数也等于 1.88（倍）。这个结果表示，A 公司 2017 年的息税前利润在 2016 年息税前利润的基础上每变动 1%，A 公司 2017 年的每股利润就会在 2016 年每股利润的基础上以 1% 的 1.88 倍即 1.88% 变动，案例中财务杠杆利益和财务杠杆风险的计算结果正好验证了这一点。

实验 7.3　联合杠杆系数的计算

7.3.1　实验目的

本实验的目的是掌握联合杠杆利益、联合杠杆风险和联合杠杆系数的计算方法，并理解联合杠杆原理。

7.3.2　实验原理

联合杠杆是指由于固定经营成本和固定财务成本的存在，使得每股利润的变动幅度大于营业收入的变动幅度的现象。联合杠杆是经营杠杆和财务杠杆共同发生作用的结果。

由于固定经营成本和固定财务成本的存在，当企业的营业收入增加时，单位营业收入所分摊的固定经营成本和固定财务成本就会降低，从而使得企业的每股利润发生更大幅度的增加，这就是联合杠杆利益；由于固定经营成本和固定财务成本的存在，当企业的营业收入减少时，单位营业收入所分摊的固定经营成本和固定财务成本就会上升，从而使得企业的每股利润发生更大幅度的减少，这就是联合杠杆风险。

联合杠杆系数是用来衡量联合杠杆利益或风险程度的指标，它是每股利润变动率相当于营业收入变动率的倍数，其计算公式为：

$$DCL = \frac{\Delta EPS/EPS}{\Delta S/S}$$

式中，DCL 为联合杠杆系数；ΔEPS 为每股利润变动额；EPS 为基期的每股利润；ΔS 为营业收入变动额；S 为基期的营业收入。

对以上公式加以整理，可将其简化为基于基期数据的计算公式：

$$\mathrm{DCL} = \frac{S-C}{S-C-F-I-D/(1-T)}$$

在没有优先股的情况下，上式为：

$$\mathrm{DCL} = \frac{S-C}{S-C-F-I}$$

式中，C 为变动经营成本总额；F 为固定经营成本总额；I 为债务年利息；D 为优先股年股利；T 为企业所得税税率。式中的数据均为基期数据。

7.3.3 实验案例

【案例 7-3】 A 公司 2016 年的营业收入为 2 000 万元，变动成本率为 40%，固定经营成本为 400 万元。债务利息为 200 万元，优先股股利为 100 万元，普通股股数为 2 000 万股。

假设 A 公司未来期间变动成本率、固定经营成本、固定财务成本和普通股股数保持不变，适用所得税税率为 25%。

要求：（1）假设 A 公司 2017 年的营业收入为 2 400 万元，分别计算息税前利润变动率和每股利润的变动率；（2）假设 A 公司 2017 年的营业收入为 1 600 万元，分别计算息税前利润变动率和每股利润的变动率；（3）计算 A 公司的联合杠杆系数。

7.3.4 实验步骤

在工作簿"第 7 章"中命名一个"案例 7-3"的工作表，然后进行如下操作。

第一步：建立联合杠杆系数计算模型并录入相关数据，如图 7.14 所示。

年份	营业收入（万元）	营业收入变动率	变动成本率	变动经营成本（万元）	固定经营成本（万元）	息税前利润（万元）	息税前利润变动率	债务利息（万元）	税前利润（万元）	所得税税率	所得税（万元）	优先股股利（万元）	普通股股数（万股）	每股利润（万元）	每股利润变动率	经营杠杆系数	财务杠杆系数	联合杠杆系数
2016	2000		40%		400			200		25%		100	2000					
2017（1）	2400		40%		400			200		25%		100	2000					
2017（2）	1600		40%		400			200		25%		100	2000					

图 7.14　联合杠杆系数计算模型

第二步：计算营业收入变动率。在单元格 D4 输入公式"=(C4-$C$3)/$C$3"，计算当 2017 年营业收入为 2 400 万元时的营业收入变动率；选中单元格 D4，用鼠标指向该单元格的右下角，待鼠标指针变为实心的黑"+"时，按下鼠标左键拖向单元格 D5，就可以计算出当 2017 年营业收入为 1 600 万元时的营业收入变动率，计算结果如图 7.15 所示。

年份	营业收入（万元）	营业收入变动率	变动成本率	变动经营成本（万元）	固定经营成本（万元）	息税前利润（万元）	息税前利润变动率	债务利息（万元）	税前利润（万元）	所得税税率	所得税（万元）	优先股股利（万元）	普通股股数（万股）	每股利润（万元）	每股利润变动率	经营杠杆系数	财务杠杆系数	联合杠杆系数
2016	2000		40%		400			200		25%		100	2000					
2017（1）	2400	20%	40%		400			200		25%		100	2000					
2017（2）	1600	-20%	40%		400			200		25%		100	2000					

图 7.15　营业收入变动率计算

第三步：计算变动经营成本。在单元格 F3 输入公式"＝C3*E3"，计算 2016 年变动经营成本；选中单元格 F3，用鼠标指向该单元格的右下角，待鼠标指针变为实心的黑"＋"时，按下鼠标左键拖向单元格 F4:F5，就可以计算出当 2017 年营业收入为 2 400 万元和 1 600 万元时的变动经营成本，计算结果如图 7.16 所示。

年份	营业收入（万元）	营业收入变动率	变动成本率	变动经营成本（万元）	固定经营成本（万元）	息税前利润（万元）	息税前利润变动率	债务利息（万元）	税前利润（万元）	所得税率	所得税（万元）	优先股股利（万元）	普通股股数（万股）	每股利润（元）	每股利润变动率	经营杠杆系数	财务杠杆系数	联合杠杆系数
2016	2000		40%	800	400			200		25%		100	2000					
2017（1）	2400	20%	40%	960	400			200		25%		100	2000					
2017（2）	1600	−20%	40%	640	400			200		25%		100	2000					

图 7.16　变动经营成本计算

第四步：计算息税前利润。在单元格 H3 输入公式"＝C3−F3−G3"，计算 2016 年息税前利润；选中单元格 H3，用鼠标指向该单元格的右下角，待鼠标指针变为实心的黑"＋"时，按下鼠标左键拖向单元格 H4:H5，就可以计算出当 2017 年营业收入为 2 400 万元和 1 600 万元时的息税前利润，计算结果如图 7.17 所示。

年份	营业收入（万元）	营业收入变动率	变动成本率	变动经营成本（万元）	固定经营成本（万元）	息税前利润（万元）	息税前利润变动率	债务利息（万元）	税前利润（万元）	所得税率	所得税（万元）	优先股股利（万元）	普通股股数（万股）	每股利润（元）	每股利润变动率	经营杠杆系数	财务杠杆系数	联合杠杆系数
2016	2000		40%	800	400	800		200		25%		100	2000					
2017（1）	2400	20%	40%	960	400	1040		200		25%		100	2000					
2017（2）	1600	−20%	40%	640	400	560		200		25%		100	2000					

图 7.17　息税前利润计算

第五步：计算息税前利润变动率。在单元格 I4 输入公式"＝(H4−$H$3)/$H$3"，计算当 2017 年营业收入为 2 400 万元时的息税前利润变动率；选中单元格 I4，用鼠标指向该单元格的右下角，待鼠标指针变为实心的黑"＋"时，按下鼠标左键拖向单元格 I5，就可以计算出当 2017 年营业收入为 1 600 万元时的息税前利润变动率，计算结果如图 7.18 所示。

年份	营业收入（万元）	营业收入变动率	变动成本率	变动经营成本（万元）	固定经营成本（万元）	息税前利润（万元）	息税前利润变动率	债务利息（万元）	税前利润（万元）	所得税率	所得税（万元）	优先股股利（万元）	普通股股数（万股）	每股利润（元）	每股利润变动率	经营杠杆系数	财务杠杆系数	联合杠杆系数
2016	2000		40%	800	400	800		200		25%		100	2000					
2017（1）	2400	20%	40%	960	400	1040	30%	200		25%		100	2000					
2017（2）	1600	−20%	40%	640	400	560	−30%	200		25%		100	2000					

图 7.18　息税前利润变动率计算

第六步：计算税前利润。在单元格 K3 输入公式"＝H3−J3"，计算 2016 年税前利润；选中单元格 K3，用鼠标指向该单元格的右下角，待鼠标指针变为实心的黑"＋"时，按下鼠标左键拖向单元格 K4:K5，就可以计算出当 2017 年营业收入为 2 400 万元和 1 600 万元时的税前利润，计算结果如图 7.19 所示。

	A	B	C	D	E	F	G	H	I	J	K	L	M	N	O	P	Q	R	S	T
1								联合杠杆系数计算												
2	年份	营业收入（万元）	营业收入变动率	变动成本率	变动经营成本（万元）	固定经营成本（万元）	息税前利润（万元）	息税前利润变动率	债务利息（万元）	税前利润（万元）	所得税税率	所得税（万元）	优先股股利（万元）	普通股股数（万股）	每股利润（元）	每股利润变动率	经营杠杆系数	财务杠杆系数	联合杠杆系数
3	2016	2000		40%	800	400	800		200	600	25%			100	2000					
4	2017（1）	2400	20%	40%	960	400	1040	30%	200	840	25%			100	2000					
5	2017（2）	1600	−20%	40%	640	400	560	−30%	200	360	25%			100	2000					

图 7.19　税前利润计算

第七步：计算所得税与每股利润。在单元格 M3 输入公式"＝K3*L3"，计算 2016 年的所得税，同理可计算出 2017 年营业收入为 2 400 万元、1 600 万元时的所得税。在单元格 P3 输入公式"＝(K3－M3－N3)/O3"，计算 2016 年每股利润；选中单元格 P3，用鼠标指向该单元格的右下角，待鼠标指针变为实心的黑"＋"时，按下鼠标左键拖向单元格 P4:P5，就可以计算出当 2017 年营业收入为 2 400 万元和 1 600 万元时的每股利润，计算结果如图 7.20 所示。

	A	B	C	D	E	F	G	H	I	J	K	L	M	N	O	P	Q	R	S	T
1								联合杠杆系数计算												
2	年份	营业收入（万元）	营业收入变动率	变动成本率	变动经营成本（万元）	固定经营成本（万元）	息税前利润（万元）	息税前利润变动率	债务利息（万元）	税前利润（万元）	所得税税率	所得税（万元）	优先股股利（万元）	普通股股数（万股）	每股利润（元）	每股利润变动率	经营杠杆系数	财务杠杆系数	联合杠杆系数
3	2016	2000		40%	800	400	800		200	600	25%	150	100	2000	0.175					
4	2017（1）	2400	20%	40%	960	400	1040	30%	200	840	25%	210	100	2000	0.265					
5	2017（2）	1600	−20%	40%	640	400	560	−30%	200	360	25%	90	100	2000	0.085					

图 7.20　所得税与每股利润计算

第八步：计算每股利润变动率。在单元格 Q4 输入公式"＝(P4－$P$3)/$P$3"，计算当 2017 年营业收入为 2 400 万元时的每股利润变动率；选中单元格 Q4，用鼠标指向该单元格的右下角，待鼠标指针变为实心的黑"＋"时，按下鼠标左键拖向单元格 Q5，就可以计算出当 2017 年营业收入为 1 600 万元时的每股利润变动率，计算结果如图 7.21 所示。

	A	B	C	D	E	F	G	H	I	J	K	L	M	N	O	P	Q	R	S	T
1								联合杠杆系数计算												
2	年份	营业收入（万元）	营业收入变动率	变动成本率	变动经营成本（万元）	固定经营成本（万元）	息税前利润（万元）	息税前利润变动率	债务利息（万元）	税前利润（万元）	所得税税率	所得税（万元）	优先股股利（万元）	普通股股数（万股）	每股利润（元）	每股利润变动率	经营杠杆系数	财务杠杆系数	联合杠杆系数
3	2016	2000		40%	800	400	800		200	600	25%	150	100	2000	0.175					
4	2017（1）	2400	20%	40%	960	400	1040	30%	200	840	25%	210	100	2000	0.265	51.4%				
5	2017（2）	1600	−20%	40%	640	400	560	−30%	200	360	25%	90	100	2000	0.085	−51.4%				

图 7.21　每股利润变动率计算

第九步：计算经营杠杆系数。在单元格 R3 输入公式"＝(C3－F3)/H3"，计算基于基期数据的经营杠杆系数；在单元格 R4 输入公式"＝I4/D4"，计算当 2017 年营业收入为 2 400 万元时的基于息税前利润变动率和营业收入变动率的经营杠杆系数；选中单元格 R4，用鼠标指向该单元格的右下角，待鼠标指针变为实心的黑"＋"时，按下鼠标左键拖向单元格 R5，就可以计算出当 2017 年营业收入为 1 600 万元时的基于息税前利润变动率和营业收入变动率的经营杠杆系数，计算结果如图 7.22 所示。

第7章 资本结构决策

年份	营业收入（万元）	营业收入变动率	变动成本率	变动经营成本（万元）	固定经营成本（万元）	息税前利润（万元）	息税前利润变动率	债务利息（万元）	税前利润（万元）	所得税税率	所得税（万元）	优先股股利（万元）	普通股股数（万股）	每股利润（元）	每股利润变动率	经营杠杆系数	财务杠杆系数	联合杠杆系数
2016	2000		40%	800	400	800		200	600	25%	150	100	2000	0.175		1.5		
2017（1）	2400	20%	40%	960	400	1040	30%	200	840	25%	210	100	2000	0.265	51.4%	1.5		
2017（2）	1600	-20%	40%	640	400	560	-30%	200	360	25%	90	100	2000	0.085	-51.4%	1.5		

图 7.22　经营杠杆系数计算

第十步：计算财务杠杆系数。在单元格 S3 输入公式"＝H3/(H3－J3－N3/(1－L3))"，计算基于基期数据的财务杠杆系数；在单元格 S4 输入公式"＝Q4/I4"，计算当 2017 年营业收入为 2 400 万元时的基于每股利润变动率和息税前利润变动率的财务杠杆系数；选中单元格 S4，用鼠标指向该单元格的右下角，待鼠标指针变为实心的黑"＋"时，按下鼠标左键拖向单元格 S5，就可以计算出当 2017 年营业收入为 1 600 万元时的基于每股利润变动率和息税前利润变动率的财务杠杆系数，计算结果如图 7.23 所示。

年份	营业收入（万元）	营业收入变动率	变动成本率	变动经营成本（万元）	固定经营成本（万元）	息税前利润（万元）	息税前利润变动率	债务利息（万元）	税前利润（万元）	所得税税率	所得税（万元）	优先股股利（万元）	普通股股数（万股）	每股利润（元）	每股利润变动率	经营杠杆系数	财务杠杆系数	联合杠杆系数
2016	2000		40%	800	400	800		200	600	25%	150	100	2000	0.175		1.5	1.71	
2017（1）	2400	20%	40%	960	400	1040	30%	200	840	25%	210	100	2000	0.265	51.4%	1.5	1.71	
2017（2）	1600	-20%	40%	640	400	560	-30%	200	360	25%	90	100	2000	0.085	-51.4%	1.5	1.71	

图 7.23　财务杠杆系数计算

第十一步：计算联合杠杆系数。在单元格 T3 输入公式"＝R3*S3"计算基于基期经营杠杆系数和财务杠杆系数的联合杠杆系数；在单元格 T4 输入公式"＝Q4/D4"，计算当 2017 年营业收入为 2 400 万元时的基于每股利润变动率和营业收入变动率的联合杠杆系数；选中单元格 T4，用鼠标指向该单元格的右下角，待鼠标指针变为实心的黑"＋"时，按下鼠标左键拖向单元格 T5，就可以计算出当 2017 年营业收入为 1 600 万元时的基于每股利润变动率和营业收入变动率的联合杠杆系数，计算结果如图 7.24 所示。

年份	营业收入（万元）	营业收入变动率	变动成本率	变动经营成本（万元）	固定经营成本（万元）	息税前利润（万元）	息税前利润变动率	债务利息（万元）	税前利润（万元）	所得税税率	所得税（万元）	优先股股利（万元）	普通股股数（万股）	每股利润（元）	每股利润变动率	经营杠杆系数	财务杠杆系数	联合杠杆系数
2016	2000		40%	800	400	800		200	600	25%	150	100	2000	0.175		1.5	1.71	2.57
2017（1）	2400	20%	40%	960	400	1040	30%	200	840	25%	210	100	2000	0.265	51.4%	1.5	1.71	2.57
2017（2）	1600	-20%	40%	640	400	560	-30%	200	360	25%	90	100	2000	0.085	-51.4%	1.5	1.71	2.57

图 7.24　联合杠杆系数计算

第十二步：对计算结果的分析，了解联合杠杆原理对企业筹资的启示。由于 A 公司存在固定经营成本和固定财务成本，因而存在联合杠杆利益，即在营业收入增长时（20%），每股利润以更大的幅度增长（51.4%），但同时也存在联合杠杆风险，即在营业收入下降时（－20%），每股利润以更大的幅度下降（－51.4%）。联合杠杆利益或风险的程度，可通过联合杠杆系数衡量。

计算结果显示，A 公司的联合杠杆系数等于 2.57。这个结果表示，A 公司 2017 年的营业收入在 2016 年营业收入的基础上每变动 1%，A 公司 2017 年的每股利润就会在 2016 年每股利润的基础上以 1% 的 2.57 倍即 2.57% 变动，案例中联合杠杆利益和联合杠杆风险的计算结果正好验证了这一点。此外，联合杠杆系数是经营杠杆和财务杠杆共同发生作用的结果，以 2016 年为例，经营杠杆系数 1.5 乘以财务杠杆系数 1.71 正好约等于联合杠杆系数 2.57。

联合杠杆系数可以衡量企业整体的风险程度，在企业愿意承担的整体风险一定，从而联合杠杆系数一定的情况下，如果企业的经营杠杆系数较大、经营风险较高时，应配合以较小的财务杠杆系数来保证较低的财务风险，在筹资政策上就是降低负债和优先股在资本结构中的比例，反之则提高负债和优先股在资本结构中的比例。这就是财务杠杆与经营杠杆的反向搭配原理。

实验 7.4　资本结构决策的资金成本比较法

7.4.1　实验目的

本实验的目的是掌握资本结构决策的资金成本比较法。

7.4.2　实验原理

资金成本比较法是指测算可供选择的不同资本结构方案的综合资金成本，并从中选择综合资金成本最低的资本结构方案的一种资本结构决策方法。综合资金成本的计算公式为：

$$K_w = \sum_{j=1}^{n} K_j W_j$$

式中，K_w 为综合资金成本，K_j 为第 j 种长期资金的资金成本，W_j 为第 j 种长期资金的资金比例。

7.4.3　实验案例

【案例 7-4】 A 公司初创时需筹集资金 2 000 万元，有如下 3 种资本结构方案。相关资料如表 7-1 所示。

表 7-1　　A 公司筹资组合方案

筹资方式	资本结构 1		资本结构 2		资本结构 3	
	筹资额（万元）	资金成本	筹资额（万元）	资金成本	筹资额（万元）	资金成本
长期借款	400	5%	600	5%	1 000	5%
长期债券	600	6%	600	6%	400	6%
普通股	1 000	11%	800	11%	600	11%
合计	2 000		2 000		2 000	

要求：用资金成本比较法做出选择资本结构方案的决策。

7.4.4　实验步骤

在工作簿“第 7 章”中命名一个“案例 7－4”的工作表，然后进行如下操作。

第一步：建立资本结构决策模型并录入相关数据，如图 7.25 所示。

	A	B	C	D	E	F	G
1	资本结构决策的资金成本比较法						
2	筹资方式	资本结构1		资本结构2		资本结构3	
3		筹资额（万元）	资金成本	筹资额（万元）	资金成本	筹资额（万元）	资金成本
4	长期借款	400	5%	600	5%	1000	5%
5	长期债券	600	6%	600	6%	400	6%
6	普通股	1000	11%	800	11%	600	11%
7	合计	2000		2000		2000	
8	综合资金成本						

图 7.25　资本结构决策模型

第二步：计算各资本结构下的综合资金成本。单击单元格 C8，输入公式“＝B4/B7*C4＋B5/B7*C5＋B6/B7*C6”，按回车键得到资本结构 1 的综合资金成本。复制单元格 C8，粘贴至单元格 E8，计算资本结构 2 的综合资金成本。复制单元格 C8，粘贴至单元格 G8，计算资本结构 3 的综合资金成本。计算结果如图 7.26 所示。

	A	B	C	D	E	F	G
1	资本结构决策的资金成本比较法						
2	筹资方式	资本结构1		资本结构2		资本结构3	
3		筹资额（万元）	资金成本	筹资额（万元）	资金成本	筹资额（万元）	资金成本
4	长期借款	400	5%	600	5%	1000	5%
5	长期债券	600	6%	600	6%	400	6%
6	普通股	1000	11%	800	11%	600	11%
7	合计	2000		2000		2000	
8	综合资金成本		8.30%		7.70%		7.00%

图 7.26　综合资金成本计算

第三步：比较 3 个资本结构方案的综合资金成本，资本结构 3 的综合资金成本最小，应选择资本结构 3。

实验 7.5　资本结构决策的每股收益比较法

7.5.1　实验目的

本实验的目的是掌握资本结构决策的每股收益比较法。

7.5.2　实验原理

每股收益比较法是以每股收益为判断资本结构方案优劣标准的一种资本结构决策方法。

1. 每股收益的计算公式

$$EPS = \frac{(EBIT - I)(1 - T) - D}{N}$$

式中，EPS 为每股收益；EBIT 为息税前利润；I 为债务利息；T 为企业所得税税率；D 为优先股年股利；N 为普通股股数。

2. 每股收益无差别点的计算公式

每股收益无差别点，就是使不同资本结构下的每股收益相等的息税前利润，即令以下等式成立的 EBIT：

$$\frac{(EBIT - I_1)(1 - T) - D_1}{N_1} = \frac{(EBIT - I_2)(1 - T) - D_2}{N_2}$$

式中，I_1 和 I_2 分别为在资本结构 1 和资本结构 2 下的债务利息；D_1 和 D_2 分别为在资本结构 1 和资本结构 2 下的优先股股利；N_1 和 N_2 分别为在资本结构 1 和资本结构 2 下的普通股股数。

在没有优先股的情况下，每股收益无差别点，就是令以下等式成立的 EBIT。

$$\frac{(EBIT - I_1)(1 - T)}{N_1} = \frac{(EBIT - I_2)(1 - T)}{N_2}$$

对以上等式加以整理，可得每股收益无差别点 $EBIT^*$ 计算公式为：

$$EBIT^* = \frac{N_1 I_2 - N_2 I_1}{N_1 - N_2}$$

3. 每股收益分析法的决策规则

如果追加筹资后预计息税前利润大于每股利润无差别点，说明企业的经营情况较好，根据经营杠杆与财务杠杆反向搭配原理，应选择负债较多的方案（事实上，此时负债较多方案的每股利润大于负债较少方案的每股利润）；相反，如果追加筹资后预计息税前利润小于每股利润无差别点，就应选择负债较少的方案（事实上，此时负债较少方案的每股利润大于负债较多方案的每股利润）。

7.5.3 实验案例

【案例 7-5】 A 公司目前长期资金市场价值为 3 000 万元，其中债券 1 200 万元，年利率为 12%，普通股 1 800 万元（60 万股，每股市价 30 元）。现拟追加筹资 900 万元，有两种筹资方案：(1) 增发 30 万股普通股，每股发行价格为 30 元；(2) 平价发行 900 万元长期债券，年利率为 14%。公司所得税税率为 25%。

要求：(1) 计算两种筹资方案的每股利润无差别点；(2) 假设追加筹资后息税前利润为 450 万元，应选择哪种筹资方案？(3) 假设追加筹资后息税前利润为 600 万元，应选择哪种筹资方案？

7.5.4 实验步骤

在工作簿"第 7 章"中命名一个"案例 7-5"的工作表，然后进行如下操作。

第一步：建立资本结构决策模型并录入相关数据，如图 7.27 所示。

图 7.27　资本结构决策模型

第二步，增加控件按钮。设置息税前利润分析框。单击单元格 G3，选择菜单"开发工具"①"插入"，弹出选项按钮。点击"表单控件"第一行倒数第三个选项"数值调节钮"，鼠标指针变成了"＋"形状，然后将鼠标移到单元格 G3，按下左键拖动鼠标，画出大小适中的按钮。最后，为控件设置控件格式。用鼠标右键单击选项按钮，选择"设置控件格式"，然后选择"控制"标签，将最小值设置为"50"，最大值设置为"2000"，步长设置为"50"，"单元格链接"设置为＄G＄3单元。单击"确定"按钮，控件格式就设置好了。设置后的表格，如图 7.28 所示。

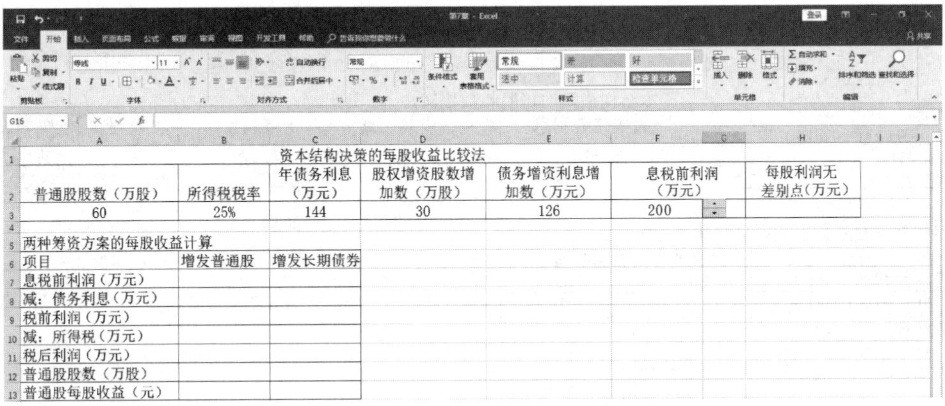

图 7.28　设置控件格式

第三步：计算每股利润无差别点。单击单元格 H3，输入公式"＝((A3＋D3)*(C3＋E3)－A3*C3)/(A3＋D3－A3)"，得到每股利润无差别点为 522 万元。计算结果如图 7.29 所示。

第四步：计算两种筹资方案的每股收益。

单击单元格 B7，输入公式"＝$F$3"，复制单元格 B7，粘贴至单元格 C7，计算两种筹资方案的息税前利润。单击单元格 B8，输入公式"＝C3"，得到增发普通股方案的债务利息。单击单元格 C8，输入公式"＝C3＋E3"，得到增发长期债券方案的债务利息。

---

① 如果"开发工具"控件隐藏了，则需要显示"开发工具"控件：单击"文件"—"选项"—"自定义功能区"，在"主选项卡"框中，勾选"开发工具"，单击"确定"按钮。

142 | 财务管理模拟实验教程

	A	B	C	D	E	F	G	H
1	资本结构决策的每股收益比较法							
2	普通股股数（万股）	所得税税率	年债务利息（万元）	股权增资股数增加数（万股）	债务增资利息增加数（万元）	息税前利润（万元）		每股利润无差别点(万元)
3	60	25%	144	30	126	200		522
4								
5	两种筹资方案的每股收益计算							
6	项目	增发普通股	增发长期债券					
7	息税前利润(万元)							
8	减：债务利息(万元)							
9	税前利润(万元)							
10	减：所得税(万元)							
11	税后利润(万元)							
12	普通股股数（万股）							
13	普通股每股收益（元）							

图 7.29　每股利润无差别点计算

单击单元格 B9，输入公式"＝B7－B8"，复制单元格 B9，粘贴至单元格 C9，计算两种筹资方案的税前利润。单击单元格 B10，输入公式"＝B9＊$B$3"，复制单元格 B10，粘贴至单元格 C10，计算两种筹资方案的所得税。单击单元格 B11，输入公式"＝B9－B10"，复制单元格 B11，粘贴至单元格 C11，计算两种筹资方案的税后利润。

单击单元格 B12，输入公式"＝A3＋D3"，得到增发普通股方案的普通股股数。单击单元格 C12，输入公式"＝A3"，得到增发长期债券方案的普通股股数。单击单元格 B13，输入公式"＝B11/B12"，复制单元格 B13，粘贴至单元格 C13，计算两种筹资方案的普通股每股收益。计算结果如图 7.30 所示。

	A	B	C	D	E	F	G	H
1	资本结构决策的每股收益比较法							
2	普通股股数（万股）	所得税税率	年债务利息（万元）	股权增资股数增加数（万股）	债务增资利息增加数（万元）	息税前利润（万元）		每股利润无差别点(万元)
3	60	25%	144	30	126	200		522
4								
5	两种筹资方案的每股收益计算							
6	项目	增发普通股	增发长期债券					
7	息税前利润(万元)	200	200					
8	减：债务利息(万元)	144	270					
9	税前利润(万元)	56	−70					
10	减：所得税(万元)	14	−17.5					
11	税后利润(万元)	42	−52.5					
12	普通股股数（万股）	90	60					
13	普通股每股收益（元）	0.467	−0.875					

图 7.30　普通股每股收益

第五步：计算追加筹资后息税前利润为 450 万元时两种筹资方案的普通股每股收益。在单元格 F3 输入"450"，可以得到两种筹资方案的普通股每股收益分别为 2.550 元和 2.250 元，计算结果如图 7.31 所示。

根据计算结果，追加筹资后息税前利润为 450 万元时应选择增发普通股。

第六步：计算追加筹资后息税前利润为 600 万元时两种筹资方案的普通股每股收益。在单元格 F3 输入"600"，可以得到两种筹资方案的普通股每股收益分别为 3.800 元和 4.125 元，计算结果如图 7.32 所示。

根据计算结果，追加筹资后息税前利润为 600 万元时应选择增发长期债券。

	A	B	C	D	E	F	G	H
1	资本结构决策的每股收益比较法							
2	普通股股数（万股）	所得税税率	年债务利息（万元）	股权增资股数增加数（万股）	债务增资利息增加数（万元）	息税前利润（万元）		每股利润无差别点(万元)
3	60	25%	144	30	126	450		522
4								
5	两种筹资方案的每股收益计算							
6	项目	增发普通股	增发长期债券					
7	息税前利润（万元）	450	450					
8	减：债务利息（万元）	144	270					
9	税前利润（万元）	306	180					
10	减：所得税（万元）	76.5	45					
11	税后利润（万元）	229.5	135					
12	普通股股数（万股）	90	60					
13	普通股每股收益（元）	2.550	2.250					

图 7.31　追加筹资后息税前利润为 450 万元时的普通股每股收益

	A	B	C	D	E	F	G	H
1	资本结构决策的每股收益比较法							
2	普通股股数（万股）	所得税税率	年债务利息（万元）	股权增资股数增加数（万股）	债务增资利息增加数（万元）	息税前利润（万元）		每股利润无差别点(万元)
3	60	25%	144	30	126	600		522
4								
5	两种筹资方案的每股收益计算							
6	项目	增发普通股	增发长期债券					
7	息税前利润（万元）	600	600					
8	减：债务利息（万元）	144	270					
9	税前利润（万元）	456	330					
10	减：所得税（万元）	114	82.5					
11	税后利润（万元）	342	247.5					
12	普通股股数（万股）	90	60					
13	普通股每股收益（元）	3.800	4.125					

图 7.32　追加筹资后息税前利润为 600 万元时的普通股每股收益

实验 7.6　资本结构决策的企业价值比较法

7.6.1　实验目的

本实验的目的是掌握资本结构决策的企业价值比较法。

7.6.2　实验原理

企业价值比较法是通过测算备选资本结构下的企业价值和综合资金成本，并据此判断资本结构方案优劣的一种资本结构决策方法。

1. 企业价值的计算公式

$$V=B+S$$

式中，V 为企业价值；B 为企业长期债务价值；S 为企业股票价值。

2. 普通股价值的计算公式

为简便起见，假设长期债务价值等于债务的面值或本金，每年的息税前利润相等，不考虑优先股，则股票价值为公司未来各年净利润以普通股资金成本为折现率计算的现值之和，其计算公式为：

$$S = \frac{(EBIT - I)(1 - T)}{K_s}$$

式中，S 为公司股票价值；$EBIT$ 为每年的息税前利润；I 为债务利息；T 为企业所得税税率；K_s 为普通股资金成本。

3. 普通股资金成本的资本资产定价模型

$$K_s = R_F + \beta(R_M - R_F)$$

式中，K_s 为普通股资金成本；R_F 为无风险报酬率；β 为普通股贝塔系数；R_M 为市场平均投资报酬率。

4. 综合资金成本的计算公式

$$K_w = K_b \left(\frac{B}{V}\right)(1 - T) + K_s \left(\frac{S}{V}\right)$$

式中，K_w 为综合资金成本；K_b 为长期债务利率。

7.6.3 实验案例

【案例7-6】 A公司当前长期资金均为普通股，账面价值为10 000万元。A公司认为该资本结构不合理，未能发挥财务杠杆作用，打算举借长期借款用来回购部分普通股（假设无手续费等筹资费用），以优化资本结构。A公司预计未来每年的息税前利润均为4 000万元，已知市场平均投资报酬率为12%，无风险报酬率为5%。A公司适用的所得税税率为25%。另经测算，A公司在不同负债规模下的借款年利率和普通股贝塔系数如表7-2所示。

表7-2　　　　A公司在不同负债规模下的债务利率和普通股贝塔系数

债务价值（万元）	债务利率（%）	普通股贝塔系数
0	0	1.15
2 000	6	1.20
4 000	7	1.25
6 000	8	1.50
8 000	9	1.75
10 000	10	2.00

要求：(1) 根据资本资产定价模型计算A公司在不同负债规模下的普通股资金成本及企业价值和综合资金成本；(2) 绘制A公司企业价值与债务规模的关系曲线图；(3) 做出选择何种债务规模的决策。

7.6.4 实验步骤

在工作簿"第7章"中命名一个"案例7-12"的工作表,然后进行如下操作。

第一步:在工作表"案例7-12"录入基本数据,如图7.33所示。

	A	B	C	D	E	F	G
1	资本结构决策的企业价值比较法						
2	债务价值(万元)	债务利率(%)	普通股β值	普通股资金成本	普通股价值(万元)	企业价值(万元)	综合资金成本
3	0	0	1.15				
4	2000	6	1.20				
5	4000	7	1.25				
6	6000	8	1.50				
7	8000	9	1.75				
8	10000	10	2.00				
9	其他资料						
10	无风险报酬率		市场平均投资报酬率	每年息税前利润(万元)		所得税税率	
11	5%		12%	4000		25%	

图 7.33 基本数据录入

第二步:计算普通股资金成本。在单元格 D3 输入公式"=\$A\$11+C3*(\$C\$11-\$A\$11)",计算债务规模为 0 情况下的普通股资金成本;选中单元格 D3,用鼠标指向该单元格的右下角,待鼠标指针变为实心的黑"+"时,按下鼠标左键拖向单元格 D4:D8,分别计算债务规模为 2 000 万元至 10 000 万元情况下的普通股资金成本。

第三步:计算普通股价值。在单元格 E3 输入公式"=(\$D\$11-A3*B3)*(1-\$F\$11)/D3",计算债务规模为 0 情况下的普通股价值;选中单元格 E3,用鼠标指向该单元格的右下角,待鼠标指针变为实心的黑"+"时,按下鼠标左键拖向单元格 E4:E8,分别计算债务规模为 2 000 万元至 10 000 万元情况下的普通股价值。

第四步:在单元格 F3 输入公式"=A3+E3",计算债务规模为 0 情况下的企业价值;选中单元格 F3,用鼠标指向该单元格的右下角,待鼠标指针变为实心的黑"+"时,按下鼠标左键拖向单元格 F4:F8,分别计算债务规模为 2 000 万元至 10 000 万元情况下的企业价值。

第五步:在单元格 G3 输入公式"=B3*A3/F3*(1-\$F\$11)+D3*E3/F3",计算债务规模为 0 情况下的综合资金成本;选中单元格 G3,用鼠标指向该单元格的右下角,待鼠标指针变为实心的黑"+"时,按下鼠标左键拖向单元格 G4:G8,分别计算债务规模为 2 000 万元至 10 000 万元情况下的综合资金成本。上述步骤的计算结果如图 7.34 所示。

第六步:绘制企业价值与债务价值的关系曲线。

(1) 复制债务价值数据区域 A3:A8 数据和企业价值数据区域 F3:F8 数据至 A14:A19 与 B14:B19,选定 A14:B19 区域数据,单击工具栏中的"插入"按钮,再单击"图表"选项右下角的下拉箭头,在弹出的对话框中选"所有图表""XY散点图",并在"子图表

	A	B	C	D	E	F	G
1	资本结构决策的企业价值比较法						
2	债务价值（万元）	债务利率	普通股β值	普通股资金成本	普通股价值（万元）	企业价值（万元）	综合资金成本
3	0	0%	1.15	0.1305	22988.51	22988.51	0.1305
4	2000	6%	1.20	0.1340	21716.42	23716.42	0.1265
5	4000	7%	1.25	0.1375	20290.91	24290.91	0.1235
6	6000	8%	1.50	0.1550	17032.26	23032.26	0.1303
7	8000	9%	1.75	0.1725	14260.87	22260.87	0.1348
8	10000	10%	2.00	0.1900	11842.11	21842.11	0.1373
9	其他资料						
10	无风险报酬率		市场平均投资报酬率	每年息税前利润（万元）		所得税税率	
11	5%		12%	4000		25%	

图 7.34　最终计算结果

类型"中点选"带平滑线和数据标记的散点图"，结果如图 7.35 所示。

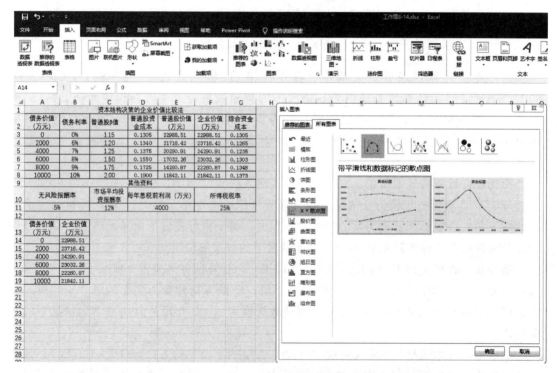

图 7.35　带平滑线和数据标记的散点图

（2）单击"确定"按钮，然后单击图表右上角"图像元素"按钮，勾选"坐标轴标题"和"图例"，结果如图 7.36 所示。

（3）修改图表标题和坐标轴标题，可得企业价值与债务价值关系图，如图 7.37 所示。

第七步：选择最佳资本结构方案。由计算结果可见，当债务价值为 4 000 万元时，企业价值最大，综合资金成本最小；此外，企业价值与债务价值关系图也直观显示出当债务价值为 4 000 万元时企业价值最大。可见，对 A 公司来说，举借 4 000 万元长期借款购回普通股的方案为最佳的资本结构方案。

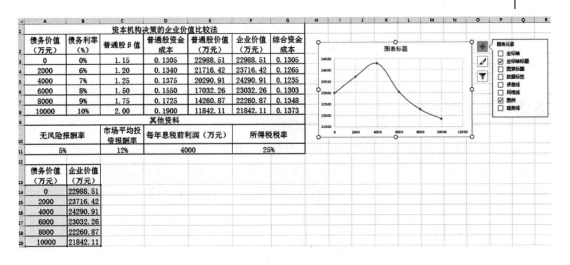

图 7.36 显示"坐标轴标题"和"图例"的散点图

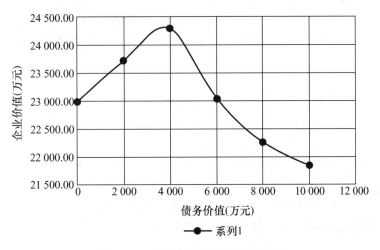

图 7.37 企业价值与债务价值关系图

练习题

1. A 公司向银行借入一笔 5 年期的借款，本金 800 万元，手续费率 0.8%，年利率 6%，每年付息一次，到期还本，公司所得税税率为 25%。

要求：计算该笔长期借款的资金成本。假设该公司每季结息一次，计算该笔长期借款的资金成本。

2. A 公司发行普通股一批，发行价格为 50 元/股，筹资费率为 2%，预计第 1 年分派现金股利 0.8 元/股，以后每年股利增长 5%。

要求：采用股利折现模型计算该普通股的资金成本。

3. A 公司 2016 年的息税前利润为 1 000 万元，债务利息为 300 万元，优先股股利为 100 万元，普通股股数为 2 000 万股。假设 A 公司固定财务成本和普通股股数在未来期间保持不变，适用所得税税率为 25%。

要求：

（1）假设 A 公司 2017 年的息税前利润为 1 500 万元，分别计算息税前利润变动率和每股利润的变动率。

（2）假设 A 公司 2017 年的息税前利润为 500 万元，分别计算息税前利润变动率和每股利润的变动率。

（3）计算 A 公司 2016 年的财务杠杆系数。

4. B 公司无优先股。2018 年营业收入为 1 500 万元，息税前利润为 450 万元，利息费用为 200 万元。2019 年营业收入为 1 800 万元，变动经营成本占营业收入的 50%，固定经营成本为 300 万元。预计 2020 年每股利润将增长 22.5%，息税前利润增长 15%。公司所得税税率为 25%。

要求：分别计算 B 公司 2018 年和 2019 年的经营杠杆系数、财务杠杆系数和综合杠杆系数。

5. B 公司目前长期资金市场价值为 1 000 万元，其中债券 400 万元，年利率为 12%，普通股 600 万元（60 万股，每股市价 10 元）。现拟追加筹资 300 万元，有两种筹资方案：（1）增发 20 万股普通股，每股发行价格为 10 元，另向银行借款 100 万元，年利率为 14%；（2）平价发行 300 万元长期债券，年利率为 12%。公司所得税税率为 25%。

要求：

（1）计算两种筹资方案的每股利润无差别点。

（2）如果预计息税前利润为 300 万元，那么应选择哪种筹资方案？

6. M 公司目前资金均为普通股资金，账面价值为 1 000 万元。M 公司认为目前的资本结构不合理，打算发行长期债券回购部分普通股（假设平价发行债券，且无发行费用等筹资费），以优化资本结构。M 公司预计未来每年的息税前利润均为 200 万元。已知普通股的市场平均投资报酬率为 10%，无风险报酬率为 4%。M 公司适用的所得税税率为 25%。另据测算，M 公司在不同债券规模下的债券年利率和普通股 β 值如表 7-3 所示。

表 7-3　　　　M 公司在不同债券规模下的债券年利率和普通股 β 值

债券规模（万元）	债券年利率	普通股 β 值
0	0	1.50
100	5%	1.75
200	5%	2.00
300	6%	2.15
400	6%	2.30
500	7%	2.50
600	7%	2.75

续表

债券规模（万元）	债券年利率	普通股 β 值
700	8%	2.80
800	8%	2.85
900	9%	2.90
1 000	9%	3.00

要求：

（1）根据资本资产定价模型计算 M 公司在不同负债规模下的普通股资金成本及企业价值和综合资金成本。

（2）绘制 M 公司企业价值与债务规模的关系曲线图。

（3）做出选择何种债务规模的决策。

企业筹资管理

实验 8.1　长期借款资金成本的计算

8.1.1　实验目的

长期借款资金成本是企业筹集和使用长期借款资金所付出的代价，包括在筹集长期借款过程中发生的手续费等（即筹资费用）和使用长期借款资金过程中支付的利息（即用资费用）。本实验目的是掌握长期借款资金成本的计算方法。

8.1.2　实验原理

按照企业所得税法，借款利息允许在计算税前利润时扣除，从而借款利息具有抵减企业所得税的作用，因而长期借款的实际用资费用应是抵减所得税之后的利息。长期借款资金成本的计算公式为：

$$K_l = \frac{I_l(1-T)}{L(1-f_l)} = \frac{LR_l(1-T)}{L(1-f_l)} = \frac{R_l(1-T)}{1-f_l}$$

式中，K_l 为长期借款资金成本；I_l 为长期借款利息额；T 为企业所得税税率；L 为长期借款本金；R_l 为长期借款年利率；f_l 为长期借款筹资费率。

8.1.3　实验案例

【案例 8-1】　H 公司向银行借入一笔 5 年期的借款，本金 900 万元，手续费率 0.3%，年利率 6%，每年付息一次，到期还本。公司所得税税率 25%。

要求：计算该笔长期借款的资金成本。

8.1.4　实验步骤

创建一个工作簿，命名为"第 8 章"。在该工作簿中命名一个"案例 8-1"的工作表，然后进行如下操作。

第一步：录入基本数据，如图 8.1 所示。

第二步：在单元格 B6 输入公式"=B2*B3*(1−B5)/(B2*(1−B4))"，或输入公式"=B3*(1−B5)/(1−B4)"，计算该笔长期借款的资金成本，计算结果如图 8.2 所示。

	A	B
1	案例8-1	
2	本金（万元）	900
3	年利率	6%
4	筹资费率	0.3%
5	企业所得税税率	25%
6	长期借款资本成本	

图 8.1　基本数据录入

	A	B
1	案例8-1	
2	本金（万元）	900
3	年利率	6%
4	筹资费率	0.3%
5	企业所得税税率	25%
6	长期借款资本成本	4.51%

图 8.2　长期借款资金成本计算

第三步：计算结果的分析。尽管该借款发生了 0.3% 的筹资费，但由于借款利息能抵税 25%，因而该长期借款的资金成本比年利率要低。

实验 8.2　长期债券资金成本的计算

8.2.1　实验目的

长期债券资金成本是企业筹集和使用长期债券资金所付出的代价，包括在筹集长期债券过程中发生的发行费等（即筹资费用）和使用长期债券资金过程中支付的利息（即用资费用）。本实验目的是掌握长期债券资金成本的计算方法。

8.2.2　实验原理

按照企业所得税法，债券利息允许在计算税前利润时扣除，从而债券利息具有抵减企业所得税的作用，因而长期债券的实际用资费用应是抵减所得税之后的利息。长期债券资金成本的计算公式为：

$$K_l = \frac{I_b(1-T)}{B(1-f_b)} = \frac{SR_b(1-T)}{B(1-f_b)}$$

式中，K_l 为长期债券资金成本；I_b 为长期借款利息额；T 为企业所得税税率；S 为长期债券面值；B 为长期债券发行价格；R_b 为长期债券票面利率；f_b 为长期债券筹资费率。

8.2.3　实验案例

【**案例 8-2**】　H 公司发行面值 20 000 元、期限为 5 年、票面利率为 8% 的长期债券 8 000 张，债券每年付息一次，到期还本。筹资费用为发行价格的 5%。公司所得税税率为 25%。

要求：

(1) 计算发行价格为 20 000 元时的债券资金成本。

(2) 计算发行价格为 20 500 元时的债券资金成本。

(3) 计算发行价格为 19 500 元时的债券资金成本。

8.2.4　实验步骤

在工作簿"第 8 章"中命名一个"案例 8-2"的工作表，然后进行如下操作。

第一步：设计长期债券资金成本计算表，并录入基本数据，如图 8.3 所示。

	A	B	C	D	E	F
1			案例8-2			
2	面值（元）	20000				
3	票面利率	8%				
4	筹资费率	5%				
5	企业所得税税率	25%				
6	第一种发行价格(元)	20000	第二种发行价格（元）	20500	第三种发行价格（元）	19500
7	第一种发行价格下的长期债券资本成本		第二种发行价格下的长期债券资本成本		第三种发行价格下的长期债券资本成本	

图 8.3　基本数据录入

第二步：在单元格 B7 输入公式"=$B$2*$B$3*(1−$B$5)/(B6*(1−$B$4))"，计算当发行价格为 20 000 元时该笔长期债券的资金成本。

第三步：复制单元格 B7，粘贴至单元格 D7，计算当发行价格为 20 500 元时该笔长期债券的资金成本。

第四步：复制单元格 B7，粘贴至单元格 F7，计算当发行价格为 19 500 元时该笔长期债券的资金成本。以上操作步骤的结果出现在工作表中，如图 8.4 所示。

	A	B	C	D	E	F
1			案例8-2			
2	面值（元）	20000				
3	票面利率	8%				
4	筹资费率	5%				
5	企业所得税税率	25%				
6	第一种发行价格(元)	20000	第二种发行价格（元）	20500	第三种发行价格（元）	19500
7	第一种发行价格下的长期债券资本成本	6.32%	第二种发行价格下的长期债券资本成本	6.16%	第三种发行价格下的长期债券资本成本	6.48%

图 8.4　长期债券资金成本计算

第五步：计算结果的分析。尽管该债券发生了 5% 的筹资费，但由于债券利息能抵税 25%，因而该长期债券的资金成本比年利率要低；在债券面值、票面利率、筹资费率、企业所得税税率一定的情况下，发行价格不同，债券的资金成本就不同，折价发行债券的资金成本最高，其次为平价发行债券的资金成本，溢价发行债券的资金成本最低。

实验 8.3　优先股资金成本的计算

8.3.1　实验目的

优先股资金成本是企业筹集和使用优先股资金所付出的代价，包括在筹集优先股过程中发生的发行费等（即筹资费用）和使用优先股资金过程中支付的股利（即用资费用）。本实验目的是掌握优先股资金成本的计算方法。

8.3.2　实验原理

按照企业所得税法，优先股股利不允许在计算税前利润时扣除，从而优先股股利不具有抵减企业所得税的作用。优先股资金成本的计算公式为：

$$K_p = \frac{D_p}{P_p(1-f_p)}$$

式中，K_p 为优先股资金成本；D_p 为优先股每年的股利额；P_p 为优先股发行价格；f_p 为优先股筹资费率。

8.3.3 实验案例

【案例 8-3】 H 公司发行优先股一批，发行价格为 12 元/股，筹资费率为 5%，每年每股股利为 1.1 元。要求：计算该优先股的资金成本。

8.3.4 实验步骤

在工作簿"第 8 章"中命名一个"案例 8-3"的工作表，然后进行如下操作。

第一步：录入基本数据，如图 8.5 所示。

第二步：在单元格 B5 输入公式"=B4/(B2*(1-B3))"，计算该优先股的资金成本，结果如图 8.6 所示。

	A	B
1	案例8-3	
2	发行价格	12
3	筹资费率	5%
4	第一年股利（元）	1.1
5	优先股资金成本	

图 8.5　基本数据录入

	A	B
1	案例8-3	
2	发行价格	12
3	筹资费率	5%
4	第一年股利（元）	1.1
5	优先股资金成本	9.65%

图 8.6　优先股资金成本计算

第三步：计算结果的分析。优先股的资金成本通常比长期债券等负债的资金成本高，主要原因是优先股股利不能抵税。

实验 8.4　普通股资金成本的计算——股利折现模型

8.4.1 实验目的

普通股资金成本是企业筹集和使用普通股资金所付出的代价，包括在筹集普通股过程中发生的发行费等（即筹资费用）和使用普通股资金过程中支付的股利（即用资费用）。本实验目的是掌握采用股利折现模型计算固定成长普通股资金成本的方法。

8.4.2 实验原理

按照企业所得税法，普通股股利不允许在计算税前利润时扣除，从而普通股股利不具有抵减企业所得税的作用。如果普通股股利每年以固定的增长率增长，则普通股资金成本是令以下等式成立的 K_c：

$$P_c(1-f_c) = \frac{D_1}{1+K_c} + \frac{D_1(1+g)}{(1+K_c)^2} + \frac{D_1(1+g)^2}{(1+K_c)^3} + \cdots + \frac{D_1(1+g)^{n-1}}{(1+K_c)^n}$$

式中，P_c 为普通股筹资额，f_c 为普通股筹资费率，D_1 为第 1 年普通股股利，K_c 为普通股资金成本，g 为普通股股利年增长率。

对上式加以整理，可得固定增长股利的普通股资金成本计算公式：

$$K_c = \frac{D_1}{P_c(1-f_c)} + g$$

8.4.3 实验案例

【案例 8-4】 H 公司发行一批普通股，发行价格为 12 元/股，筹资费率为 5%，预计第一年分派现金股利 1.1 元/股，以后每年增长 3%。

要求：采用股利折现模型计算该普通股的资金成本。

8.4.4 实验步骤

在工作簿"第 8 章"中命名一个"案例 8-4"的工作表，然后进行如下操作。

第一步：录入基本数据，如图 8.7 所示。

第二步：在单元格 B6 输入公式"=B4/(B2*(1-B3))+B5"，计算该普通股的资金成本，结果如图 8.8 所示。

	A	B
1	案例8-4	
2	发行价格	12
3	筹资费率	5%
4	第一年股利（元）	1.1
5	股利年增长率	3%
6	普通股资金成本	

图 8.7 基本数据录入

	A	B
1	案例8-4	
2	发行价格	12
3	筹资费率	5%
4	第一年股利（元）	1.1
5	股利年增长率	3%
6	普通股资金成本	12.65%

图 8.8 普通股资金成本计算

第三步：计算结果的分析。由于普通股承担的风险最大，加之其股利不能抵税，因而其相应的资金成本也最高。

实验 8.5　普通股资金成本的计算——资本资产定价模型

8.5.1 实验目的

本实验目的是掌握采用资本资产定价模型计算普通股资金成本的方法。

8.5.2 实验原理

由于筹资者的资金成本实际上就是投资者的投资报酬，因此可以使用计算普通股投资报酬率的资本资产定价模型来计算普通股的资金成本。按照资本资产定价模型，普通股资金成本的计算公式为：

$$K_c = R_F + \beta(R_M - R_F)$$

式中，K_c 为普通股资金成本，R_F 为无风险报酬率，β 为衡量股票风险程度的贝塔系数，R_M 为市场报酬率。

在资本资产定价模型下，由于无风险报酬率 R_F 和市场报酬率 R_M 为已知常数，因而普通股的资金成本 K_c 是其 β 值的直线增函数。

8.5.3 实验案例

【案例 8-5】 A 公司普通股的 β 值为 1.4，B 公司普通股的 β 值为 2.1，市场报酬率为 10%，无风险报酬率为 6%。

要求：采用资本资产定价模型分别计算 A 公司普通股和 B 公司普通股的资金成本。

8.5.4 实验步骤

在工作簿"第 8 章"中命名一个"案例 8-5"的工作表，然后进行如下操作。

第一步：录入基本数据，如图 8.9 所示。

第二步：在单元格 B6 输入公式"=$B$5+$B2*($B$4−$B$5)"，计算 A 公司普通股的资金成本。

第三步：复制单元格 B6，粘贴至单元格 B7，计算 B 公司普通股的资金成本。

以上操作的结果如图 8.10 所示。

	A	B
1	案例8-5	
2	A公司普通股的β系数	1.4
3	B公司普通股的β系数	2.1
4	市场报酬率	10%
5	无风险报酬率	6%
6	A公司普通股的资金成本	
7	B公司普通股的资金成本	

图 8.9　基本数据录入

	A	B
1	案例8-5	
2	A公司普通股的β系数	1.4
3	B公司普通股的β系数	2.1
4	市场报酬率	10%
5	无风险报酬率	6%
6	A公司普通股的资金成本	11.60%
7	B公司普通股的资金成本	14.40%

图 8.10　B 公司普通股资金成本计算

第四步：计算结果的分析。由于在资本资产定价模型下普通股资金成本与其 β 值是直线增函数关系，因而改变了股票的 β 值，股票的资金成本也就相应地发生了变化。β 值较大或风险较大的股票，其资金成本相对较高。

实验 8.6　留存收益资金成本的计算

8.6.1 实验目的

本实验目的是掌握采用股利折现模型计算留存收益资金成本的方法。

8.6.2 实验原理

留存收益由企业净利润形成，归属于普通股股东，可将其理解为企业获得的来自普通股股东的追加筹资。由此，留存收益的资金成本可按普通股资金成本的计算方法来计算。当然，留存收益的资金成本不存在筹资费用。

若假设普通股股利每年按固定增长率增长，则在股利折现模型下留存收益资金成本的计算公式为：

$$K_r = \frac{D_1}{P_r} + g$$

式中，K_r 为留存收益资金成本，P_r 为普通股每股市价，D_1 为第 1 年普通股股利，g 为普通股股利年增长率。

8.6.3 实验案例

【**案例 8-6**】 H 公司普通股每股市价为 12 元，预计第一年分派现金股利 1.1 元/股，以后每年增长 3%。

要求：采用股利折现模型计算 H 公司留存收益的资金成本。

8.6.4 实验步骤

在工作簿"第 8 章"中命名一个"案例 8-6"的工作表，然后进行如下操作。

第一步：录入基本数据，如图 8.11 所示。

第二步：在单元格 B5 输入公式"＝B3/B2＋B4"，计算留存收益的资金成本，结果如图 8.12 所示。

	A	B
1	案例8-6	
2	每股市价（元）	12
3	第一年股利(元)	1.1
4	股利年增长率	3%
5	留存收益资金成本	

图 8.11　基本数据录入

	A	B
1	案例8-6	
2	每股市价（元）	12
3	第一年股利(元)	1.1
4	股利年增长率	3%
5	留存收益资金成本	12.17%

图 8.12　留存收益资金成本计算

实验 8.7　综合资金成本的计算

8.7.1 实验目的

本实验目的是掌握综合资金成本的计算方法。

8.7.2 实验原理

企业通过不同方式从不同渠道筹集的资金，成本各不相同。要进行正确的筹资和投资决策，不仅要计算个别资金成本，还要计算全部长期资金的综合资金成本。综合资金成本就是各种长期资金成本的加权平均数，其计算公式：

$$K_w = \sum_{j=1}^{n} K_j W_j$$

式中，K_w 为综合资金成本；K_j 为第 j 种长期资金的资金成本；W_j 为第 j 种长期资金的资金比例。

8.7.3 实验案例

【案例 8-7】 H 公司长期借款的市场价值为 230 万元，资金成本 6%；长期应付债券的市场价值为 540 万元，资金成本 7%；普通股的市场价值 810 万元，资金成本 13%；留存收益的市场价值为 420 万元，资金成本 12%。

要求：计算 H 公司的综合资金成本（以资金的市场价值为权数）。

8.7.4 实验步骤

在工作簿"第 8 章"中命名一个"案例 8-7"的工作表，然后进行如下操作。

第一步：录入基本数据，如图 8.13 所示。

	A	B	C	D
1			案例8-7	
2	筹资方式	市场价值（万元）	个别资金成本	综合资金成本
3	长期借款	230	6%	
4	债券	540	7%	
5	普通股	810	13%	
6	留存收益	420	12%	
7	合计			

图 8.13 基本数据录入

第二步：选择区域 B3:B6，单击工具栏中的"Σ"，计算出区域 B3:B6 数据的合计数，如图 8.14 所示。

	A	B	C	D
1			案例8-7	
2	筹资方式	市场价值（万元）	个别资金成本	综合资金成本
3	长期借款	230	6%	
4	债券	540	7%	
5	普通股	810	13%	
6	留存收益	420	12%	
7	合计	=SUM(B3:B6)		

图 8.14 区域 B3:B6 数据的合计数

第三步：在单元格 D7 输入公式"=B3*C3/B7+B4*C4/B7+B5*C5/B7+B6*C6/B7"，计算综合资金成本，结果如图 8.15 所示。

	A	B	C	D
1			案例8-7	
2	筹资方式	市场价值（万元）	个别资金成本	综合资金成本
3	长期借款	230	6%	
4	债券	540	7%	
5	普通股	810	13%	
6	留存收益	420	12%	
7	合计	2000		10.37%

图 8.15 综合资金成本计算

实验 8.8　边际资金成本的计算

8.8.1　实验目的

在企业追加筹资同时采用几种筹资方式的情况下,如果追加筹措资金的结构一定,且各种方式所筹措的资金在不同筹资范围内有不同的个别资金成本,则追加筹措资金总额在不同的范围内就会有不同的加权平均资金成本。本实验的目的是掌握在以上情况下追加筹资的边际资金成本的计算方法,并掌握边际资金成本规划表的编制方法。

8.8.2　实验原理

边际资金成本是指企业追加筹资的资金成本。当企业追加筹资只采用某一种筹资方式时,边际资金成本就是该种资金的个别资金成本;当企业追加筹资同时采用几种筹资方式时,边际资金成本就是新筹措的各种资金的加权平均资金成本。

在企业追加筹资同时采用几种筹资方式的情况下,如果追加筹措资金的结构一定,且各种方式所筹措的资金在不同筹资范围内有不同的个别资金成本,则追加筹措资金总额在不同的范围内就会有不同的加权平均资金成本。在这里,筹资总额范围是以筹资总额分界点来划分的。所谓筹资总额分界点,就是个别资金成本发生跳跃变化的分界点所对应的筹资总额的分界点。若筹资总额发生从小于筹资总额分界点至等于或大于筹资总额分界点的变化,则至少有一种方式所筹措资金的个别资金成本会发生跳跃变化。

筹资总额分界点的计算公式为:

$$BP_{ji} = \frac{TF_{ji}}{W_j}$$

式中,BP_{ji} 为第 j 种资金的第 i 个分界点对应的筹资总额分界点;TF_{ji} 为第 j 种资金的第 i 个资金成本分界点;W_j 为第 j 种资金的目标比例。

8.8.3　实验案例

【案例 8-8】 H 公司为了扩大生产经营规模,准备筹措新资。H 公司经过分析认为,新筹措资金的目标结构为:长期借款 20%,长期债券 30%,普通股 50%。H 公司在对资金市场和筹资能力等因素进行研究后,测算出各种资金在不同筹资范围内的资金成本,如表 8-1 所示。

表 8-1　　H 公司各种资金在不同筹资范围内的资金成本

资金种类	目标资本结构	筹资范围	个别资金成本
长期借款	20%	50 万元以内	6%
		50 万～100 万元	7%
		100 万元以上	8%
长期债券	30%	150 万元以内	8%
		150 万～300 万元	9%
		300 万元以上	10%

续表

资金种类	目标资本结构	筹资范围	个别资金成本
普通股	50%	200 万元以内	11%
		200 万~500 万元	12%
		500 万元以上	13%

要求：（1）编制 H 公司追加筹资的边际资金成本规划表；（2）根据 H 公司追加筹资的边际资金成本规划表，计算 H 公司追加筹资 450 万元的综合资金成本。

8.8.4 实验步骤

在工作簿"第 8 章"中命名一个"案例 8-8"的工作表，然后进行如下操作。

第一步：设计筹资总额分界点计算表并录入基本数据，如图 8.16 所示。

	A	B	C	D
1	案例8-8			
2	资金种类	目标资金结构	个别筹资分界点（万元）	筹资总额分界点（万元）
3	长期借款	20%	50	
4		20%	100	
5	长期债券	30%	150	
6		30%	300	
7	普通股	50%	200	
8		50%	500	

图 8.16 基本数据录入

第二步：计算筹资总额分界点。在单元格 D3 输入公式"＝C3/B3"，计算与个别筹资分界点 50 万元相应的筹资总额分界点；选中单元格 D3，用鼠标指向该单元格的右下角，待鼠标指针变为实心的黑"＋"时，按下鼠标左键拖向单元格 D4:D8，分别计算与个别筹资分界点 100 万元、150 万元、300 万元、200 万元和 500 万元相对应的筹资总额分界点。计算结果如图 8.17 所示。

	A	B	C	D
1	案例8-8			
2	资金种类	目标资金结构	个别筹资分界点（万元）	筹资总额分界点（万元）
3	长期借款	20%	50	250
4		20%	100	500
5	长期债券	30%	150	500
6		30%	300	1000
7	普通股	50%	200	400
8		50%	500	1000

图 8.17 筹资总额分界点计算

该公司的追加筹资总额范围的测算如图 8.18 所示。

第三步：编制追加筹资边际资金成本规划表，并填入基础数据，如图 8.19 所示。

第四步：计算筹资总额范围的边际资金成本。在单元格 E24 输入公式"＝C24＊D24

	A	B	C	D
10			追加筹资总额范围	
11	资金种类	个别资金成本	各种资本筹资范围	筹资总额范围
12	长期借款	6%	50万元以内	250万元以内
13		7%	50万~100万元	250万~500万元
14		8%	100万以上	500万元以上
15	长期债券	8%	150万元以内	500万元以内
16		9%	150万~300万元	500万~1000万元
17		10%	300万以上	1000万元以上
18	普通股	11%	200万元以内	400万元以内
19		12%	200万~500万元	400万~1000万元
20		13%	500万以上	1000万元以上

图 8.18　追加筹资总额范围测算

	A	B	C	D	E
21					
22			追加筹资边际资金成本规划表		
23	筹资总额范围	资金种类	目标资本结构	个别资金成本	边际资金成本
24	250万元以内	长期借款	20%	6%	
25		长期债券	30%	8%	
26		普通股	50%	11%	
27	250万~400万元	长期借款	20%	7%	
28		长期债券	30%	8%	
29		普通股	50%	11%	
30	400万~500万元	长期借款	20%	7%	
31		长期债券	30%	8%	
32		普通股	50%	12%	
33	500万~1000万元	长期借款	20%	8%	
34		长期债券	30%	9%	
35		普通股	50%	12%	
36	1000万元以上	长期借款	20%	8%	
37		长期债券	30%	10%	
38		普通股	50%	13%	

图 8.19　追加筹资边际资金成本规划表

＋C25＊D25＋C26＊D26"，计算筹资总额在 250 万元及以内范围的边际资金成本；选中单元格 E24，用鼠标指向该单元格的右下角，待鼠标指针变为实心的黑"＋"时，按下鼠标左键拖向单元格 E25:E36，计算其他筹资总额范围的边际资金成本。结果如图 8.20 所示。

	A	B	C	D	E
22			追加筹资边际资金成本规划表		
23	筹资总额范围	资金种类	目标资本结构	个别资金成本	边际资金成本
24	250万元以内	长期借款	20%	6%	
25		长期债券	30%	8%	9.10%
26		普通股	50%	11%	
27	250万~400万元	长期借款	20%	7%	
28		长期债券	30%	8%	9.30%
29		普通股	50%	11%	
30	400万~500万元	长期借款	20%	7%	
31		长期债券	30%	8%	9.80%
32		普通股	50%	12%	
33	500万~1000万元	长期借款	20%	8%	
34		长期债券	30%	9%	10.30%
35		普通股	50%	12%	
36	1000万元以上	长期借款	20%	8%	
37		长期债券	30%	10%	11.10%
38		普通股	50%	13%	

图 8.20　筹资总额范围的边际资金成本

第五步：确定 H 公司追加筹资 450 万元的综合资金成本。由于筹资额 450 万元在筹资总额"400 万～500 万元"的范围内，根据编制完成的追加筹资边际资金成本规划表，其综合资金成本为 9.8%。

练习题

1. H 公司有长期借款 200 万元，年利率 5%，每年付息一次，到期一次还本；债券面值 500 万元，发行收入 600 万元，发行费率 4%，票面利率为 8%，目前市场价值仍为 600 万元；普通股面值 500 万元，目前市价 800 万元，上一年已发行的股利率为 10%，以后每年增长 6%，筹资费率为 5%；留存收益账面价值 250 万元，假设留存收益的市场价值与账面价值之比与普通股一致。H 公司所得税税率为 25%。

要求：（1）分别计算长期借款、债券、普通股和留存收益的个别资金成本；（2）计算 H 公司的综合资金成本（采用市场价值为权数）。

2. B 公司目前的长期资金总额为 1 000 万元，其中普通股资金 600 万元，长期借款 400 万元。B 公司计划明年投资一个新项目，需要筹措资金，新筹集资金仍将采用目前的资金结构，但筹资额未定。另据 B 公司财务人员测算，长期借款和普通股的个别资金成本如表 8-2 所示。

表 8-2　　　　　　　B 公司各种资金在不同筹资范围内的资金成本

资金种类	筹资范围	个别资金成本
长期借款	100 万元以内	6%
	100 万～200 万元	7%
	200 万元以上	8%
普通股	300 万元以内	10%
	300 万元以上	12%

要求：计算各筹资总额范围内追加筹资的边际资金成本。

营运资金管理

实验 9.1 现金余缺确定方法的收支预算法

9.1.1 实验目的

本实验的目的是掌握现金余缺确定的收支预算法。

9.1.2 实验原理

收支预算法就是将预算期内可能发生的一切现金收支项目列入现金预算表内,以确定收支差额并对其提出适当财务对策的现金预算编制方法。

在收支预算法下,现金多余或短缺数额=期初现金余额+本期净现金流量预算数－最佳现金余额。其中,本期净现金流量预算数=本期现金收入预算数－本期现金支出预算数。

9.1.3 实验案例

【案例 9-1】 H 公司某月的现金预算数如表 9-1 所示。

表 9-1　　　　　　　　　　H 公司某月的现金预算数

序　号	现金收支项目	本月预算数(万元)
1	现金收入	
2	营业现金收入	
3	现销和当月应收账款的收回	1 230
4	以前月份应收账款的收回	750
5	营业现金收入合计	
6	其他现金收入	
7	固定资产变价收入	110
8	利息收入	58
9	租金收入	75
10	股利收入	95

续表

序号	现金收支项目	本月预算数（万元）
11	其他现金收入合计	
12	现金收入合计	
13	现金支出	
14	营业现金支出	
15	材料采购支出	
16	当月支付的材料采购支出	950
17	本月支付的以前月份材料采购支出	430
18	工资支出	
19	管理费用支出	165
20	销售费用支出	90
21	财务费用支出	65
22	营业现金支出合计	
23	其他现金支出	
24	厂房、设备投资支出	195
25	税款支出	145
26	利息支出	85
27	归还债务	80
28	股利支出	73
29	证券投资	
30	其他现金支出合计	
31	现金支出合计	
32	净现金流量	
33	现金收入减现金支出	
34	现金余缺	
35	期初现金余额	200
36	净现金流量	
37	期末现金余额	
38	最佳现金余额	250
39	现金多余或短缺	

要求：根据上述资料，运用收支预算法确定 H 公司该月的现金多余或短缺数额，并提出相应的财务对策。

9.1.4 实验步骤

创建一个工作簿，命名为"第 9 章"。在该工作簿中命名一个"案例 9-1"的工作表，然后进行如下操作。

第一步：录入基本数据，如图 9.1 所示。

	A	B	C
1	序号	现金收支项目	本月预算数（万元）
2	1	现金收入	
3	2	营业现金收入	
4	3	现销和当月应收账款的收回	1230
5	4	以前月份应收账款的收回	750
6	5	营业现金收入合计	
7	6	其他现金收入	
8	7	固定资产变价收入	110
9	8	利息收入	58
10	9	租金收入	75
11	10	股利收入	95
12	11	其他现金收入合计	
13	12	现金收入合计	
14	13	现金支出	
15	14	营业现金支出	
16	15	材料采购支出	
17	16	当月支付的材料采购支出	950
18	17	本月支付的以前月份材料采购支出	430
19	18	工资支出	
20	19	管理费用支出	165
21	20	销售费用支出	90
22	21	财务费用支出	65
23	22	营业现金支出合计	
24	23	其他现金支出	

图 9.1　H 公司现金收支预算基本数据（部分）

第二步：选择区域 C4:C5，单击工具栏的"自动求和"按钮"∑"，在单元格 C6 计算营业现金收入合计；选择区域 C8:C11，单击工具栏的"自动求和"按钮"∑"，在单元格 C12 计算其他现金收入合计；在单元格 C13 输入公式"＝C6＋C12"，计算现金收入合计。

第三步：选择区域 C17:C22，单击工具栏的"自动求和"按钮"∑"，在单元格 C23 计算营业现金支出合计；选择区域 C25:C30，单击工具栏的"自动求和"按钮"∑"，在单元格 C31 计算其他现金支出合计；在单元格 C32 输入公式"＝C23＋C31"，计算现金支出合计。

第四步：在单元格 C34 输入公式"＝C13－C32"，计算现金收入减现金支出，即计算净现金流量。

第五步：在单元格 C37 输入公式"＝C34"。

第六步：选择区域 C36:C37，单击工具栏的"∑"，在单元格 C38 计算期末现金余额。

第七步：在单元格 C40 输入公式"＝C38－C39"，计算现金多余或短缺，结果如图 9.2 所示。

第八步：对现金多余或短缺的计算结果提出财务对策。由于现金余缺的计算结果为现金短缺 10 万元，因而相应的财务对策应是采用短期借款等方式对外筹集资金 10 万元（如果计算结果为现金多余，则相应的财务对策是偿还借款或进行短期投资）。

	A	B	C
1	序号	现金收支项目	本月预算数(万元)
2	1	现金收入	
3	2	营业现金收入	
4	3	现销和当月应收账款的收回	1230
5	4	以前月份应收账款的收回	750
6	**5**	**营业现金收入合计**	**1980**
7	6	其他现金收入	
8	7	固定资产变价收入	110
9	8	利息收入	58
10	9	租金收入	75
11	10	股利收入	95
12	**11**	**其他现金收入合计**	**338**
13	**12**	**现金收入合计**	**2318**
14	13	现金支出	
15	14	营业现金支出	
16	15	材料采购支出	
17	16	当月支付的材料采购支出	950
18	17	本月支付的以前月份材料采购支出	430
19	18	工资支出	
20	19	管理费用支出	165
21	20	销售费用支出	90
22	21	财务费用支出	65
23	**22**	**营业现金支出合计**	**1700**
24	23	其他现金支出	
25	24	厂房、设备投资支出	195
26	25	税款支出	145
27	26	利息支出	85
28	27	归还债务	80
29	28	股利支出	73
30	29	证券投资	
31	**30**	**其他现金支出合计**	**578**
32	**31**	**现金支出合计**	**2278**
33	32	净现金流量	
34	33	现金收入减现金支出	40
35	34	现金余缺	
36	35	期初现金余额	200
37	36	净现金流量	40
38	37	期末现金余额	240
39	38	最佳现金余额	250
40	39	现金多余或短缺	-10

图 9.2 最终计算结果

实验 9.2 最佳现金持有量确定的成本分析模型

9.2.1 实验目的

本实验的目的是掌握最佳现金持有量确定的成本分析模型。

9.2.2 实验原理

成本分析模型是根据备选现金持有量方案的有关成本，确定最佳现金持有量的一种方法。该方法只考虑因持有一定现金而产生的机会成本和短缺成本，不考虑现金管理成本和转换成本。

持有现金机会成本，即因持有现金而失去的将其投资于债券等有价证券的预期收益，其计算公式为：

$$机会成本 = 现金持有量 \times 有价证券利率$$

短缺成本就是因现金持有量不足而给企业带来的损失。

9.2.3 实验案例

【案例 9-2】 H 公司现有Ⅰ、Ⅱ、Ⅲ、Ⅳ四种现金持有方案，有关成本资料如表 9-2 所示。

表 9-2　　　　　　　　　H 公司的备选现金持有量方案

方案	Ⅰ	Ⅱ	Ⅲ	Ⅳ
现金持有量（万元）	2 000	3 000	4 000	5 000
机会成本率	10%	10%	10%	10%
短缺成本（万元）	340	160	70	0

要求：根据上述资料采用成本分析模型确定 H 公司的最佳现金持有量方案。

9.2.4 实验步骤

在工作簿"第 9 章"中命名一个"案例 9-2"的工作表，然后进行如下操作。

第一步：设计最佳现金持有量测算表，并录入基本数据，如图 9.3 所示。

	A	B	C	D	E
1	方案	Ⅰ	Ⅱ	Ⅲ	Ⅳ
2	现金持有量（万元）	2000	3000	4000	5000
3	机会成本率	10%	10%	10%	10%
4	短缺成本（万元）	340	160	70	0
5	机会成本（万元）				
6	相关总成本（万元）				

图 9.3　基本数据录入

第二步：在单元格 B5 输入公式"=B2*B3"，计算方案Ⅰ的机会成本；在单元格 B6 输入公式"=SUM(B4:B5)"，计算方案Ⅰ的相关总成本。

第三步：选中单元格 B5，用鼠标指向该单元格的右下角，待鼠标指针变为实心的黑"+"时，按下鼠标左键拖向单元格 C5:E5，分别计算方案Ⅱ、Ⅲ、Ⅳ的机会成本；选中单元格 B6，用鼠标指向该单元格的右下角，待鼠标指针变为实心的黑"+"时，按下鼠标左键拖向单元格 C6:E6，分别计算方案Ⅱ、Ⅲ、Ⅳ的相关总成本。

上述操作结果如图 9.4 所示。

	A	B	C	D	E
1	方案	Ⅰ	Ⅱ	Ⅲ	Ⅳ
2	现金持有量（万元）	2000	3000	4000	5000
3	机会成本率	10%	10%	10%	10%
4	短缺成本（万元）	340	160	70	0
5	机会成本（万元）	200	300	400	500
6	相关总成本（万元）	540	460	470	500

图 9.4　最终计算结果

第四步:计算结果的分析。由于方案Ⅱ的相关总成本最低,应选择方案Ⅱ作为该公司的最佳现金持有量方案。

实验 9.3　最佳现金持有量确定的存货模型

9.3.1　实验目的

本实验的目的是掌握最佳现金持有量确定的存货模型。

9.3.2　实验原理

最佳现金持有量确定的存货模型,是将经济订货批量模型原理用于确定最佳现金持有量,其着眼点也是现金相关总成本。该模型只考虑持有现金的机会成本和转换成本(即有价证券转换为现金的成本,该模型假设,不管转换金额大小,每次的转换成本相同),其计算公式为:

$$TC = \frac{Q}{2} \cdot K + \frac{T}{Q} \cdot F$$

式中,TC 为持有现金的相关总成本;K 为持有单位现金的机会成本;Q 为现金持有量;T 为一个时期内的现金需求总额;F 为有价证券转换为现金的每次转换成本。

在该模型下,相关总成本最低的现金持有量就是最佳现金持有量,即当现金持有量按如下公式计算时,就是能使相关总成本最低的现金持有量:

$$Q = \sqrt{\frac{2TF}{K}}$$

公式中的符号含义同上。

当现金持有量为最佳现金持有量时,相关总成本可按以下公式计算:

$$TC = \sqrt{2TFK}$$

公式中的符号含义同上。

9.3.3　实验案例

【**案例 9-3**】 H 公司预计全年需要现金 230 万元,现金与有价证券的转换成本为每次 2 200 元,有价证券的年利率为 10%。

要求:

(1) 运用存货模型计算最佳现金持有量。

(2) 分别计算现金持有量为 30 万元、31 万元、32 万元和 33 万元的相关总成本并作比较,检验最佳现金持有量的相关总成本是否最低。

(3) 绘制相关总成本与现金持有量关系曲线图。

9.3.4　实验步骤

在工作簿"第 9 章"中命名一个"案例 9-3"的工作表,然后进行如下操作。

第一步：设计表格并录入基本数据，如图9.5所示。

	A	B	C	D	E	F
1	现金年需求量（元）	2300000				
2	转换成本（元/次）	2200				
3	有价证券年利率	10%				
4	现金持有量（元）	300000	310000		320000	330000
5	相关总成本					

图9.5　基本数据录入

第二步：在单元格D4输入公式"=(2*B1*B2/B3)^(1/2)"，计算最佳现金持有量。

第三步：在单元格B5输入公式"=B4/2*$B$3+$B$1/B4*$B$2"，计算现金持有量为30万元的相关总成本；选中单元格B5，用鼠标指向该单元格的右下角，待鼠标指针变为实心的黑"+"时，按下鼠标左键拖向单元格C5:F5，分别计算现金持有量为31万元、32万元和33万元的相关总成本。计算结果如图9.6所示。

	A	B	C	D	E	F
1	现金年需求量（元）	2300000				
2	转换成本（元/次）	2200				
3	有价证券年利率	10%				
4	现金持有量（元）	300000	310000	318119.47	320000	330000
5	相关总成本	31866.67	31822.58	31811.95	31812.50	31833.33

图9.6　相关总成本计算

第四步：绘制相关总成本与现金持有量关系曲线图。

（1）选定现金持有量数据区域B4:F4和相关总成本数据区域B5:F5，单击工具栏中的"插入"按钮，单击图表下拉箭头，在弹出的对话框中选择"XY（散点图）"，并在子图表类型中点选"带平滑线和数据标记的散点图"，如图9.7所示。

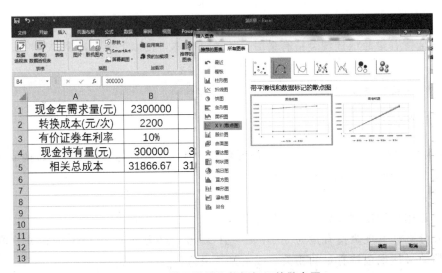

图9.7　带平滑线和数据标记的散点图

（2）单击"确定"按钮，在"图表标题（T）"中输入"相关总成本与现金持有量关系图"，在横坐标的"坐标轴标题"中输入"现金持有量（元）"，在纵坐标的"坐标轴标题"中输入"相关总成本（元）"，如图9.8所示。

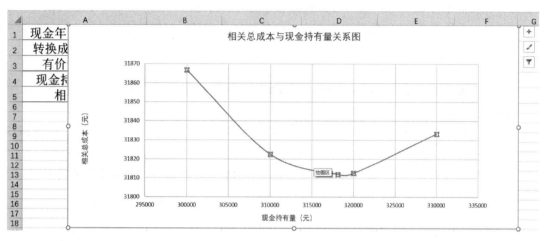

图 9.8　相关总成本与现金持有量关系图

第五步：比较各现金持有量相关总成本的计算结果，可见现金持有量为 318 119.47 元的相关总成本最低；相关总成本与现金持有量关系图直观地显示出了这一点。两者都验证了 318 119.47 元正是本例的最佳现金持有量。

实验 9.4　最佳现金持有量确定的米勒-欧尔模型

9.4.1　实验目的

本实验的目的是掌握最佳现金持有量确定的米勒-欧尔模型。

9.4.2　实验原理

最佳现金持有量确定的米勒-欧尔模型，是假定企业无法确切预知每日的现金实际收支状况，现金流量由外界决定，且现金与有价证券之间转换方便的前提下，确定最佳现金持有量的一种办法。该模型只是规定现金余额的上下限，并据此判定企业在现金和有价证券之间转换的时间和数量。假定每日现金流量为正态分布，由此确定了现金余额的均衡点 Z^*。

$$Z^* = L + \left(\frac{0.75b\sigma^2}{r}\right)^{\frac{1}{3}}$$

式中，L 为现金下限；b 为每次证券交易的成本；σ 为每日现金余额的标准差；r 为投资日收益率。

现金下限的确定要受企业每日的最低现金需要、管理人员的风险承受倾向等因素影响，最低可确定为零；现金上限（U^*）则按以下公式计算：

$$U^* = L + 3 \times \left(\frac{0.75b\sigma^2}{r}\right)^{\frac{1}{3}}$$

9.4.3　实验案例

【案例 9-4】　H 公司的日现金余额标准差为 120 元，每次证券交易的成本为 85 元，现金的日收益率为 0.04%,公司每日最低现金需要量为零。

要求:采用米勒-欧尔模型计算该公司的最佳现金持有量和现金持有量的上限。

9.4.4 实验步骤

在工作簿"第 9 章"中命名一个"案例 9-4"的工作表,然后进行如下操作。

第一步:录入基本数据,如图 9.9 所示。

第二步:在单元格 B5 输入公式"=B4+((0.75*B2*B1^2/B3)^(1/3))",计算最佳现金持有量。

第三步:在单元格 B6 输入公式"=3*B5-2*B4",计算该公司现金持有量的上限。

以上操作的计算结果如图 9.10 所示。

	A	B
1	日现金余额标准差(元)	120
2	每次证券交易的成本(元)	85
3	现金日收益率	0.04%
4	现金持有量下限(元)	0
5	最佳现金持有量(元)	
6	现金持有量上限(元)	

图 9.9 基本数据录入

	A	B
1	日现金余额标准差(元)	120
2	每次证券交易的成本(元)	85
3	现金日收益率	0.04%
4	现金持有量下限(元)	0
5	最佳现金持有量(元)	1319.049
6	现金持有量上限(元)	3957.147

图 9.10 最终计算结果

实验 9.5 经济订货量和再订货点的确定

9.5.1 实验目的

本实验的目的是掌握确定经济订货量的基本模型和再订货点的确定方法。

9.5.2 实验原理

1. 经济订货量的基本模型

经济订货量基本模型的假设:① 不存在缺货成本;② 存货的年需要量已知;③ 存货的购买价格与批量无关;④ 所订购存货一次性入库;⑤ 企业现金充足,不会因为现金短缺而影响进货。在这些假设基础上,与订货批量相关的成本为:

$$TIC = \frac{Q}{2} \cdot H + \frac{S}{Q} \cdot F$$

式中,TIC 为与订货批量相关的成本;Q 为订货批量;H 为单位存货的年储存成本;S 为存货的年需要量;F 为每次订货成本。

经济订货量就是使 TIC 最小的 Q,能使 TIC 最小的 Q 的计算公式为:

$$Q = \sqrt{\frac{2FS}{H}}$$

2. 再订货点

再订货点就是在发出订单时剩余的存货数量,其计算公式为:

$$RP = R \cdot DT$$

式中，RP 为再订货点；R 为存货的日均消耗量，可根据存货年需要量除以全年天数（360 天）计算；DT 为订货周期，即从发出订单至存货到达的天数。

9.5.3 实验案例

【案例 9-5】 H 公司每年需要甲材料 450 万千克，每次订货成本为 15 000 元，每千克甲材料的年储存成本为 6 元，甲材料从发出订单至到达需要 2 天。

要求：(1) 计算甲材料的经济订货量；(2) 计算甲材料的再订货点。

9.5.4 实验步骤

在工作簿"第9章"中命名一个"案例9-5"的工作表，然后进行如下操作。

第一步：录入基本数据，如图 9.11 所示。

A	B
甲材料的年需求量（千克）	4500000
每次的订货成本（元）	15000
每千克甲材料的年储存成本（元）	6
订货期（天）	2
经济订货量（千克）	
甲材料的日消耗量（千克）	
再订货点（千克）	

图 9.11　基本数据录入

第二步：在单元格 B5 输入公式"＝(2＊B1＊B2/B3)^(1/2)"，计算经济订货量。

第三步：在单元格 B6 输入公式"＝B1/360"，计算甲材料的日消耗量。

第四步：在单元格 B7 输入数据"＝B6*B4"，计算再订货点。

以上操作的计算结果如图 9.12 所示。

A	B
甲材料的年需求量（千克）	4500000
每次的订货成本（元）	15000
每千克甲材料的年储存成本（元）	6
订货期（天）	2
经济订货量（千克）	150000
甲材料的日消耗量（千克）	12500
再订货点（千克）	25000

图 9.12　最终计算结果

实验 9.6　贴现付息借款实际利率的计算

9.6.1 实验目的

本实验的目的是掌握以贴现方式付息借款的实际利率的计算方法。

9.6.2 实验原理

在贴现付息方式下，利息在取得借款的时候先支付，本金则在借款到期时偿还。贴现付息方式下借款实际利率的计算公式为：

$$实际利率 = \frac{借款本金 \times 名义利率}{借款本金 - 借款本金 \times 名义利率}$$

9.6.3 实验案例

【案例 9-6】 H 公司向某银行取得一年期贷款 240 万元，年利率 11%，以贴现方式支付利息。

要求：计算该笔借款的实际利率。

9.6.4 实验步骤

在工作簿"第 9 章"中命名一个"案例 9-6"的工作表，然后进行如下操作。

第一步：录入基本数据，如图 9.13 所示。

第二步：在单元格 B3 输入公式"=B1*B2/(B1-B1*B2)"，计算实际利率，计算结果如图 9.14 所示。

	A	B
1	借款本金（元）	2400000
2	名义利率	11%
3	实际利率	

图 9.13　基本数据录入

	A	B
1	借款本金（元）	2400000
2	名义利率	11%
3	实际利率	12.36%

图 9.14　实际利率计算

第三步：计算结果的分析。在贴现付息方式下，借款者实际取得的资金为借款金额（名义本金）减去利息（等于名义本金乘以名义利率）的差额，这个差额相当于借款的实际本金，由于借款实际本金小于名义本金，因而导致借款实际利率高于名义利率。

实验 9.7　放弃现金折扣成本的计算

9.7.1 实验目的

本实验的目的是掌握放弃现金折扣成本的计算方法和掌握是否放弃现金折扣的决策方法。

9.7.2 实验原理

现金折扣是收款方为尽快收回其应收账款而给予付款方在一定期限内付款可享有的付款额扣减。现金折扣一般用"折扣率/付款期限"方式表示。例如："1/10，$n/20$"表示 10 天之内付款可给予 1% 的折扣，超过 10 至 20 天之内付款则不给予折扣。放弃现金折扣的成本按以下公式计算：

$$放弃现金折扣的成本 = \frac{折扣率}{1-折扣率} \times \frac{360}{信用期 - 折扣期}$$

是否放弃现金折扣，取决于放弃现金折扣成本与银行贷款利率的关系。如果放弃现金折扣成本低于银行贷款利率，则应放弃现金折扣，否则就应享受现金折扣。

9.7.3 实验案例

【案例 9-7】 H 公司的四个供应商给出的信用条件如表 9-3 所示。

表 9-3　　　　　　　　　　　供应商的信用条件

供 应 商	信 用 条 件
甲	$1/10, n/20$
乙	$1/10, n/30$
丙	$2/10, n/20$
丁	$2/10, n/30$

要求：(1) 分别计算各个信用条件下放弃现金折扣的成本；(2) 假如 H 公司向银行借款的利率为 20%，分别针对各个信用条件为其做出是否放弃现金折扣的决策。

9.7.4 实验步骤

在工作簿"第 9 章"中命名一个"案例 9-7"的工作表，然后进行如下操作。

第一步：录入基本数据，如图 9.15 所示。

	A	B	C	D	E	F
1	供应商	信用条件	折扣率	折扣期(天)	信用期(天)	放弃现金折扣成本
2	甲	$1/10, n/20$	1%	10	20	
3	乙	$1/10, n/30$	1%	10	30	
4	丙	$2/10, n/20$	2%	10	20	
5	丁	$2/10, n/30$	2%	10	30	

图 9.15　基本数据录入

第二步：在单元格 F2 输入公式"=C2/(1-C2)*360/(E2-D2)"，计算甲供应商的信用条件下放弃现金折扣的成本；单击 F2，然后按住填充柄拖动至 F5，分别计算乙、丙、丁供应商的信用条件下放弃现金折扣的成本，上述操作的结果如图 9.16 所示。

	A	B	C	D	E	F
1	供应商	信用条件	折扣率	折扣期(天)	信用期(天)	放弃现金折扣成本
2	甲	$1/10, n/20$	1%	10	20	36.36%
3	乙	$1/10, n/30$	1%	10	30	18.18%
4	丙	$2/10, n/20$	2%	10	20	73.47%
5	丁	$2/10, n/30$	2%	10	30	36.73%

图 9.16　放弃现金折扣的成本

第三步：做出是否放弃现金折扣的决策。由于在甲、丙和丁供应商所给予信用条件下的放弃现金折扣成本高于银行贷款利率 20%，因而应享受其提供的现金折扣；由于在乙供应商所给予信用条件下的放弃现金折扣成本低于银行贷款利率20%，因而应放弃其提供的现金折扣。

实验9.8　短期融资券实际年利率的计算

9.8.1　实验目的

本实验的目的是掌握短期融资券实际年利率的计算办法。

9.8.2　实验原理

短期融资券是大型工商企业或金融企业为筹措短期资金而发行的无担保短期本票。如果短期融资券采用贴现方式付息，则其实际年利率会高于名义年利率。在贴现付息方式下短期融资券的实际年利率计算公式为：

$$i = \frac{r}{1 - r \times \frac{n}{360}}$$

式中，i 为短期融资券实际年利率；r 为短期融资券名义年利率（票面年利率）；n 为短期融资券期限。

9.8.3　实验案例

【案例9-8】H公司发行了期限为180天的短期融资券，其票面年利率为8%，采用贴现方式付息。

要求：计算该短期融资券的实际年利率。

9.8.4　实验步骤

在工作簿"第9章"中命名一个"案例9-8"的工作表，然后进行如下操作。

第一步：在工作表"案例9-8"录入基本数据，如图9.17所示。

第二步：在单元格B3输入公式"=B1/(1-B1*B2/360)"，计算短期融资券的实际年利率，结果如图9.18所示。

	A	B
1	短期融资券票面年利率	8%
2	短期融资券期限（天）	180
3	短期融资券实际年利率	

图9.17　基本数据录入

	A	B
1	短期融资券票面年利率	8%
2	短期融资券期限（天）	180
3	短期融资券实际年利率	8.33%

图9.18　短期融资券的实际年利率

第三步：计算结果的分析。在贴现付息方式下，短期融资券发行者实际取得的金额为票面金额（名义本金）减去利息（等于名义本金乘以名义利率）的差额，这个差额相当于短期融资券的实际本金，由于短期融资券实际本金小于名义本金，因而导致其实际年利率高于名义年利率。

练习题

1. H公司按"2.5/15，$n/30$"的信用条件购入价值为100万元的商品，并在第30天付款。

   要求：计算H公司放弃现金折扣的成本。

2. M公司预计全年需要现金80万元，现金与有价证券的转换成本为每次100元，有价证券的利率为10%。

   要求：计算M公司的最佳现金持有量。

3. N公司全年需要甲材料36 000箱，每次订货成本为900元，每箱材料的年储存成本为30元，订货期为5天。

   要求：(1) 计算甲材料的经济订货量；(2) 计算甲材料的再订货点。

企业分配管理

实验 10.1　现金股利分配政策与应分配现金股利额

10.1.1　实验目的

本实验的目的是掌握不同现金股利分配政策下应分配现金股利额的确定方法。

10.1.2　实验原理

股利政策是指企业确定股利及与股利有关的事项所采取的方针与策略，是企业财务管理的重要内容。常见的股利政策有以下四种。

剩余股利政策，是指在保证企业最佳资本结构的前提下，税后利润首先用来满足企业投资需求，若有剩余才用于股利分配的股利政策。在剩余股利政策下，一般按以下步骤确定现金股利额：① 根据选定的最佳投资方案，确定投资所需的资金数额；② 按照企业的目标资本结构，确定投资需要增加的股东权益资本数额；③ 税后净利首先用于满足投资需要增加的股东权益资本数额；④ 将满足投资后剩余的税后净利用于向股东分配现金股利。

固定股利政策，就是将每年发放的每股股利额维持在某一特定水平上，除非企业认为未来盈利的增加足以使它能够将股利维持到一个更高的水平时，才会提高每股股利的发放额。

低正常股利加额外股利政策，就是每年都支付稳定但相对较低的股利额，当企业盈利较多时，再根据实际情况发放额外股利。

固定股利支付率股利政策，就是企业每年从税后净利中按固定的股利支付率发放股利。

10.1.3　实验案例

【案例 10-1】 H公司2019年的净利润为1 500万元，分配现金股利450万元。2020年的净利润为840万元。预计该公司2021年投资计划需要资金630万元。该公司的目标资本结构为股权资本占60%，债务资本占40%。

要求：

（1）如果采用剩余股利政策，计算该公司2020年的应分配现金股利额。

（2）如果采用固定股利政策，计算该公司2020年的应分配现金股利额。

（3）如果采用固定股利支付率股利政策，计算该公司2020年的应分配现金股利额。

（4）如果采用低正常股利加额外股利政策，该公司2019年的现金股利为正常股利，计算该公司2020年的应分配现金股利额。

10.1.4 实验步骤

创建一个工作簿，命名为"第10章"。在该工作簿中命名一个"案例10-1"的工作表，然后进行如下操作。

第一步：设计表格并录入基本数据，如图10.1所示。

	A	B
1	基本数据：	
2	2019年净利润（万元）	1500
3	2019年现金股利（万元）	450
4	2020年净利润（万元）	840
5	2021年投资计划需要资金（万元）	630
6	目标资本结构中股权资本占比	60%
7	目标资本结构中债务资本占比	40%
8	不同股利政策下的现金股利额：	
9	股利政策	2020年应分配的现金股利额（万元）
10	剩余股利政策	
11	固定股利政策	
12	固定股利支付率股利政策	
13	低正常股利加额外股利政策	

图10.1 基本数据录入

第二步：计算不同股利政策下应分配的现金股利额。

（1）在单元格B10输入公式"＝B4－B5*B6"，计算剩余股利政策下应分配的现金股利额。

（2）在单元格B11输入公式"＝B3"，计算固定股利政策下应分配的现金股利额。

（3）在单元格B12输入公式"＝B3/B2*B4"，计算固定股利支付率股利政策下应分配的现金股利额。

（4）在单元格B13输入公式"＝B3"，计算低正常股利加额外股利政策下应分配的现金股利额。计算结果如图10.2所示。

	A	B
1	基本数据：	
2	2019年净利润（万元）	1500
3	2019年现金股利（万元）	450
4	2020年净利润（万元）	840
5	2021年投资计划需要资金（万元）	630
6	目标资本结构中股权资本占比	60%
7	目标资本结构中债务资本占比	40%
8	不同股利政策下的现金股利额：	
9	股利政策	2020年应分配的现金股利额（万元）
10	剩余股利政策	462
11	固定股利政策	450
12	固定股利支付率股利政策	252
13	低正常股利加额外股利政策	450

图10.2 最终计算结果

实验 10.2　股票股利及其经济后果

10.2.1　实验目的

本实验的目的是了解股票股利及其经济后果。

10.2.2　实验原理

股票股利是指企业以股票的形式发放给股东的股利。与现金股利不同，股票股利不会导致企业现金的流出。从会计的角度看，股票股利只是资金在股东权益账户之间的转移，不改变股东权益总额。由于发放股票股利增加了市场上流通股的数量，因而股票股利会使企业的每股利润下降，在市盈率（＝每股市价/每股利润）保持不变的情况下，发放股票股利后的股票价格，应当按发放股票股利的比例而成比例下降。

对股东而言，股票股利理论上不会带来财富的增加，但如果企业在发放股票股利后还能发放现金股利，且维持每股现金股利不变，或股票价格在除权日后并没有随着股票数量的增加而同比例下降，则股东的财富就会增加。

对企业管理当局而言，发放股票股利可以满足如下动机：① 如果企业管理当局认为本企业的股票价格过高，影响股票的流动性，则股票股利可以将股票价格降下来；② 可以减少现金股利的发放，将现金留作再投资，以利于企业的长期稳定发展。

10.2.3　实验案例

【案例 10-2】　H 公司发放股票股利前的资产负债表如表 10-1 所示。

表 10-1　　　　　　　　H 公司发放股票股利前的资产负债表

单位：元

资产		负债	50 000 000
	120 000 000	普通股	10 000 000
		（10 000 000 股，每股面值 1 元）	
		资本公积	30 000 000
		未分配利润	30 000 000
		股东权益合计	70 000 000
资产合计	120 000 000	负债与股东权益合计	120 000 000

H 公司宣布将发放 10% 的股票股利，即每 10 股发放 1 股股票股利。

要求：

（1）编制 H 公司发放股票股利后的资产负债表。

（2）假设 H 公司发放股票股利前的每股利润为 0.5 元，试计算其发放股票股利后的每股利润。

（3）假设 H 公司发放股票股利前每股市价为 10 元，股票股利发放前后的市盈率保持不变，则其股票股利发放后的每股价格应为多少？

(4) 假设 H 公司的现金股利一直采用固定股利政策，每年的每股现金股利为 0.4 元，本次发放股票股利后仍采用这一股利政策，则其发放的现金股利总额和每股股利分别是多少？

(5) 假设在 H 公司发放股票股利前，投资者甲持有 H 公司普通股 20 万股，持股比例为 2%，所持股票的总价值为 200 万元，则 H 公司发放股票股利后，甲持有 H 公司的普通股股数、持股比例和分得的现金股利额分别是多少？所持股票的总价值又应为多少？

10.2.4 实验步骤

在工作簿"第 10 章"中命名一个"案例 10-2"的工作表，然后进行如下操作。

第一步：设计表格并录入基本数据，如图 10.3 所示。

	A	B	C	D	E	F	G	H	I
1	H公司发放股票股利前的资产负债表						H公司发放股票股利后的资产负债表		
2	项目	金额（元）	项目	金额（元）		项目	金额（元）	项目	金额（元）
3	资产	120000000	负债	50000000		资产		负债	
4			普通股	10000000				普通股	
5			（普通股股份）					（普通股股份）	
6			资本公积	30000000				资本公积	
7			未分配利润	30000000				未分配利润	
8			股东权益合计	70000000				股东权益合计	
9	资产合计	120000000	负债与股东权益合计	120000000		资产合计		负债与股东权益合计	
10									
11	H公司及投资者甲的其他资料					股票股利发放后H公司和投资者甲的有关指标			
12	H公司的其他资料：					H公司的每股利润（元）			
13	股票股利发放率			10%		H公司的每股市价（元）			
14	股票股利发放前每股市价（元）			10		投资者甲的持股数量（股）			
15	股票股利发放前每股利润（元）			0.5		投资者甲的持股比例			
16	市盈率（倍）			20		投资者甲的现金股利（元）			
17	每股现金股利（元）			0.4		投资者甲的股票总价值（元）			
18	投资者甲的有关资料：								
19	持股数量（股）			200000					
20	持股比例			2%					
21	股票总价值（元）			2000000					

图 10.3 基本数据录入

第二步：编制 H 公司发放股票股利后的资产负债表。

(1) 在单元格 G3、G9、I3 和 I9 分别输入公式"=B3""=B9""=D3""D9"，填列 H 公司发放股票股利后的资产、资产合计、负债和负债及股东权益合计金额。

(2) 在单元格 I4 输入公式"=D4*(1+D13)"，计算 H 公司发放股票股利后的普通股股本。

(3) 在单元格 I5 输入公式"=D5*(1+D13)"，计算 H 公司发放股票股利后的普通股股数。

(4) 在单元格 I6 输入公式"=D6+D4*D14*D13－(I4－D4)"，计算 H 公司发放股票股利后的资本公积。

(5) 在单元格 I7 输入公式"=D7－D4*D14*D13"，计算 H 公司发放股票股利后的未分配利润。

(6) 选择区域 I5：I7，然后单击工具栏中的"自动求和"按钮"Σ"，计算 H 公司发放股票股利后的股东权益合计。

第三步：计算股票股利发放后 H 公司和投资者甲的有关指标。

(1) 在单元格 I12 输入公式"=D15/(1+D13)"，计算 H 公司发放股票股利后的每股利润。

（2）在单元格 I13 输入公式"＝D16*I12"，计算 H 公司发放股票股利后的每股市价。

（3）在单元格 I14 输入公式"＝D19*（1＋D13）"，计算投资者甲发放股票股利后的持股数量。

（4）在单元格 I15 输入公式"＝I14/I5"，计算投资者甲发放股票股利后的持股比例。

（5）在单元格 I16 输入公式"＝I14*D17"，计算投资者甲获得的现金股利额。

（6）在单元格 I17 输入公式"＝I14*I13"，计算投资者甲发放股票股利后的股票总价值。

上述操作的结果如图 10.4 所示。

	A	B	C	D	E	F	G	H	I
1		H公司发放股票股利前的资产负债表					H公司发放股票股利后的资产负债表		
2	项目	金额（元）	项目	金额（元）		项目	金额（元）	项目	金额（元）
3	资产	120000000	负债	50000000		资产	120000000	负债	50000000
4			普通股	10000000				普通股	11000000
5			（普通股股份）	10000000				（普通股股份）	11000000
6			资本公积	30000000				资本公积	39000000
7			未分配利润	30000000				未分配利润	20000000
8			股东权益合计	70000000				股东权益合计	70000000
9	资产合计	120000000	负债与股东权益合计	120000000		资产合计	120000000	负债与股东权益合计	120000000
10									
11		H公司及投资者甲的其他资料					股票股利发放后H公司和投资者甲的有关指标		
12	H公司的其他资料：					H公司的每股利润（元）			0.45
13	股票股利发放率			10%		H公司的每股市价（元）			9.09
14	股票股利发放前每股市价（元）			10		投资者甲的持股数量（股）			220000
15	股票股利发放前每股利润（元）			0.5		投资者甲的持股比例			0.02
16	市盈率（倍）			20		投资者甲的现金股利（元）			88000
17	每股现金股利（元）			0.4		投资者甲的股票总价值（元）			2000000
18	投资者甲的有关资料：								
19	持股数量（股）			200000					
20	持股比例			2%					
21	股票总价值（元）			2000000					

图 10.4 最终计算结果

第四步：对计算结果的分析。

从上述计算结果可见，H 公司在发放股票股利前后的资产、负债和股东权益合计均没有变化；变化的只是股东权益内部各个项目的金额，即普通股股本项目的金额增加 100 万元，资本公积项目增加了 900 万元，这两个项目所增加的金额来自未分配利润。这里，由于 H 公司发放了 10% 的股票股利，即增发普通股 100 万股（1 000 万股×10%），所以普通股股本增加 100 万元（每股股本 1 元×100 万股），又由于所增发的普通股通常是按当前市价发行的，因而该批股票总值就是 1 000 万元，其超出股本的金额 900 万元为股本溢价，计入资本公积。

由于 H 公司增发普通股 100 万股，使其每股利润由股票股利发放前的 0.5 元，降低为股票股利发放后的约 0.45 元，即 0.5/（1＋10%），约降低了 10%；而在市盈率不变的情况下，其每股市价也会降低 10%，由股票股利发放前的 10 元降低为股票股利发放后的约 9.09 元，即 10/（1＋10%）。

投资者甲的持股数量会因获得 10% 的股票股利而增加 10%，即增加至 22 万股，但其持股比例不变，仍为 2%（股票股利发放前，20 万股/1 000 万股×100%＝2%，股票股利发放后，220 000 股/11 000 000 股×100%＝2%），又由于 H 公司股票的每股市价由股票股利发放前的 10 元降低为股票股利发放后的 9.09 元，因而投资者甲所持股票的总价值在股票股利发放前后均为 200 万元（股票股利发放前，20 万股×10 元/股＝200 万元，股票股利发放后，22 万股×9.09 元/股≈200 万元）。当然，由于 H 公司在发放股票股利后仍发放 0.4 元/股的现金股利，投资者甲因此而获得 88 000 元（22 万股×0.4 元/股=8.8 万元）的现金股利，假如 H 公司不发放股票股利而直接按 0.4 元/股发放现金股利，投资者甲只能得到 8 万元（20 万股×0.4 元/股）的现金股利。

以上关于投资者甲所持股票总价值不变的分析，是建立在 H 公司股票股利发放前后的市盈率不变从而每股市价会随股票股利的发放而同比例下降的前提之上的，如果考虑到每股市价影响因素的复杂性，则每股市价在发放股票股利后的下降幅度可能不同于股票股利的发放比例，在这样的情况下，投资者甲所持股票的总价值在股票股利发放前后就会发生变化。

实验 10.3　股票分割及其经济后果

10.3.1　实验目的

本实验的目的是了解股票分割及其经济后果。

10.3.2　实验原理

股票分割是指将面额较高的股票分割为面额较低的股票的行为。就会计而言，股票分割对企业的权益资本账户不产生任何影响，但会使股票的面额降低、股票数量增加。由于股票分割会导致企业的股票数量增加，因此股票分割会使企业的每股利润下降，如果企业股票的市盈率不变，则股票分割后股票的价格将会下降。与股票股利不同，股票分割不会导致企业股东权益结构发生变化。

对企业管理当局而言，实施股票分割可以满足如下动机：① 降低股票市价。如果企业管理当局认为本企业的股票价格过高，影响股票的流动性，则股票分割可以将股票价格降下来。② 为发行新股做准备。在新股发行之前，利用股票分割降低股票价格，有利于提高股票的可转让性，促进新股的发行。

10.3.3　实验案例

【案例 10-3】 H 公司实施股票分割前的资产负债表如表 10-2 所示。

表 10-2　　　　　　　H 公司实施股票分割前的资产负债表

单位：元

资产	120 000 000	负债	50 000 000
		普通股	10 000 000
		（10 000 000 股，每股面值 1 元）	
		资本公积	30 000 000
		未分配利润	30 000 000
		股东权益合计	70 000 000
资产合计	120 000 000	负债与股东权益合计	120 000 000

现在，H 公司决定实施将一股股票分割为两股股票的计划。

要求：

（1）编制 H 公司实施股票分割后的资产负债表。

（2）假设 H 公司实施股票分割前的每股利润为 0.5 元，试计算其实施股票分割后的每股利润。

（3）假设 H 公司实施股票分割前每股市价为 10 元，并假设实施股票分割前后的市盈率保持不变，则其实施股票分割后的每股价格应为多少？

（4）假设在 H 公司实施股票分割前，投资者甲持有 H 公司普通股 20 万股，持股比例为 2%，所持股票的总价值为 200 万元，则 H 公司实施股票分割后，甲持有 H 公司的普通股股数和持股比例分别是多少？所持股票的总价值又应为多少？

10.3.4 实验步骤

在工作簿"第 10 章"中命名一个"案例 10-3"的工作表，然后进行如下操作。

第一步：设计表格并录入基本数据，如图 10.5 所示。

	A	B	C	D	E	F	G	H	I
1		H公司实施股票分割前的资产负债表					H公司实施股票分割后的资产负债表		
2	项目	金额（元）	项目	金额（元）		项目	金额（元）	项目	金额（元）
3	资产	120000000	负债	50000000		资产		负债	
4			普通股	10000000				普通股	
5			（普通股股份）	10000000				（普通股股份）	
6			资本公积	30000000				资本公积	
7			未分配利润	30000000				未分配利润	
8			股东权益合计	70000000				股东权益合计	
9	资产合计	120000000	负债与股东权益合计	120000000		资产合计		负债与股东权益合计	
10									
11			H公司及投资者甲的其他资料					股票分割后H公司和投资者甲的有关指标	
12	H公司的其他资料：							H公司的每股利润（元）	
13	股票分割比例（1/2）			50%				H公司的每股市价（元）	
14	股票股利发放前每股市价（元）			10				投资者甲的持股数量（股）	
15	股票股利发放前每股利润（元）			0.5				投资者甲的持股比例	
16	市盈率（倍）			20				投资者甲的股票总价值（元）	
17	投资者甲的有关资料：								
18	持股数量（股）			200000					
19	持股比例			2%					
20	股票总价值（元）			2000000					

图 10.5 基本数据录入

第二步：编制 H 公司实施股票分割后的资产负债表。复制区域 A3:D9，粘贴至区域 F3:I9，编制 H 公司实施股票分割后的资产负债表，在单元格 I5 输入公式"=D5/D13"，计算 H 公司实施股票分割后的普通股股数。

第三步：计算股票分割后 H 公司和投资者甲的有关指标。

（1）在单元格 I12 输入公式"=D15*D13"，计算 H 公司实施股票分割后的每股利润。

（2）在单元格 I13 输入公式"=D14*D13"，计算 H 公司实施股票分割后的每股市价。

（3）在单元格 I14 输入公式"=D18/D13"，计算 H 公司实施股票分割后投资者甲的持股数量。

（4）在单元格 I15 输入公式"=I14/I5"，计算 H 公司实施股票分割后投资者甲的持股比例。

（5）在单元格 I16 输入公式"=I13*I14"，计算 H 公司实施股票分割后投资者甲的股票总价值。

上述操作的结果如图 10.6 所示。

	A	B	C	D	E	F	G	H	I
1		H公司实施股票分割前的资产负债表					H公司实施股票分割后的资产负债表		
2	项目	金额（元）	项目	金额（元）		项目	金额（元）	项目	金额（元）
3	资产	120000000	负债	50000000		资产	120000000	负债	50000000
4			普通股	10000000				普通股	10000000
5			（普通股股份）	10000000				（普通股股份）	20000000
6			资本公积	30000000				资本公积	30000000
7			未分配利润	30000000				未分配利润	30000000
8			股东权益合计	70000000				股东权益合计	70000000
9	资产合计	120000000	负债与股东权益合计	120000000		资产合计	120000000	负债与股东权益合计	120000000
10									
11			H公司及投资者甲的其他资料					股票分割后H公司和投资者甲的有关指标	
12	H公司的其他资料：							H公司的每股利润（元）	0.25
13	股票分割比例（1/2）			50%				H公司的每股市价（元）	5.00
14	股票股利发放前每股市价（元）			10				投资者甲的持股数量（股）	400000.00
15	股票股利发放前每股利润（元）			0.5				投资者甲的持股比例	0.02
16	市盈率（倍）			20				投资者甲的股票总价值（元）	2000000.00
17	投资者甲的有关资料：								
18	持股数量（股）			200000					
19	持股比例			2%					
20	股票总价值（元）			2000000					

图 10.6　最终计算结果

第四步：对计算结果的分析。

从上述计算结果可见，H 公司在实施股票分割前后的资产、负债、股东权益合计以及股东权益内部各个项目的金额均没有变化，而普通股股数、每股面值、每股利润和每股市价则发生了变化。普通股股数由实施股票分割前的 1 000 万股增加至 2 000 万股，每股面值由实施股票分割前的 1 元降低为 0.5 元，每股利润由实施股票分割前的 0.5 元降低为股票分割后的 0.25 元，在市盈率不变的情况下，每股市价也会降低，即由实施股票分割前的 10 元降低为实施股票分割后的 5 元。

至于投资者甲，其持股数量会因股票分割而由 20 万股增加至 40 万股，但其持股比例不变，仍为 2%（股票分割前，200 000 股/10 000 000 股＝2%，股票分割后，400 000 股/20 000 000 股＝2%），又由于 H 公司股票的每股市价由股票分割前的 10 元降低为股票分割后的 5 元，因而投资者甲所持股票的总价值在股票股利发放前后均为 200 万元（股票股利发放前，200 000 股×10 元/股＝200 万元，股票股利发放后，400 000 股×5 元/股＝200 万元）。

以上关于投资者甲所持股票总价值不变的分析，也是建立在 H 公司股票分割前后的市盈率不变从而每股市价会随股票分割而同比例下降的前提之上的，如果每股市价在实施股票分割下降的幅度不同于股票分割的比例，则投资者甲所持股票的总价值在股票分割前后就会发生变化。

实验 10.4　股票回购及其经济后果

10.4.1　实验目的

本实验的目的是了解股票回购及其经济后果。

10.4.2　实验原理

股票回购是指企业出资回购其所发行的流通在外的股票，将其作为库藏股票或进行注销的行为。如果企业现金较为充足，则既可以采取现金股利的方式发放给股东，也可以采取股票回购的方式回报股东。由于股票回购使流通在外的股票数量减少，因而在企业利润不变的情况下，股票回购会提高企业的每股利润，如果企业股票的市盈率保持不变，则股票市价会上涨，投资者会从中获取资本利得。从这一意义上说，股票回购可视为现金股利的一种替代方式。

对股东而言，无论是股票回购还是现金股利，所得到的税前收益是相同的，但股票投资资本利得的所得税税率通常低于现金股利的所得税税率，因而股票回购能使股东得到更多的税后投资收益。

对企业管理当局而言，实施股票回购可以满足如下动机：① 分配企业的超额现金。在企业现金持有量超过投资所需现金且又打算维持现金股利政策的稳定性时，实施股票回购既可将超额现金发给股东，又不影响现金股利政策的稳定性。② 改善企业的资本结构。如果企业认为股东权益在资本结构中所占的比例过大，可用举债筹集的资金进行股票回购，以达到降低股东权益比例的目的。③ 提高企业的股票价格。如果股票市场低估了企业的股价，企业可通过股票回购来提高其股票价格。

10.4.3　实验案例

【案例10-4】　H公司每年实现净利润均为400万元，本年末发行在外的普通股1 000万股，账面股东权益10 000万元。H公司于本年末以每股市价10元回购普通股20万股。假设H公司股票在实施股票回购前后市盈率保持不变。

在H公司实施本次股票回购前，投资者甲以每股市价10元购入H公司普通股10万股，H公司实施本次股票回购时回购了投资者甲的0.2万股。

要求：

(1) 计算H公司实施股票回购前的每股利润。

(2) 计算H公司股票的市盈率。

(3) 计算H公司实施股票回购前的每股净资产。

(4) 计算H公司实施股票回购后的每股净资产。

(5) 计算H公司实施股票回购后的每股利润。

(6) 计算H公司实施股票回购后的每股市价。

(7) 计算H公司实施股票回购前投资者甲的股票总价值。

(8) 计算H公司实施股票回购后投资者甲的股票总价值。

(9) 计算在本次H公司股票回购中投资者甲的税前获利额。

(10) 假如H公司不实施股票回购，而以200万元现金作为股利发放给股东，计算投资者甲获得的税前现金股利额。

(11) 假如股票投资资本利得的所得税税率为零，现金股利的所得税税率为20%，分别计算投资者甲在H公司实施股票回购时的税后获利额和发放现金股利时的税后获利额。

10.4.4　实验步骤

在工作簿"第10章"中命名一个"案例10-4"的工作表，然后进行如下操作。

第一步：设计表格并录入基本数据，如图10.7所示。

	A	B
1	H公司的基本数据：	
2	每年净利润（元）	4000000
3	本年末发行在外的普通股股数（股）	10000000
4	本年末账面股东权益（元）	100000000
5	本年末每股市价（元）	10
6	本年末回购普通股股数（股）	200000
7	投资者甲的基本数据：	
8	股票回购前购入H公司普通股股数（股）	100000
9	被H公司回购普通股股数（股）	2000
10	H公司相关指标计算结果：	
11	实施股票回购前每股利润（元）	
12	实施股票回购后每股利润（元）	
13	市盈率（倍）	
14	实施股票回购前的每股净资产（元）	
15	实施股票回购后的每股净资产（元）	
16	实施股票回购后的每股市价（元）	
17	投资者甲相关指标计算结果：	
18	实施股票回购前的股票总价值（元）	
19	实施股票回购后的股票总价值（元）	
20	实施股票回购时的税前获利额（元）	
21	发放现金股利时的税前获利额（元）	
22	实施股票回购时的税后获利额（元）	
23	发放现金股利时的税后获利额（元）	

图 10.7　基本数据录入

第二步：计算 H 公司的相关指标。

（1）在单元格 B11 输入公式"＝B2/B3"，计算 H 公司股票回购前每股利润。

（2）在单元格 B12 输入公式"＝B2/(B3－B6)"，计算 H 公司股票回购后的每股利润。

（3）在单元格 B13 输入公式"＝B5/B11"，计算 H 公司股票的市盈率。

（4）在单元格 B14 输入公式"＝B4/B3"，计算 H 公司股票回购前的每股净资产。

（5）在单元格 B15 输入公式"＝(B4－B6＊B5)/(B3－B6)"，计算 H 公司股票回购后的每股净资产。

（6）在单元格 B16 输入公式"＝B12＊B13"，计算 H 公司股票回购后的每股市价。

第三步：计算投资者甲的相关指标。

（1）在单元格 B18 输入公式"＝B8＊B5"，计算投资者甲在 H 公司实施股票回购前的股票总价值。

（2）在单元格 B19 输入公式"＝(B8－B9)＊B16"，计算投资者甲在 H 公司实施股票回购后的股票总价值。

（3）在单元格 B20 输入公式"＝B9＊B5"，计算投资者甲在 H 公司实施股票回购时的税前获利额。

（4）在单元格 B21 输入公式"＝(2 000 000/B3)＊B8"，计算投资者甲在 H 公司发放现金股利时的税前获利额。

（5）在单元格 B22 输入公式"＝B20＊(1－0％)"，计算投资者甲在 H 公司实施股票回购时的税后获利额。

（6）在单元格 B23 输入公式"＝B21＊(1－20％)"，计算投资者甲在 H 公司发放现金股利时的税后获利额。

上述操作的结果如图 10.8 所示。

	A	B
1	H公司的基本数据：	
2	每年净利润（元）	4000000
3	本年末发行在外的普通股股数（股）	10000000
4	本年末账面股东权益（元）	100000000
5	本年末每股市价（元）	10
6	本年末回购普通股股数（股）	200000
7	投资者甲的基本数据：	
8	股票回购前购入H公司普通股股数（股）	100000
9	被H公司回购普通股股数（股）	2000
10	H公司相关指标计算结果：	
11	实施股票回购前每股利润（元）	0.4
12	实施股票回购后每股利润（元）	0.408163265
13	市盈率（倍）	25
14	实施股票回购前的每股净资产（元）	10
15	实施股票回购后的每股净资产（元）	10
16	实施股票回购后的每股市价（元）	10.20408163
17	投资者甲相关指标计算结果：	
18	实施股票回购前的股票总价值（元）	1000000
19	实施股票回购后的股票总价值（元）	1000000
20	实施股票回购时的税前获利额（元）	20000
21	发放现金股利时的税前获利额（元）	20000
22	实施股票回购时的税后获利额（元）	20000
23	发放现金股利时的税后获利额（元）	16000

图 10.8　最终计算结果

第四步：对计算结果的分析。

（1）计算结果显示，H 公司实施股票回购前的每股利润为 0.4 元，实施股票回购后的每股利润为 0.41 元，这种变化是由于股票回购减少了流通股，在净利润不变的情况下，每股利润就会上升。

（2）计算结果显示，H 公司实施股票回购前后的每股净资产均为 10 元，没有变化，这是因为股票回购减少流通股的同时，也相应地减少了股东权益。

（3）由于股票回购会使公司的每股利润增加，因而在市盈率保持不变的情况下，股票回购会使公司的每股市价上升。计算结果显示，H 公司实施股票回购前的每股市价为 10 元，实施股票回购后的每股市价为 10.20 元。提升股票市价实际上是公司实施股票回购的动机之一。

（4）计算结果显示，投资者甲在 H 公司实施股票回购前后的股票总价值不变，均为 100 万元。更重要的是，在市盈率保持不变的情况下，H 公司实施股票回购还能使投资者甲在保持所持股票总价值不变的基础上多获利（税前）2 万元，这 2 万元可视为 H 公司给予投资者甲的一种投资回报。事实上，如果 H 公司将实施股票回购的资金用于对股东分配现金股利，投资者甲获得的投资回报（税前）也一样是 2 万元。当然，由于资本利得的所得税税率通常低于现金股利的所得税税率，因而股票回购方式相比现金股利方式而言能使投资者得到更多的税后收益。计算结果也显示，H 公司实施股票回购时投资者甲的税后获利为 2 万元，而若 H 公司分配现金股利，投资者甲的税后收益则为 1.6 万元。可见，股票回购不仅能将企业的超额现金分配给股东，还能帮股东合理避税。

练习题

1. M公司202×年年末股东权益如表10-3所示。

表10-3　　　　　　　　　M公司202×年12月31日股东权益

项　　目	金额（万元）
股本（面值1元，10 000万股）	10 000
资本公积	2 000
盈余公积	1 000
未分配利润	2 000
合　　计	15 000

目前M公司股票的每股市价为20元，在公司采用以下不同股利分配方案的情况下，股东权益和股本的金额会发生怎样的变化？如果不考虑信号效应，股价会如何变化？

（1）公司决定采用的股利分配方案为：每10股用资本公积转增2股并分派股票股利3股。

（2）公司决定采用现金股利分配方案，每股分配现金股利1.5元，现金股利的个人所得税税率20%。

（3）为了增强公司股票的流动性，公司决定进行股票分割，1股普通股分割为2股。

2. N公司预计未来5年的净利润和资本性支出如表10-4所示。

表10-4　　　　　　　　N公司预计未来5年的净利润和资本性支出

单位：万元

项　　目	第1年	第2年	第3年	第4年	第5年
净利润	5 000	5 400	6 000	8 000	6 000
资本性支出	4 000	4 500	5 000	6 000	4 000

N公司目前的普通股股数为10 000万股，实行固定股利政策，每股股利0.4元。公司根据未来的发展战略，拟调整股利分配政策，以下是几种备选的股利政策。

（1）继续实行目前的固定股利政策，未来5年各年的现金股利总额和外部筹资额分别是多少？

（2）采用剩余股利政策，公司的目标资本结构为：股权资本占60%，负债资本占40%，未来5年各年的现金股利总额和外部筹资额分别是多少？

（3）采用固定股利支付率政策，股利支付率为70%，未来5年各年的现金股利总额和外部筹资额分别是多少？

3. Q公司202×年度普通股为10 000万股，净利润为8 000万元，股票的市盈率为20倍。公司现有现金6 000万元，既可用于发放现金股利，也可用于股票回购。

要求：

（1）如果用于发放现金股利，则每股股利是多少？

（2）如果用于回购股票，那么以目前的股票市价能回购股票多少股？

（3）回购股票之后，每股利润为多少？如果股票回购前后市盈率保持不变，回购股票之后股票的价格将会是多少？

第三部分 财务管理综合实验篇

第 11 章 财务管理综合实验

第11章 财务管理综合实验

实验 11.1 企业筹资决策综合分析

11.1.1 实验目的

通过本实验,学生应熟悉各种筹资渠道和筹资方式的特点及适用性,掌握财务风险分析与筹资决策分析的方法,增强筹资决策能力。

11.1.2 实验原理

筹资是公司理财的起点,无论是企业设立、扩张和发展,还是偿还债务或调整资本结构等,都需要企业筹措一定数量的资金。企业筹资要通过一定的渠道并采用一定的方式来完成。筹资渠道是指筹资的方向与通道,体现着筹资的源泉和流量。筹资方式是指筹资所采取的具体形式,体现着筹资的方法特性。

筹资方式包括:吸收直接投资、发行股票、发行债券、向银行借款、租赁、联营、商业信用等,从筹资性质来看,主要筹资方式可概括为股权筹资与负债筹资两大类。股权筹资的特点是可为企业筹措永久性资本,企业无须还本付息,财务风险低、约束条件少,但财务杠杆利用效果不好,筹资成本通常较高,容易分散企业经营控制权。与此相反,负债筹资由于具有抵税效应,筹资成本通常较低,财务杠杆利用效果好,适度的负债筹资可为股东创造更多的财富。但是,负债资本是企业在一定期限内可以使用的临时性资本,企业负有偿债义务,增加负债往往会增加企业的财务风险,同时为了维护债权人的利益,负债资金的使用往往具有诸多约束。显然,股权筹资与负债筹资是各有利弊得失的。如何兴利除弊,优化资本结构,寻求两者的最佳配合,就成为筹资决策的关键所在。

11.1.3 实验案例[①]

1. 公司简况

徐州家具公司成立于2005年,经过十几年的发展,到2019年资产达到1 780万元,销售收入达到1 620万元,净利润达到118万元。尽管2019年受宏观经济下行影响、家具

---

① 本部分案例资料的编写,参考了陈玉珍等编著的科学出版社2002年出版的《财务管理学实验》与曹健等编著的清华大学出版社2012年出版的《财务管理实验与探索》等文献。

行业总体呈萧条状态，但该公司销售收入和净利仍比上年分别增长了8.7％和26.9％。目前，与行业内的标杆公司相比，徐州家具公司规模偏小，生产线较少，不能在每年向市场推出大量的新产品，因而利润的增长幅度相对降低。公司计划在今后5年中，使销售收入成倍增长。为了达到这一目标，公司必须扩大生产规模，计划新建一家分厂，到2021年年末，使生产能力翻一番。分厂直接投资需要1 600万元，其中引进两条生产线共需资金600万元，建造"产品展示销售中心"需投资1 000万元，此外，需要50万元的资金整修和装备现有的厂房和设备，500万元的流动资金弥补生产规模扩大而引起的流动资金的不足。这三项合计共需资金2 150万元。在未来几年中，通过公司内部留用利润和提高流动资金利用效果，可解决550万元资金，但此外的1 600万元资金必须从外部筹措。

2. 行业情况

家具行业既是高度分散的行业，也是极具发展潜力的行业，其发展受宏观经济、房地产市场以及人们家具消费观念的影响巨大。据统计，目前在国内已注册的家具生产厂商已超过4万家，家具业从业人员估计已超过300万人。国内的家具企业最早云集于广东、福建、上海以及江浙、东北一带，但近年来家具行业一直经历着兼并和收购的浪潮，而且其趋势愈演愈烈。有许多家具生产企业由于其生产的品种单一，不能适应快速变化的市场而被迫关闭，也有许多中小家具企业由于抵御不了来自市场竞争的压力而纷纷投入大公司的怀抱，还有一些其他行业的大公司以收购家具公司的方式实现多种经营。随着我国经济发展水平与居民生活水平的提高，该行业的发展前景总体是被看好的。由于人们生活水平的不断提高，家具消费观念已由过去对功能型的追求转化为对时尚、个性化的追求，因此导致家具更新周期缩短，一般在4年至8年左右。由于这一原因使家具市场需求长期旺盛。还有就是住宅的改善进一步刺激了需求。据预测，在未来的15年内，中国的住宅建设每年将以15％的速度递增，此间全国城镇住宅面积将增加12亿平方米，平均每年不低于2.4亿平方米。居住条件的改善带动了民用家具需求的增加，据不完全统计民用家具的需求将占家具销售总量的1/2。此外，随着现代化办公大楼和宾馆、饭店的建成以及昔日的办公家具进入更新换代时期，导致不同门类的中高档办公家具需求激增，据业内人士预测，办公家具的销售量将占家具销售总量的三成左右。

徐州家具公司和同行业三家公司2019年的财务资料如表11-1所示。

表11-1 徐州家具公司和同行业三家公司财务状况表

项　　目	A公司	B公司	C公司	徐州家具公司
销售收入（万元）	3 713.2	12 929.3	7 742.7	1 620
净利润（万元）	188.4	1 203.3	484.9	118
流动比率	3.20	7.20	4.30	3.18
营运资本（万元）	1 160.7	4 565.1	2 677.8	898
资产负债率（百分比）	25％	34％	31.2％	29.89％
净利润占销售收入（百分比）	5.07％	9.31％	6.26％	7.28％
净利润占普通股权益（百分比）	10.6％	11.1％	12.2％	9.46％
普通股每股收益（元）	0.70	1.20	1.93	0.98

续表

项 目	A公司	B公司	C公司	徐州家具公司
普通股每股股息（元）	0.28	0.39	0.60	0.34
市盈率	11.2	12.7	11.9	12.2

3. 徐州家具公司财务状况

徐州家具公司现有长期借款 140 万元，其中有 20 万元在一年内到期。该项借款的年利率为 5%，按照借款合同的规定上述借款每年年末需偿还借款本金 20 万元。公司目前发行在外普通股数量为 120 万股，其中高级职员和董事会成员持股比例在 20% 左右，公司长期采取固定股利支付率政策，其股利支付率大体保持在 35% 左右。公司近 5 年的销售增长率从整体看呈下降趋势，2019 年公司实现净利润 118 万元。截止到 2020 年 6 月末，公司已实现净利润 129 万元。

公司近五年的资产负债表及利润表如表 11-2、表 11-3 所示。

表 11-2　　　　　　　　　　　徐州家具公司资产负债表

单位：万元

项 目	年 份					
	2015 年	2016 年	2017 年	2018 年	2019 年	2020 年 6 月 30 日
资产						
现金	44	52	46	48	126	115
应收账款	390	418	474	546	620	662
存货	360	406	454	510	536	723
其他	12	16	20	22	28	25
流动资产合计	806	892	994	1 126	1 310	1 525
固定资产原值	696	758	788	818	848	848
减：累积折旧	236	270	310	356	378	384
固定资产净值	460	488	478	462	470	464
资产总计	1 266	1 380	1 472	1 588	1 780	1 989
负债及股东权益						
应付账款及应计费用	78	180	282	331	356	507
一年内到期长期借款	20	20	20	20	20	20
应付股利						
应付税金	50	52	10	32	36	34
流动负债合计	148	252	312	383	412	561
长期负债（5%）	200	180	160	140	120	120
股东权益（120 万股）	918	948	1 000	1 065	1 248	1 308
负债及股东权益总计	1 266	1 380	1 472	1 588	1 780	1 989

表 11 - 3　　　　　　　　　　　徐州家具公司利润表

项　目	年　份					
	2015 年	2016 年	2017 年	2018 年	2019 年	2020 年 6 月 30 日
销售净额(万元)	1 062	1 065	1 293	1 491	1 620	1 279
销售成本(万元)	853	880	1 046	1 201	1 274	968
销售毛利(万元)	209	185	247	290	346	311
销售和管理费用(万元)	111	122	142	160	184	136
利息费用(万元)	8	7	7	6	5	3
税前利润(万元)	90	56	98	124	157	172
所得税(税率25%)(万元)	23	14	25	31	39	43
税后净利润(万元)	67	42	73	93	118	129
每股收益(元/股)	0.56	0.35	0.61	0.78	0.98	1.08
分配现金股利(万元)	24	15	26	33	41	—
每股现金股利(元/股)	0.20	0.13	0.22	0.27	0.34	—

4. 徐州家具公司未来财务状况预计

根据项目规划，徐州家具公司前述筹资与投资活动均于 2020 年完成。其中购置的生产线当年即可投产使用，预计投产后每年可产出钢木家具 30 000 件，办公家具 35 000 件。根据此规划，可对公司的财务情况进行预测，相关资料如表 11 - 4 所示。

表 11 - 4　　　　　　徐州家具公司 2020—2025 年预计息税前利润表

单位：万元

项　目	年　份					
	2020	2021	2022	2023	2024	2025
销售净额	2 080	3 100	3 824	4 120	4 410	4 730
销售成本	1 554	2 282	2 835	3 110	3 285	3 560
销售毛利	526	818	989	1 010	1 125	1 170
销售及管理费用	244	270	315	352	390	425
息税前利润	282	548	674	658	735	745
上述成本中包括的折旧额	56	95	125	125	125	125

5. 徐州家具公司筹资的具体方案

针对资本市场与公司财务现状，徐州家具公司财务经理拟定了筹措 1 600 万元资金的两个不同方案。

(1) 发行普通股

公司目前股价为 21.06 元，扣除预计 5% 的发行费用，每股可筹资 20 元，拟发行普通股 80 万股，可为公司筹措资金 1 600 万元。但这种方案必须在董事会讨论决定后 90 天，即在 2020 年会计年度结束后方可实施。

(2) 举债

即向银行举借年利率为 6%，期限为 8 年的贷款，对于此项贷款银行方面提出如下要求：① 贷款的发放日为 2021 年 1 月 1 日，贷款的偿还自 2022 年开始，即 2022 年年末首次还款 200 万元，以后每年年末偿还金额相等均为 200 万元。贷款利息的支付方式采用利随本清的方法。

② 借款的第一年，公司的营运资本必须保持在长期借款（包括原有长期借款和新增长期借款）总额的 50% 以上，以后每年递增 10%，直至达到未偿还借款的 80%。

③ 公司年末资产负债率在取得借款的第一年与第二年不得超过 65%，自第三年起每年年末资产负债率不得高于 60%。

④ 公司股东权益总额至少应维持目前的水平，公司股利支付率不得超过各年实现净利的 60%。

公司近年在利润分配方面一直采用的是固定股利支付率政策，其支付的股利占当年盈利的 35% 左右。公司如果采用负债融资，为确保资产的流动性，未来打算继续执行这一相对偏低的固定股利支付率政策（即按当年盈利 35% 的比例派发现金股利）。但是如果采用发行股票的方式筹集权益资本，为稳定未来股票的市场价格，公司拟将股利分配占当年盈利的比例提高到 55%。

要求：试根据以上案例资料，编制一份财务分析报告，回答下列几个问题。

① 徐州家具公司如果采用借款方式融资，其方案是否可行？（即在偿还借款本金、财务状况等方面是否能够满足贷款银行所提出的相关要求。）

② 两种不同筹资方式下企业各年的资本成本各为多少？（资本成本估算期间暂设定为 2020—2024 年。）

③ 两种不同筹资方式下企业各年的价值变化如何？（企业价值估算期间同上，估算方法可采用相对价值法。）

④ 你认为徐州家具公司应采取哪种方式融资，更有利于提升公司价值？请你在财务分析报告中提出决策的依据。

11.1.4 实验流程

依据现行财务理论，要对徐州家具公司的两项筹资方案进行择优分析，其关注的重点是筹资成本、筹资风险及其为股东创造的价值等方面。当负债融资满足银行规定的各项借款条件且收益或现金流稳定增长时，即可通过比较两项筹资方案的筹资成本、财务杠杆、每股收益、净资产收益率甚至是公司的市场价值等指标加以选优。必须借助这些指标就两项筹资方案开展综合分析，其前提是根据本案例所提供的基础性资料编制一定期间该公司预计的利润表和资产负债表，然而要编制预计的利润表还需对各期利息费用加以估算，要编制预计的资产负债表还需就有关资产或负债项目与销售的相关性加以分析，按照这一思路进行分析与决策的流程如图 11.1 所示。

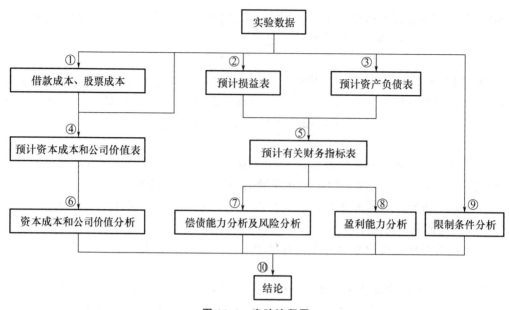

图 11.1 实验流程图

11.1.5 实验步骤

1. 借款筹资方案的分析论证

创建一个工作簿,命名为"第 11 章"。在该工作簿中命名一个"筹资决策－借款方案"的工作表,然后按以下步骤开展估算与操作。

(1) 编制徐州家具公司 2020—2025 年借款及还本付息估算表(负债筹资)

① 计算 2020 年年初长期借款余额。

② 计算 2020 年本年借款。

③ 计算 2020 年本年还款。

④ 计算 2020 年本年利息。

本年利息＝现有借款年初余额×5％＋新借款年初余额×6％

2021－2025 年操作步骤同上。结果如表 11－5 所示。

表 11－5 徐州家具公司 2020—2025 年借款及还本付息估算表(负债筹资)

单位：万元

	A	B	C	D	E	F	G
3	年份	2020	2021	2022	2023	2024	2025
4	年初余额	140	=B7	=C7	=D7	=E7	=F7
5	本年借款	0	1 600	0	0	0	0
6	本年还款	20	20	220	220	220	220
7	年末借款余额	=B4－B6	=C4+C5－C6	=D4+D5－D6	=E4+E5－E6	=F4+F5－F6	=G4+G5－G6
8	本年利息	=B4*0.05	=C4*0.05+C5*0.06	=100*0.05+1 600*0.06	=80*0.05+1 400*0.06	=60*0.05+1 200*0.06	=40*0.05+1 000*0.06

注：原借款(140 万元)适用 5％的利率,新借款(1 600 万元)适用 6％的利率,原借款从 2021 年开始,每年偿还 20 万元,新借款从 2022 年开始,每年偿还 200 万元。

(2) 编制徐州家具公司 2020—2025 年预计利润表（负债筹资）

① 输入 2020—2025 年销售净额和息税前利润。
② 输入 2020—2025 年利息费用。
③ 计算 2020—2025 年税前利润。
④ 计算 2020—2025 年税后利润。
⑤ 输入 2020—2025 年分配股利。
⑥ 计算 2020—2025 年留存收益。
⑦ 输入 2020—2025 年成本费用中折旧额。

2020—2025 年的销售净额、息税前利润和成本费用中折旧额可根据前述财务预测表中的数据直接录入，其他数据可按下述单元格中所列示的数量关系求得。结果如表 11-6 所示。

表 11-6　　　　　徐州家具公司 2020—2025 年预计利润表（负债筹资）

单位：万元

	A	B	C	D	E	F	G
12	年份	2020	2021	2022	2023	2024	2025
13	销售净额	2 080	3 100	3 824	4 120	4 410	4 730
14	息税前利润	282	548	674	658	735	745
15	本年利息费用	=B8	=C8	=D8	=E8	=F8	=G8
16	本年税前利润	=B14−B15	=C14−C15	=D14−D15	=E14−E15	=F14−F15	=G14−G15
17	本年税后净利	=B16*0.75	=C16*0.75	=D16*0.75	=E16*0.75	=F16*0.75	=G16*0.75
18	本年分配股利	=B17*0.35	=C17*0.35	=D17*0.35	=E17*0.35	=F17*0.35	=G17*0.35
19	本年留存收益	=B17−B18	=C17−C18	=D17−D18	=E17−E18	=F17−F18	=G17−G18
20	成本费用中折旧额	56	95	125	125	125	125

(3) 徐州家具公司流动资产、流动负债与销售净额的相关性分析

为使对徐州家具公司未来年度预计资产负债表的编制依据更充分，有必要根据本案例所提供的历史资料，借助 Excel 表格中的 CORREL 函数就其流动资产及流动负债与销售净额的相关性加以分析，以便使该报表中相关数据的估算建立在更加合理可靠的基础上。相关性检验的过程与检验结果如表 11-7 所示。

表 11-7　　　　徐州家具公司流动资产、流动负债与销售净额的相关性分析表

	A	B	C	D	E	F	G
24	年份	2015	2016	2017	2018	2019	相关系数与比例
25	销售净额（万元）	1 062	1 065	1 293	1 491	1 620	
26	流动资产（万元）	806	892	994	1 126	1 310	0.975 2
27	流动负债（万元）	148	252	312	383	412	0.932 7
28	流动资产/销售净额	75.9%	83.8%	76.9%	75.5%	80.9%	78.6%

由表 11-7 可知，流动资产与销售净额的相关系数为 0.975 2，而流动负债与销售净额的相关系数为 0.932 7。基于该公司流动资产对销售净额的相关性更强，因此，在编制预计资产负债表时，无论是借款融资方案还是股权融资方案，对于流动资产项目都将按其占销售净额的平均比例（78.6％）加以估算。

（4）编制徐州家具公司 2020—2025 年预计资产负债表（负债筹资）

① 计算 2020—2025 年流动资产。

$$流动资产＝销售净额×0.786$$

② 计算 2020—2025 年固定资产净值。

$$固定资产净值＝上年末固定资产净值＋本年固定资产投资－本年折旧$$

③ 计算 2020—2025 年资产合计。

$$资产合计＝流动资产＋固定资产净值$$

④ 计算 2020—2025 年股东权益。

$$股东权益＝上年末股东权益＋本年留存收益$$

⑤ 计算 2020—2025 年长期负债。

⑥ 计算 2020—2025 年流动负债。

$$流动负债＝负债及股东权益合计（即资产总计）－股东权益－长期负债$$

⑦ 输入 2020—2025 年负债及股东权益合计（即资产总计）。

结果如表 11-8 所示。

表 11-8　　徐州家具公司 2020—2025 年预计资产负债表（负债筹资）

单位：万元

	A	B	C	D	E	F	G
34	年份	2020	2021	2022	2023	2024	2025
35	流动资产	＝B13＊0.786	＝C13＊0.786	＝D13＊0.786	＝E13＊0.786	＝F13＊0.786	＝G13＊0.786
36	固定资产净值	＝470－B20	＝B36＋50＋1 600－C20	＝C36－D20	＝D36－E20	＝E36－F20	＝F36－G20
37	资产合计	＝B35＋B36	＝C35＋C36	＝D35＋D36	＝E35＋E36	＝F35＋F36	＝G35＋G36
38	流动负债	＝B41－B40－B39	＝C41－C40－C39	＝D41－D40－D39	＝E41－E40－E39	＝F41－F40－F39	＝G41－G40－G39
39	长期负债	＝B7	＝C7	＝D7	＝E7	＝F7	＝G7
40	股东权益	＝1 248＋B19	＝B40＋C19	＝C40＋D19	＝D40＋E19	＝E40＋F19	＝F40＋G19
41	负债及股东权益合计	＝B37	＝C37	＝D37	＝E37	＝F37	＝G37

（5）编制徐州家具公司 2020—2025 年有关财务指标表（负债筹资）

根据已编制的徐州家具公司 2020—2025 年预计利润表及预计资产负债表等相关数据，编制该公司在此期间有关财务指标的估算表。编制的估算表内容如表 11-9 所示。

表 11-9　徐州家具公司 2020—2025 年有关财务指标计算（负债筹资）

单位：万元

	A	B	C	D	E	F	G
45	年份	2020	2021	2022	2023	2024	2025
46	营运资本（万元）	=B35-B38	=C35-C38	=D35-D38	=E35-E38	=F35-F38	=G35-G38
47	营运资本/长期借款	=B46/B39	=C46/C39	=D46/D39	=E46/E39	=F46/F39	=G46/G39
48	资产负债率	=(B38+B39)/B37	=(C38+C39)/C37	=(D38+D39)/D37	=(E38+E39)/E37	=(F38+F39)/F37	=(G38+G39)/G37
49	财务杠杆系数	=B14/B16	=C14/C16	=D14/D16	=E14/E16	=F14/F16	=G14/G16
50	净资产收益率	=B17/B40	=C17/C40	=D17/D40	=E17/E40	=F17/F40	=G17/G40
51	普通股每股收益	=B17/120	=C17/120	=D17/120	=E17/120	=F17/120	=G17/120
52	普通股每股股息	=B18/120	=C18/120	=D18/120	=E18/120	=F18/120	=G18/120

（6）编制徐州家具公司 2020—2025 年资本成本及公司价值计算表（负债筹资）

根据前述相关指标的估算结果，计算负债融资方案下的加权平均资本成本和企业价值。需要说明的是，鉴于本案例资料中提供了与徐州家具公司经营内容相似的三家独立家具生产企业的市盈率指标，为此在对股权价值估算时可采用相对估价法，即以三家独立家具生产企业市盈率的平均值（该平均值约为股价的 12 倍）作为该行业的市盈率，估算其股权价值。有关负债融资方案下的资本成本与公司价值的具体估算，如表 11-10 所示。

表 11-10　徐州家具公司 2020—2025 年资本成本与公司价值计算表（负债筹资）

单位：万元

	A	B	C	D	E	F	G
56	年份	2020	2021	2022	2023	2024	2025
57	借款	=B7	=C7	=D7	=E7	=F7	=G7
58	每股市价	=B51*12	=C51*12	=D51*12	=E51*12	=F51*12	=G51*12
59	股票市值	=B58*120	=C58*120	=D58*120	=E58*120	=F58*120	=G58*120
60	公司价值	=B57+B59	=C57+C59	=D57+D59	=E57+E59	=F57+F59	=G57+G59
61	借款比重	=B57/B60	=C57/C60	=D57/D60	=E57/E60	=F57/F60	=G57/G60
62	股权比重	=B59/B60	=C59/C60	=D59/D60	=E59/E60	=F59/F60	=G59/G60
63	借款成本	=B8*0.75/(B4+B5)	=C8*0.75/(C4+C5)	=D8*0.75/(D4+D5)	=E8*0.75/(E4+E5)	=F8*0.75/(F4+F5)	=G8*0.75/(G4+G5)
64	股权成本	=B52/20	=C52/20	=D52/20	=E52/20	=F52/20	=G52/20
65	综合资本成本	=B61*B63+B62*B64	=C61*C63+C62*C64	=D61*D63+D62*D64	=E61*E63+E62*E64	=F61*F63+F62*F64	=G61*G63+G62*G64

(7) 负债筹资方案实验结果

徐州家具公司借款筹资方案的相关经济指标估算结果如表 11-11～表 11-16 所示。

表 11-11　　　　徐州家具公司 2020—2025 年借款及还本付息估算表

单位：万元

	A	B	C	D	E	F	G
3	年份	2020	2021	2022	2023	2024	2025
4	年初借款余额	140	120	1 700	1 480	1 260	1 040
5	本年借款	0	1 600	0	0	0	0
6	本年还款	20	20	220	220	220	220
7	年末借款余额	120	1 700	1 480	1 260	1 040	820
8	本年利息	7	102	101	88	75	62

表 11-12　　　　徐州家具公司 2020—2025 年预计利润表

单位：万元

	A	B	C	D	E	F	G
12	年份	2020	2021	2022	2023	2024	2025
13	销售净额	2 080	3 100	3 824	4 120	4 410	4 730
14	息税前利润	282	548	674	658	735	745
15	本年利息费用	7	102	101	88	75	62
16	本年税前利润	275	446	573	570	660	683
17	本年税后净利	206.25	334.50	429.75	427.50	495.00	512.25
18	本年分配股利	72.19	117.08	150.41	149.63	173.25	179.29
19	本年留存收益	134.06	217.43	279.34	277.88	321.75	332.96
20	成本费用中折旧额	56	95	125	125	125	125

表 11-13　　　　徐州家具公司流动资产、流动负债与销售净额的相关性分析表

	A	B	C	D	E	F	G
24	年份	2015	2016	2017	2018	2019	相关系数与比例
25	销售净额(万元)	1 062	1 065	1 293	1 491	1 620	
26	流动资产(万元)	806	892	994	1 126	1 310	0.975 2
27	流动负债(万元)	148	252	312	383	512	0.950 6
28	流动资产/销售净额	75.9%	83.8%	76.9%	75.5%	80.9%	78.6%

表 11-14　　徐州家具公司 2020—2025 年预计资产负债表

单位：万元

	A	B	C	D	E	F	G
34	年份	2020	2021	2022	2023	2024	2025
35	流动资产	1 634.88	2 436.60	3 005.66	3 238.32	3 466.26	3 717.78
36	固定资产净值	414	1 969	1 844	1 719	1 594	1 469
37	资产总计	2 048.88	4 405.60	4 849.66	4 957.32	5 060.26	5 186.78
38	流动负债	546.82	1 106.11	1 490.84	1 540.62	1 541.81	1 555.37
39	长期负债	120	1 700	1 480	1 260	1 040	820
40	股东权益	1 382.06	1 599.49	1 878.83	2 156.70	2 478.45	2 811.41
41	负债及股东权益合计	2 048.88	4 405.60	4 849.66	4 957.32	5 060.26	5 186.78

表 11-15　　徐州家具公司 2020—2025 年有关财务指标计算

	A	B	C	D	E	F	G
45	年份	2020	2021	2022	2023	2024	2025
46	营运资本(万元)	1 088.06	1 330.49	1 514.83	1 697.70	1 924.45	2 162.41
47	营运资本/长期借款	9.07	0.78	1.02	1.35	1.85	2.64
48	资产负债率	32.55%	63.69%	61.26%	56.49%	51.02%	45.80%
49	财务杠杆系数	1.03	1.23	1.18	1.15	1.11	1.09
50	净资产收益率	14.92%	20.91%	22.87%	19.82%	19.97%	18.22%
51	普通股每股收益(元)	1.72	2.79	3.58	3.56	4.13	4.27
52	普通股每股股息(元)	0.60	0.98	1.25	1.25	1.44	1.49

表 11-16　　徐州家具公司 2020—2025 年资本成本与公司价值计算表

	A	B	C	D	E	F	G
56	年份	2020	2021	2022	2023	2024	2025
57	借款(万元)	120	1 700	1 480	1 260	1 040	820
58	每股市价(元)	20.63	33.45	42.98	42.75	49.50	51.23
59	股票市值(万元)	2 475	4 014	5 157	5 130	5 940	6 147
60	公司价值(万元)	2 595	5 714	6 637	6 390	6 980	6 967
61	借款比重	4.62%	29.75%	22.30%	19.72%	14.90%	11.77%
62	股权比重	95.38%	70.25%	77.70%	80.28%	85.10%	88.23%
63	借款成本	3.75%	4.45%	4.46%	4.46%	4.46%	4.47%
64	股权成本	3.01%	4.88%	6.27%	6.23%	7.22%	7.47%
65	综合资本成本	3.04%	4.75%	5.86%	5.88%	6.81%	7.12%

2. 股权筹资方案的分析论证

在工作簿"第 11 章"中命名一个"筹资决策－股权方案"的工作表，比照前述借款筹资的分析方法与路径，进行估算与操作。由于二者的分析方法相似，故不再详细加以说明，这里仅就股权筹资方式下每一张估算表中数据的关系借助 Excel 表格的方式予以说明。

（1）编制徐州家具公司 2020—2025 年借款及还本付息估算表（股权筹资）

① 计算 2020—2025 年年初借款余额。

② 计算 2020—2025 年本年还款。

③ 计算 2020—2025 年年末借款余额。

④ 计算 2020—2025 年本年利息。

本年利息＝年初借款余额＊5％。

操作结果如表 11－17 所示。

表 11－17　　徐州家具公司 2020—2025 年借款及还本付息估算表（股权筹资）

单位：万元

	A	B	C	D	E	F	G
4	年份	2020	2021	2022	2023	2024	2025
5	年初借款余额	140	＝B8	＝C8	＝D8	＝E8	＝F8
6	本年借款	0	0	0	0	0	0
7	本年还款	20	20	20	20	20	20
8	年末借款余额	＝B5＋B6－B7	＝C5＋C6－C7	＝D5＋D6－D7	＝E5＋E6－E7	＝F5＋F6－F7	＝G5＋G6－G7
9	本年利息	＝B5＊0.05	＝C5＊0.05	＝D5＊0.05	＝E5＊0.05	＝F5＊0.05	＝G5＊0.05

（2）编制徐州家具公司 2020—2025 年预计利润表（股权筹资）

① 输入 2020—2025 年销售净额和息税前利润。

② 输入 2020—2025 年利息费用。

③ 计算 2020—2025 年税前利润。

④ 计算 2020—2025 年税后净利。

⑤ 输入 2020—2025 年分配股利。

⑥ 计算 2020—2025 年留存收益。

⑦ 输入 2020—2025 年成本费用中折旧额。

操作结果如表 11－18 所示。

表 11－18　　徐州家具公司 2020—2025 年预计利润表（股权筹资）

单位：万元

	A	B	C	D	E	F	G
13	年份	2020	2021	2022	2023	2024	2025
14	销售净额	2 080	3 100	3 824	4 120	4 410	4 730
15	息税前利润	282	548	674	658	735	745

续表

	A	B	C	D	E	F	G
16	本年利息费用	=B9	=C9	=D9	=E9	=F9	=G9
17	本年税前利润	=B15−B16	=C15−C16	=D15−D16	=E15−E16	=F15−F16	=G15−G16
18	本年税后净利	=B17*0.75	=C17*0.75	=D17*0.75	=E17*0.75	=F17*0.75	=G17*0.75
19	本年分配股利	=B18*0.55	=C18*0.55	=D18*0.55	=E18*0.55	=F18*0.55	=G18*0.55
20	本年留存收益	=B18−B19	=C18−C19	=D18−D19	=E18−E19	=F18−F19	=G18−G19
21	成本费用中折旧额	56	95	125	125	125	125

(3) 编制徐州家具公司 2020—2025 年预计资产负债表（股权筹资）

① 计算 2020—2025 年流动资产。

$$流动资产 = 销售净额 \times 0.786$$

② 计算 2020—2025 年固定资产净值。

$$固定资产净值 = 上年末固定资产净值 + 本年固定资产投资 - 本年折旧$$

③ 计算 2020—2025 年资产合计。

$$资产合计 = 流动资产 + 固定资产净值$$

④ 计算 2020—2025 年股东权益。

$$股东权益 = 上年末股东权益 + 本年留存收益$$

⑤ 计算 2020—2025 年长期负债。

⑥ 计算 2020—2025 年流动负债。

$$流动负债 = 负债及股东权益合计（即资产合计）- 股东权益 - 长期负债$$

⑦ 输入 2020—2025 年负债及股东权益合计（即资产合计）。

操作结果如表 11-19 所示。

表 11-19　　徐州家具公司 2020—2025 年预计资产负债表（股权筹资）

单位：万元

	A	B	C	D	E	F	G
25	年份	2020	2021	2022	2023	2024	2025
26	流动资产	=B14*0.786	=C14*0.786	=D14*0.786	=E14*0.786	=F14*0.786	=G14*0.786
27	固定资产净值	=470−B21	=B27+50+1600−C21	=C27−D21	=D27−E21	=E27−F21	=F27−G21
28	资产合计	=B26+B27	=C26+C27	=D26+D27	=E26+E27	=F26+F27	=G26+G27
29	流动负债	=B32−B31−B30	=C32−C31−C30	=D32−D31−D30	=E32−E31−E30	=F32−F31−F30	=G32−G31−G30
30	长期负债	=B8	=C8	=D8	=E8	=F8	=G8
31	股东权益	=1 248+B20	=B31+1 600+C20	=C31+D20	=D31+E20	=E31+F20	=F31+G20
32	负债及股东权益合计	=B28	=C28	=D28	=E28	=F28	=G28

(4) 编制徐州家具公司 2020—2025 年有关财务指标表（股权筹资）

根据已编制的徐州家具公司 2020—2025 年预计利润表及预计资产负债表等相关数据，编制该公司在此期间有关财务指标的估算表。编制的财务估算表内容如表 11-20 所示。

表 11-20　　　　徐州家具公司 2020—2025 年有关财务指标估算（股权筹资）

单位：万元

	A	B	C	D	E	F	G
36	年份	2020	2021	2022	2023	2024	2025
37	营运资本	=B26−B29	=C26−C29	=D26−D29	=E26−E29	=F26−F29	=G26−G29
38	营运资本/长期借款	=B37/B30	=C37/C30	=D37/D30	=E37/E30	=F37/F30	=G37/G30
39	资产负债率	=(B29+B30)/B28	=(C29+C30)/C28	=(D29+D30)/D28	=(E29+E30)/E28	=(F29+F30)/F28	=(G29+G30)/G28
40	财务杠杆系数	=B15/B17	=C15/C17	=D15/D17	=E15/E17	=F15/F17	=G15/G17
41	净资产收益率	=B18/B31	=C18/C31	=D18/D31	=E18/E31	=F18/F31	=G18/G31
42	普通股每股收益(元)	=B18/120	=C18/200	=D18/200	=E18/200	=F18/200	=G18/200
43	普通股每股股息(元)	=B19/120	=C19/200	=D19/200	=E19/200	=F19/200	=G19/200

(5) 编制徐州家具公司 2020—2025 年资本成本及公司价值计算表（股权筹资）

根据前述相关指标的估算结果，计算股权融资方案下的资本成本和公司价值。其中，对股权价值估算仍采用相对估价法，即以三家独立家具生产企业市盈率的平均值（该平均值约为股价的 12 倍）作为该行业的市盈率，估算其股权价值。有关股权筹资方案下的资本成本与公司价值的具体估算，如表 11-21 所示。

表 11-21　　　　徐州家具公司 2020—2025 年资本成本与公司价值估算表（股权筹资）

单位：万元

	A	B	C	D	E	F	G
47	年份	2020	2021	2022	2023	2024	2025
48	借款	=B8	=C8	=D8	=E8	=F8	=G8
49	每股市价(元)	=B42*12	=C42*12	=D42*12	=E42*12	=F42*12	=G42*12
50	股票市值	=B49*120	=C49*200	=D49*200	=E49*200	=F49*200	=G49*200
51	公司价值	=B48+B50	=C48+C50	=D48+D50	=E48+E50	=F48+F50	=G48+G50
52	借款比重	=B48/B51	=C48/C51	=D48/D51	=E48/E51	=F48/F51	=G48/G51
53	股权比重	=B50/B51	=C50/C51	=D50/D51	=E50/E51	=F50/F51	=G50/G51
54	借款成本	=B9*0.75/(B5+B6)	=C9*0.75/(C5+C6)	=D9*0.75/(D5+D6)	=E9*0.75/(E5+E6)	=F9*0.75/(F5+F6)	=G9*0.75/(G5+G6)
55	股权成本	=B43/20	=C43/20	=D43/20	=E43/20	=F43/20	=G43/20
56	综合资本成本	=B52*B54+B53*B55	=C52*C54+C53*C55	=D52*D54+D53*D55	=E52*E54+E53*E55	=F52*F54+F53*F55	=G52*G54+G53*G55

(6) 股权筹资方案实验结果

徐州家具公司股权筹资方案的相关经济指标估算结果如表 11-22～表 11-26 所示。

表 11-22　　　　徐州家具公司 2020—2025 年借款及还本付息估算表

单位：万元

	A	B	C	D	E	F	G
4	年份	2020	2021	2022	2023	2024	2025
5	年初余额	140	120	100	80	60	40
6	本年借款	0	0	0	0	0	0
7	本年还款	20	20	20	20	20	20
8	年末借款余额	120	100	80	60	40	20
9	本年利息	7	6	5	4	3	2

表 11-23　　　　徐州家具公司 2020—2025 年预计利润表

单位：万元

	A	B	C	D	E	F	G
13	年份	2020	2021	2022	2023	2024	2025
14	销售净额	2 080	3 100	3 824	4 120	4 410	4 730
15	息税前利润	282	548	674	658	735	745
16	本年利息费用	7	6	5	4	3	2
17	本年税前利润	275	542	669	654	732	743
18	本年税后净利	206.25	406.50	501.75	490.50	549.00	557.25
19	本年分配股利	113.44	223.58	275.96	269.78	301.95	306.49
20	本年留存收益	92.81	182.93	225.79	220.73	247.05	250.76
21	成本费用中折旧额	56	95	125	125	125	125

表 11-24　　　　徐州家具公司 2020—2025 年预计资产负债表

单位：万元

	A	B	C	D	E	F	G
25	年份	2020	2021	2022	2023	2024	2025
26	流动资产	1 634.88	2 436.60	3 005.66	3 238.32	3 466.26	3 717.78
27	固定资产净值	414	1 969	1 844	1 719	1 594	1 469
28	资产总计	2 048.88	4 405.60	4 849.66	4 957.32	5 060.26	5 186.78
29	流动负债	588.07	1 181.86	1 420.14	1 327.07	1 202.96	1 098.72
30	长期负债	120	100	80	60	40	20
31	股东权益	1 340.81	3 123.74	3 349.53	3 570.25	3 817.30	4 068.06
32	负债及股东权益合计	2 048.88	4 405.60	4 849.66	4 957.32	5 060.26	5 186.78

表 11-25　徐州家具公司 2020—2025 年有关财务指标计算

	A	B	C	D	E	F	G
36	年份	2020	2021	2022	2023	2024	2025
37	营运资本（万元）	1 046.81	1 254.74	1 585.53	1 911.25	2 263.30	2 619.06
38	营运资本/长期借款	8.72	12.55	19.82	31.85	56.58	130.95
39	资产负债率	34.56%	29.10%	30.93%	27.98%	24.56%	21.57%
40	财务杠杆系数	1.03	1.01	1.01	1.01	1.00	1.00
41	净资产收益率	15.38%	13.01%	14.98%	13.74%	14.38%	13.70%
42	普通股每股收益(元)	1.72	2.03	2.51	2.45	2.75	2.79
43	普通股每股股息(元)	0.95	1.12	1.38	1.35	1.51	1.53

表 11-26　徐州家具公司 2020—2025 年资本成本与公司价值计算表

	A	B	C	D	E	F	G
47	年份	2020	2021	2022	2023	2024	2025
48	借款（万元）	120	100	80	60	40	20
49	每股市价（元）	20.63	24.39	30.11	29.43	32.94	33.44
50	股票市值（万元）	2 475	4 878	6 021	5 886	6 588	6 687
51	公司价值（万元）	2 595	4 978	6 101	5 946	6 628	6 707
52	借款比重	4.62%	2.01%	1.31%	1.01%	0.60%	0.30%
53	股权比重	95.38%	97.99%	98.69%	98.99%	99.40%	99.70%
54	借款成本	3.75%	3.75%	3.75%	3.75%	3.75%	3.75%
55	股权成本	4.73%	5.59%	6.90%	6.74%	7.55%	7.66%
56	综合资本成本	4.68%	5.55%	6.86%	6.71%	7.53%	7.65%

根据上述计算结果可以看出：借款筹资与股权筹资相比较，其综合资本成本更低，公司价值更大，获利能力更强，每股股利更多，财务杠杆综合利用效果更好。尽管借款筹资方案导致公司的偿债能力降低，财务风险相对较大，但只要公司未来年度能够实现自身的销售计划，其财务风险仍在可接受的范围内，借款本息偿还的保障程度较高，借款的限制性条件对公司经营影响不大。基于上述分析，徐州家具公司应选择借款筹资方案。

实验 11.2　企业投资决策综合分析

11.2.1　实验目的

投资是筹资活动的继续，它是投资主体将财力投放于一定的对象，期望在未来获取收益的经济行为。按投资对象的不同,投资可分为项目投资、证券投资与其他投资。本实验以项目投资为主,通过本实验使学生加深对项目投资评价方法的理解,能运用 Excel 表格工具计算某投资项目的各年现金净流量,分析投资项目的净现值、现值指数、内含报酬率和回收期,以此对项目的财务可行性做出评价,实现科学的投资决策。

11.2.2 实验原理

1. 投资项目现金流量的估计

所谓现金流量,在投资决策中是指一个项目引起的企业现金支出和现金收入增加的数量。新建项目的现金流量包括现金流入量、现金流出量和现金净流量三个具体概念。

(1) 现金流入量

一个方案的现金流入量是指该方案所引起的企业现金收入的增加额。

(2) 现金流出量

一个方案的现金流出量是指该方案引起的企业现金支出的增加额。

(3) 现金净流量

现金净流量是指一定期间内的现金流入量和现金流出量的差额。

净现金流量的计算可以采用以下三种方法。

① 营业现金流量=营业收入-付现成本-所得税

② 营业现金流量=税后利润+折旧

③ 营业现金流量=收入×(1-税率)-付现成本×(1-税率)+折旧×税率

2. 投资项目的评价指标

投资项目的评价指标包括静态评价指标和动态评价指标两大类。静态评价指标是指不考虑资金时间价值因素的非贴现现金流量评价指标,主要是投资回收期等。动态评价指标是指考虑资金时间价值因素的贴现现金流量评价指标,主要包括净现值、现值指数、内含报酬率等。下面分别介绍这些指标。

(1) 净现值

净现值(NPV)是指按事先确定的贴现率计算的投资项目寿命期内各年净现金流量现值的代数和,计算公式为:

$$\text{NPV} = \sum_{k=0}^{n} \frac{I_k}{(1+i)^k} - \sum_{k=0}^{n} \frac{O_k}{(1+i)^k}$$

式中: n——投资涉及的年限; I_k——第 k 年的现金流入量; O_k——第 k 年的现金流出量; i——预定的贴现率。

净现值法所依据的原理是:假设预计的现金流量在年末肯定发生,并把原始投资看作按预定贴现率借入的。当净现值为正数时,偿还本息后该项目仍有剩余的收益;当净现值为零时,偿还本息后一无所获;当净现值为负数时,该项目收益不足以偿还本息。

(2) 现值指数

现值指数(PI)是未来现金流入现值与现金流出现值的比率,亦称现值比率、获利指数等。计算现值指数的公式为:

$$PI = \frac{\sum_{k=0}^{n} \frac{I_k}{(1+i)^k}}{\sum_{k=0}^{n} \frac{O_k}{(1+i)^k}}$$

式中：n——投资涉及的年限；I_k——第 k 年的现金流入量；O_k——第 k 年的现金流出量；i——预定的贴现率。

若现值指数大于1，说明其收益超过成本，即投资报酬率超过预定的贴现率；若现值指数小于1，说明其报酬率没有达到预定的贴现率；如果现值指数等于1，说明贴现后现金流入等于现金流出，投资的报酬率与预定的贴现率相同。

(3) 内含报酬率

内含报酬率（IRR）是指能够使未来现金流入量现值等于未来现金流出量现值的贴现率。

内含报酬率反映了投资项目实际获得的年投资报酬率。用内含报酬率评价投资项目的基本准则是，内含报酬率大于或等于投资者要求收益率的项目为可行项目。

(4) 回收期

回收期是指投资引起的现金净流入累计到与投资额相等所需要的时间。它代表收回投资所需要的年限。

在原始投资一次支出，每年现金净流入量相等时，回收期的计算公式为：

$$回收期 = \frac{原始投资额}{每年现金净流入量}$$

如果现金净流入量每年不等或原始投资是分几年投入的，则可使下式成立的 n 为回收期：

$$\sum_{k=0}^{n} I_k = \sum_{k=0}^{n} O_k$$

式中含义同上。

一般来说，投资项目的回收年限越短，投资方案越有利。

11.2.3 实验案例 [①]

1. 项目概况

朝阳市为改善投资环境与居民生活，拟投资16.1亿元，用于改造南三环道路，使之成为国内首个收费城市主干道。南三环道路全路段长40公里，双向6车道，其中互通式立交桥2座，分离式立交桥4座，人行天桥6座。本项目其他工程及沿线设施包括交通安全设施、服务设施、环境保护设施、收费站、办公用房和生活用房等。其中，收费站（点）10处，办公用房1 200平方米。本项目需征地2 136亩，拆迁房屋、建筑物160 210平方米，管线拆迁86 342米。

2. 项目基础数据

(1) 项目总投资估算

项目总投资估算结果如表11-27所示。

---

① 本部分案例资料编写，参考了陈玉珍等编著的科学出版社2002年出版的《财务管理学实验》等文献。

表 11-27　　　　　　　　　　朝阳市南三环改造项目总投资估算表

单位：万元

投资估算总金额	160 858
其中：	
1. 固定资产投资	160 658
第一部分：建筑安装工程费用	70 790
第二部分：设备、工具、器具购置费	6 836
第三部分：工程建设其他费用	71 532
其中：建设期利息	11 050
第四部分：预留费用	11 500
2. 铺底流动资金	200
每公里造价	4 021.45

（2）项目资金筹措与运用

① 资金筹措。本项目为政府投资项目，通过组建国有投资公司运营。项目总投资为 160 858 万元，其中，自有资金 60 718 万元，约占项目总投资的 37.75%；借贷资金 100 140 万元，约占项目总投资的 62.25%。借贷资金中，向国家开发银行贷款 60 000 万元，约占总投资的 37.3%，借款年利率按 6.36% 计算；其余款项为商业银行贷款，计 40 140 万元，约占总投资的 24.95%。商业银行贷款中，包括：基建借款 40 000 万元，年利率 6.71%；流动资金借款 140 万元，贷款利率 4.36%。借款利息每年年末偿还。

② 资金运用。本项目建设期为 3 年，根据建设内容，资金分年投入的比例分别为 20%、30% 和 50%。本金归还以公司运营的税后利润及提取的折旧基金作为主要的偿还资金来源。投资计划与资金筹措如表 11-28 所示。

表 11-28　　　　　　　　　　朝阳市南三环改造项目资金筹措表

单位：万元

	A	B	C	D	E	F	G	H	I
	序号	项目	合计	建设期			运营期		
5				2018 年	2019 年	2020 年	2021 年	2022 年	2023 年
6		资金分年度使用计划（%）		20	30	50			
7	1	总投资	160 858	32 132	48 197	80 329	200		
8	1.1	固定资产投资	149 608	29 922	44 882	74 804			
9	1.2	建设期利息	11 050						
10	1.3	流动资金	200				200		
11	2	资金筹措	160 858	32 132	48 197	80 329	200		
12	2.1	自有资金	60 718	11 222	18 132	31 304	60		
13		其中：注册资金	12 000						
14	2.1.1	用于固定资产投资	49 608	9 922	14 882	248 04			
15	2.1.2	流动资金	60				60		

续表

A	B	C	D	E	F	G	H	I
序号	项目	合计	建设期			运营期		
16	2.1.3 偿还建设期利息	11 050						
17	2.2 借款	100 140	20 000	30 000	50 000	140		
18	2.2.1 长期借款	100 000	20 000	30 000	50 000			
19	2.2.2 流动资金借款	140				140		
20	2.2.3 其他短期借款							
21	2.3 其他							

(3) 项目基础数据说明

① 本项目按一次建成投入运营进行各项财务指标计算。

② 项目的建设期为3年，从第四年开始投入运营，运营期按25年计，项目分析计算期为28年。

3. 项目财务评价资料

(1) 项目收入及税金测算

本项目运营收入主要是车辆过路费收入，收入多少主要受两方面因素影响：一是车流量大小；二是车辆过路费收费标准。车流量大小可以根据交管部门掌握的已有数据，结合该市经济发展的前景进行预测，预测结果如表11-29所示。车辆收费标准按每辆标准车（设当量系数等于1的车型为标准车）每公里1元计。假设本案例中的一级公路、二级公路、桥、闸通行费，选择适用简易计税方法，按照5%的征收率计算缴纳增值税，城市维护建设税按增值税额的7%计算，教育费附加按增值税额的3%计算，地方教育费附加按增值税额的2%计算。按上述政策规定，可测算项目营业税金及附加。

表11-29 车流量预测表

单位：万辆/年

年份	小客车	摩托车	出租车	大、中客车	小货车	大货车	合计
2021	146.0	127.0	51.0	42.5	86.5	102.0	555.0
2022	153.0	125.5	53.5	44.5	91.5	103.0	571.0
2023	160.0	123.5	56.5	47.0	96.5	104.5	588.0
2024	167.0	121.5	59.5	49.5	101.5	105.5	604.5
2025	174.5	119.0	67.0	52.0	107.0	106.5	626.0
2026	183.5	117.0	66.0	55.0	113.5	108.5	644.0
2027	199.0	112.5	70.0	58.5	119.0	110.0	669.0
2028	215.5	107.0	74.0	61.5	124.5	112.0	694.5
2029	232.0	100.5	78.0	65.0	130.0	113.5	719.0
2030	249.5	84.0	82.0	68.5	135.5	115.0	734.5
2031	265.5	85.5	85.5	71.5	140.0	115.0	763.0
2032	278.0	78.5	89.0	73.0	144.5	116.5	779.5

续表

年份	小客车	摩托车	出租车	大、中客车	小货车	大货车	合计
2033	291.0	71.5	93.0	74.5	149.5	118.0	797.5
2034	304.5	64.0	96.5	76.0	154.0	119.0	814.0
2035	306.0	46.0	98.0	77.5	159.0	120.5	807.0
2036	333.0	47.5	104.5	79.0	164.0	122.0	850.0
2037	348.0	44.5	107.0	82.5	168.0	121.0	871.0
2038	363.0	41.5	109.5	86.0	171.5	119.5	891.5
2039	379.5	38.5	111.5	89.5	175.5	118.5	913.0
2040	359.5	33.0	112.5	93.0	179.0	117.0	894.0
2041	413.5	32.0	116.5	97.0	183.0	115.5	957.5
2042	427.5	30.5	119.5	99.5	189.5	115.5	982.0
2043	442.0	29.0	122.0	102.0	196.0	115.5	1 006.5
2044	456.0	27.0	125.0	104.0	202.0	115.0	1 029.0
2045	457.0	25.5	127.0	102.5	204.5	93.0	1 009.5

(2) 项目成本估算

① 工资费用估算。经测算，本项目工程营运起始年工资基数按每年 630 万元计。以后各年工资额按 3% 的幅度增长。

② 折旧与摊销费用估算。建筑安装工程折旧年限按 25 年计，残值率取 10%，机器设备及其他固定资产折旧按 10 年计，残值率取 5%。本项目没有无形资产和递延资产摊销。

③ 电力消耗费用估算。根据项目每年的预期耗电量（3 150 000 千瓦时）与当前的商用电价标准（0.8 元/千瓦时），每年项目电费约 252 万元。

④ 计提大修理基金。按每 10 年进行一次大修，大修费用按路面造价的四分之一计提。以后各年大修基金额随车流量的增减变化而变化。

⑤ 公路维护保养费估算。预计 2021 年的公路维护保养费为 106 万元（按当年 3 倍的公路养护成本计算），以后各年的公路维护保养费按年均 5 万元逐年递增。

⑥ 财务费用主要包括长期借款利息和流动资金借款利息。

根据以上基础数据和资料，对项目年总成本进行估算，结果如表 11-30 所示。

表 11-30　　　　　　　　　　　成本预测表

单位：万元

年份	1 电费	2 工资和福利费	3 维护保养费	4 大修理基金	5 折旧费	6 摊销费	7 财务费用	8 其他费用	9 总成本	10 经营成本
2021	252	630	106	478				306		
2022	252	649	111	488				315		
2023	252	668	116	497				325		

续表

年份	1 电费	2 工资和福利费	3 维护保养费	4 大修理基金	5 折旧费	6 摊销费	7 财务费用	8 其他费用	9 总成本	10 经营成本
2024	252	688	121	507				334		
2025	252	709	126	517				344		
2026	252	730	131	528				355		
2027	252	752	136	538				365		
2028	252	775	141	549				376		
2029	252	798	146	560				388		
2030	252	822	151	571				399		
2031	252	847	156	583				411		
2032	252	872	161	594				424		
2033	252	898	166	606				436		
2034	252	925	171	618				449		
2035	252	953	176	631				463		
2036	252	982	181	643				477		
2037	252	1 011	186	656				491		
2038	252	1 041	191	669				506		
2039	252	1 073	196	683				521		
2040	252	1 105	201	696				537		
2041	252	1 138	206	710				553		
2042	252	1 172	211	724				569		
2043	252	1 207	216	739				586		
2044	252	1 243	221	754				604		
2045	252	1 281	226	769				622		

(3) 项目效益估算

① 项目经济效益。根据项目运营收入及税金估算表和总成本费用估算表，编制本项目的利润表。本项目所得税率为25%，还款期间不计提盈余公积金和公益金。贷款还完后可按税后利润的10%、5%计提盈余公积金和公益金。

② 项目社会效益。本项目工程的社会效益体现在社会运输成本的节约效益、乘客在途时间的节约效益、货物在途时间的节约效益、减少拥堵的效益等方面，根据相关资料进行测算。

③ 其他相关资料。1年期存款利率为4.77%，1年期国债利率为6.5%，按年付息的商业贷款利率为6.93%。结果如表11-31所示。

表 11-31　　　　　　　　　国民经济效益流量预测表

单位：万元

A		B	C	D	E	F	G	H
		1	1.1	1.2	1.3	1.4	2	3
	年份	项目间接效益	运输成本节约效益	乘客在途时间节约效益	货物在途时间节约效益	减少拥挤的效益	项目间接费用	净效益流量 (1~2)
5	设建期	2018						
6		2019						
7		2020						
8	投产期	2021	8 456	2 122.79	2 834.64	3 490.38	7.92		8 455.7
9		2022	9 296	2 323.35	2 959.92	4 004.28	8.28		9 295.8
10		2023	10 183	2 535.03	3 088.62	4 550.94	8.64		10 183.0
11		2024	11 171	2 770.15	3 221.28	5 170.68	9.00		11 171.0
12		2025	12 202	3 015.36	3 357.72	5 819.40	9.54		12 202.0
13		2026	13 298	3 298.27	3 524.22	6 465.96	9.90		13 298.0
14		2027	14 604	3 610.22	3 701.34	7 282.44	10.44		14 604.0
15		2028	16 042	3 952.80	3 883.50	8195.04	10.98		16 042.0
16		2029	17 515	4 303.75	4 071.06	9 129.24	11.34		17 515.0
17		2030	19 125	4 686.44	4 264.02	10 162.80	11.88		19 125.0
18		2031	21 248	5 199.44	4 539.42	11 496.24	12.60		21 248.0
19		2032	23 604	5 767.52	4 821.66	13 001.58	13.50		23 604.0
20		2033	26 068	6 361.47	5 121.18	14 570.64	14.58		26 068.0
21		2034	28 812	7 021.35	5 439.24	16 335.72	15.66		28 812.0
22		2035	31 874	7 755.91	5 777.28	18 324.00	16.74		31 874.0
23		2036	33 449	8 119.33	5 892.12	19 420.20	17.10		33 449.0
24		2037	35 334	8 554.41	6 005.70	20 756.88	17.10		35 334.0
25		2038	37 319	9 012.44	6 118.38	22 170.96	17.10		37 319.0
26		2039	39 114	9 426.67	6 230.34	23 439.78	17.10		39 114.0
27		2040	40 982	9 857.86	6 341.22	24 766.20	17.10		40 982.0
28		2041	43 065	10 338.60	6 446.88	26 262.90	17.10		43 065.0
29		2042	44 695	10 714.70	6 549.48	27 413.82	17.28		44 695.0
30		2043	46 365	11 100.00	6 649.38	28 598.04	17.46		46 365.0
31		2044	48 074	11 494.40	6 746.58	29 815.74	17.46		48 074.0
32		2045	49 825	11 898.50	6 841.08	31 067.82	17.64		49 825.0

11.2.4 实验要求及问题

本实验要求学生熟悉企业项目投资决策过程,利用案例提供的基本资料及 Excel 软件提供的财务函数(净现值和内含报酬率)对该项目的经济可行性进行评价,提供可行性分析报告,并就与案例相关的问题进行讨论。

1. 本案例讨论的问题

(1) 从经济效益角度分析,该项目是否可行,为什么?

(2) 从社会效益角度考虑,该项目是否可行,为什么?

(3) 对该项目进行评价时,在下列可供选择的利率或成本中,如何确定净现值法下的贴现率或内含报酬率,为什么?

① 本项目贷款加权平均利率 6.49%。② 1 年期存款利率 4.77%。③ 按年付息的商业贷款利率 6.93%。④ 1 年期国债利率 6.5%。⑤ 自有资本成本 6.5%。⑥ 加权平均资本成本 5.16%。

(4) 该项目各种资本的成本及综合资金成本为多少?

(5) 试分析该项目的财务风险。

2. 提交项目可行性分析报告

项目可行性分析报告的基本内容如下。

(1) 该项目建设的必要性。

(2) 投资项目基本资料。

(3) 投资项目经济效益分析。

(4) 投资项目国民经济效益分析。

(5) 项目不确定性分析。

(6) 可行性分析结论。

11.2.5 实验流程

依据现行财务理论,要对朝阳市南三环道路建设项目进行投资决策,其关注的焦点:一是项目经济效益,二是项目社会效益。就经济效益分析来看,需要通过计算项目的净现值、内含报酬率等投资决策指标进行评价,而这些是建立在编制项目现金流量表基础之上的。项目现金流量表的编制,离不开项目收入表、项目成本计算表、项目固定资产折旧表、项目还本付息表、项目利润表等一系列表格的编制。就社会效益分析来看,需要编制国民经济效益流量表,该表的编制既需要项目社会效益预测的相关资料,也需要前述经济效益分析的相关资料相支撑。按照上述思路进行分析与决策的流程如图 11.2 所示。

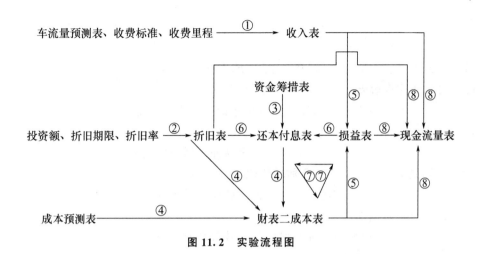

图 11.2　实验流程图

11.2.6　实验步骤

1. 根据"车流量预测表"计算填制"财表一：车流量表"

具体操作如下。

（1）计算 2021 年加权平均车流量。

$$年加权平均车流量 = \sum 车型当量系数 * 各种车型车流量$$

（2）从 2021 年填充至 2045 年。

计算结果如表 11-32 所示。

表 11-32　　　　　　　　　财表一：车流量表（部分）

单位：万辆

	A	B	C	D	E
2	序号	项目	当量系数	2021 年	2022 年
3	1	日均加权车流量			
4	2	年加权当量车流量		=1*D5+1*D6+1*D7+1.2*D8 +1.1*D9+1.56*D10	=1*E5+1*E6+1*E7+1.2*E8+ 1.1*E9+1.56*E10
5	3	小客车	1	=车流量预测表!C4	=车流量预测表!D4
6	4	摩托车	1	=车流量预测表!C5	=车流量预测表!D5
7	5	出租车	1	=车流量预测表!C6	=车流量预测表!D6
8	6	大、中客车	1.2	=车流量预测表!C7	=车流量预测表!D7
9	7	小货车	1.1	=车流量预测表!C8	=车流量预测表!D8
10	8	大货车	1.56	=车流量预测表!C9	=车流量预测表!D9
11	9	合计		=SUM(D5:D10)	=SUM(E5:E10)

说明：C4-C9 为"车流量预测表"中 2021 年小客车、摩托车、出租车、大中客车、小货车与大货车的预测数，D4-D9 则为 2022 年的预测数，依次类推。

2. 根据"财表一：车流量表"，计算并填制"财表二：营运收入表"

（1）计算"年均加权当量车流量"。

链接"财表一：车流量表"，从 2021 年填充至 2045 年。

（2）计算年车辆收费。

$$年车辆收费 = 年均加权当量车流量 * 全路段长度 * 每公里收费$$

（3）计算增值税。

$$增值税 = 年车辆收费 * 简易征收增值税税率（5\%）$$

（4）计算城市维护建设税（简称城建税）。

$$城建税 = 增值税 * 城建税税率（7\%）$$

（5）计算教育费附加。

$$教育费附加 = 增值税 * 教育费附加费率（3\%）$$

（6）计算地方教育附加。

$$地方教育附加 = 增值税 * 地方教育附加费率（2\%）$$

（7）计算税金及附加。

$$税金及附加 = 城建税 + 教育费附加 + 地方教育附加$$

计算结果如表 11-33 所示。

表 11-33　　　　　　　　　财表二：营运收入表（部分）

单位：万元

	A	B	C	D	E
2	序号	项　目	合计	2021 年	2022 年
3				4	5
4	1	年均加权当量车流量（万辆）		=财表一:车流量表!D4	=财表一:车流量表!E4
5	2	年车辆收费		=D4*40*1	=E4*40*1
6	3	增值税		=D5*5%	=E5*5%
7	4	税金及附加		=D8+D9+D10	=E8+E9+E10
8	4.1	城市维护建设税		=D6*7%	=E6*7%
9	4.2	教育费附加		=D6*3%	=E6*3%
10	4.3	地方教育附加		=D6*2%	=E6*2%

3. 计算并填制"财表三：固定资产折旧表"

（1）"固定资产原值及折旧年限"，参见本案例"表 11-27　朝阳市南三环改造项目总投资估算表"，以及"项目成本估算"中的"折旧与摊销费用估算"。

（2）按固定资产投资类型，分类计算各固定资产年折旧费。可直接在相应单元格输入计算公式，也可通过粘贴"SLN"函数计算。

（3）计算各年折旧费合计。

（4）计算各年固定资产净值。

$$净值 = 原值 - 累计折旧$$

也可用以下公式计算：净值 = 上年末净值 - 本年折旧

(5) 计算各年固定资产净值合计。

计算结果如表 11-34 所示。

表 11-34　　　　　　　　　　财表三：固定资产折旧表（部分）

单位：万元

A	B	C	D	E	F	G
序号	固定资产	原值	折旧年限(年)	2021 年	2022 年	2023 年
1	建筑安装工程	70 790	25			
	折旧费			=SLN($C3;$C3*10%;25)	=SLN($C3;$C3*10%;25)	=SLN($C3;$C3*10%;25)
	净值			=C3−E4	=E5−F4	=F5−G4
2	设备	6 836	10			
	折旧费			=SLN($C6;$C6*5%;10)	=SLN($C6;$C6*5%;10)	=SIN($C6;$C6*5%;10)
	净值			=C6−E7	=E8−F7	=F8−C7
3	其他	83 032	10			
	折旧费			=SLN($C9;$C9*5%;10)	=SLN($C9;$C9*5%;10)	=SLN($C9;$C9*5%;10)
	净值			=C9−E10	=E11−F10	=F11−G10
	固定资产合计	160 658				
4	折旧费合计			=E4+E7+E10	=F4+F7+F10	=G4+G7+G10
	净值合计			=E5+E8+E11	=F5+F8+F11	=G5+G8+G11

（行号：2,3,4,5,6,7,8,9,10,11,12,13,14）

4. 计算并填制"财表四：成本表"

(1) 电费、工资和福利费、维护保养费、大修理基金、其他费用等，链接"成本预测表"。

(2) 折旧费，链接"财表三：固定资产折旧表"。

(3) 财务费用，链接"财表五：还本付息表"（因为尚未计算财务费用，此项暂且为零，当计算出营运期各年财务费用后，计算机会自动填充）。

(4) 总成本。总成本等于表 11-35 "成本表"中的 1~8 项合计。

(5) 经营成本。经营成本＝总成本－折旧费－摊销费

计算结果如表 11-35 所示。

表 11-35　　　　　　　　　　财表四：成本表（部分）

单位：万元

A	B	C	D	E
序号	项目	2021 年	2022 年	2023 年
		4	5	6
1	电费	252	252	252
2	工资和福利费	630	649	668

续表

	A	B	C	D	E
6	3	维护保养费	106	111	116
7	4	大修理基金	478	488	497
8	5	折旧费	=财表三:折旧表!E13	=财表三:折旧表!F13	=财表三:折旧表!G13
9	6	摊销费			
10	7	财务费用	=财表五:还本付息表!H12	=财表五:还本付息表!I12	=财表五:还本付息表!J12
11	8	其他费用	306	315	325
12	9	总成本	=SUM(C4:C11)	=SUM(D4:D11)	=SUM(E4:E11)
13	10	经营成本	=C12−C8	=D12−D8	=E12−E8

5. 计算并填制"财表五：还本付息表"

(1) 根据"朝阳市南三环改造项目资金筹措表（简称资金筹措表）"资料，填充 2018—2021 年本年借款。

(2) 计算"年初借款余额"。

$$年初借款余额＝上年借款余额＋本年借款$$

(3) 计算"建设期加权平均利率"。

$$建设期加权平均利率＝\sum 各种借款额占借款总额的比重*各种借款的利率$$

(4) 计算"建设期利息"。

$$建设期利息＝年初借款余额*建设期加权平均利率$$

(5) 计算"投产期加权平均利率"。

$$投产期加权平均利率＝\sum 各种借款额占借款总额的比重*各种借款的利率$$

(6) 计算"投产期利息"。

$$投产期利息＝年初借款余额*投产期加权平均利率$$

(7) 计算"本年还本"。

$$本年还本＝本年还本资金来源$$

(8) 计算"本年付息"。

本年付息＝营运期利息，填充至还本期末。

(9) 计算"本年还本付息"。

$$本年还本付息＝本年还本＋本年付息$$

(10) 偿还借款本金的资金来源。

$$偿还借款本金的资金来源＝利润＋折旧$$

(11) "利润"，链接"财表六：利润表"。

(12) "折旧"，链接"财表四：成本表"。

(13) 计算"营运期年初借款余额"。

$$2021 年初借款余额＝2020 年初借款余额＋2021 年借款$$

$$2022 年初借款＝2021 年初借款－2021 年还本$$

填充至还本期末。

计算结果如表 11-36 所示。

表 11-36　　　　　　　　财表五：还本付息表（部分）

单位：万元

A	B	C	D	E	F	G	H	I
序号	项　目	加权平均利率	建设期			加权平均利率	投产期	
			2018年	2019年	2020年		2021年	2022年
5　1	年初借款余额		20 000	=D6+E6	=E5+F6		=F5+H6	=H5－H11
6　2	本年借款	=60000/100000*6.36%+40000/100000*6.71%	=资金筹措表!D17	=资金筹措表!E17	=资金筹措表!F17	=60000/100140*6.36%+40000/100140*6.71%+140/100140*4.36%	=资金筹措表!G17	=资金筹措表!H17
7　3	本年应计利息		=D8+D9	=E8+E9	=F8+F9		=H8+H9	=I8+I9
8　3.1	建设期利息		=$C6*D5	=$C6*E5	=$C6*F5			
9　3.2	投产期利息						=H5*$G6	=I5*$G6
10　4	本年还本付息						=H11+H12	=I11+I12
11　4.1	还本						=H13	=I13
12　4.2	付息						=H9	=I9
13　5	偿还借款本金的资金来源						=H14+H15	=I14+I15
14　5.1	利润						=财表六:利润表!C11	=财表六:利润表!D11
15　5.2	折旧						=财表四:成本表!C8	=财表四:成本表!D8

6. 计算并填制"财表六：利润表"

（1）年加权当量车流量，链接"财表二：收入表"。

（2）营运收入，链接"财表二：收入表"。

（3）营业税金及附加，链接"财表二：收入表"。

（4）总成本，链接"财表四：成本表"。

（5）利润总额。

利润总额＝营运收入－营业税金及附加－总成本

填充至 2045 年。

（6）所得税。

所得税＝利润总额*所得税税率，在此，需用条件函数（IF），即在 C10 单元格输入"=IF(C9>0；C9*25%；0)"，填充至 2045 年。

（7）税后净利。

税后净利＝利润总额－所得税

（8）盈余公积金、公益金。偿还完本金后，开始计提盈余公积金、公益金。分别按税后利润的 10%、5%计提。

计算结果如表 11－37 所示。

表 11－37　　　　　　　　　　财表六：利润表（部分）

单位：万元

A	B		C	D	E
序号	项　目		投产期		
			2021	2022	2023
5	1	年加权当量车流量(万辆)	＝财表二：收入表!D4	＝财表二：收入表!E4	＝财表二：收入表!F4
6	2	营运收入	＝财表二：收入表!D5	＝财表二：收入表!E5	＝财表二：收入表!F5
7	3	营业税金及附加	＝财表二：收入表!D7	＝财表二：收入表!E7	＝财表二：收入表!F7
8	4	总成本	＝财表四：成本表!C12	＝财表四：成本表!D12	＝财表四：成本表!E12
9	5	利润总额	＝C6－C7－C8	＝D6－D7－D8	＝E6－E7－E8
10	6	所得税	＝IF(C9＞0;C9*25％;0)	＝IF(D9＞0;D9*25％;0)	＝IF(E9＞0;E9*25％;0)
11	7	税后净利	＝C9－C10	＝D9－D10	＝E9－E10
12	8	特种基金			
13	9	可供分配利润	＝C11	＝D11	＝E11
14	10	盈余公积金			
15	11	公益金			
16	12	应付利润			
17	13	未分配利润	＝C13－C14－C15－C16	＝D13－D14－D15－D16	＝E13－E14－E15－E16
18	14	累积未分配利润	＝C17	＝C18＋D17	＝D18＋E17

7. 计算并填制"财表七：现金流量表"

(1) 现金流入。

① 营运收入，链接"财表六：利润表"。

② 收回固定资产余值，链接"财表三：折旧表"。

③ 输入收回流动资金。

(2) 现金流出。

① 固定资产投资，链接"资金筹措表"。

② 输入流动资金。

③ 营运成本，链接"财表四：成本表"。

④ 销售税金及附加，链接"财表六：利润表"。

⑤ 所得税，链接"财表六：利润表"。

(3) 净现金流量。

净现金流量＝现金流入－现金流出

(4) 净现值。粘贴函数"NPV"，具体方法参见"第 1 章 财务管理基础实验"。

(5) 内含报酬率。粘贴函数"IRR"，具体方法参见"第 1 章 财务管理基础实验"。

计算结果如表 11-38 所示。

表 11-38　　　　　　财表七：现金流量表（部分）

单位：万元

A	B	C	D	E	F	G
序号	项目	建设期			投产期	
		2018	2019	2020	2021	2022
4	生产负荷(%)					
5　1	现金流入	=SUM(C6:C8)	=SUM(D6:D8)	=SUM(E6:E8)	=SUM(F6:F8)	=SUM(G6:G8)
6　1.1	产品销售（营业）收入				=财表六：利润表!C6	=财表六：利润表!D6
7　1.2	回收固定资产余值					
8　1.3	回收流动资金					
9　2	现金流出	=SUM(C10:C15)	=SUM(D10:D15)	=SUM(E10:E15)	=SUM(F10:F15)	=SUM(G10:G15)
10　2.1	固定资产投资	=资金筹措表!D5	=资金筹措表!E5	=资金筹措表!F5		
11　2.2	流动资金				200	
12　2.3	营运成本				=财表四：成本表!C13	=财表四：成本表!D13
13　2.4	销售税金及附加				=财表六：利润表!C7	=财表六：利润表!D7
14　2.5	所得税				=财表六：利润表!C10	=财表六：利润表!D10
15　2.6	特种基金					
16　3	净现金流量	=C5−C9	=D5−D9	=E5−E9	=F5−F9	=G5−G9
17　4	累计净现金流量	=C16	=D16+C17	=E16+D17	=F16+E17	=G16+F17
18　5	所得税前净现金流量	=C16+C14	=D16+D14	=E16+E14	=F16+F14	=G16+G14

8. 计算并填制"财表八：国民经济效益流量表"

（1）效益流量。

效益流量＝车辆营运收入＋回收固定资产余值＋回收流动资金＋项目间接效益

（2）费用流量。

费用流量＝固定资产投资＋流动资金＋经营费用＋项目间接费用

（3）净效益流量。

净效益流量＝效益流量－费用流量

（4）净现值。粘贴函数"NPV"，具体方法见"第1章　财务管理基础实验"。

（5）内含报酬率。粘贴函数"IRR"，具体方法见"第1章　财务管理基础实验"。

计算结果如表 11-39 所示。

表 11-39　　　　　　　财表八：国民经济效益流量表（部分）

单位：万元

A	B	C	D	E	F
序号	年份	建设期			投产期
		2018	2019	2020	2021
5		生产负荷（%）			
6	1	效益流量	=SUM(C7:C10)	=SUM(D7:D10)	=SUM(E7:E10)	=SUM(F7:F10)
7	1.1	车辆运营收入				=财表七：现金流量表!F6
8	1.2	回收固定资产余值				
9	1.3	回收流动资金				
10	1.4	项目间接效益	=SUM(C11:C14)	=SUM(D11:D14)	=SUM(E11:E14)	=SUM(F11:F14)
11	1.4.1	运输成本节约效益				=财表八：国民经济效益流量表!C8
12	1.4.2	乘客在途时间节约效益				=财表八：国民经济效益流量表!D8
13	1.4.3	货物在途时间节约效益				=财表八：国民经济效益流量表!E8
14	1.4.4	减少拥挤的效益				=财表八：国民经济效益流量表!F8
15	2	费用流量	=SUM(C16:C19)	=SUM(D16:D19)	=SUM(E16:E19)	=SUM(F16:F19)
16	2.1	固定资产投资	=财表七：现金流量表!C10	=财表七：现金流量表!D10	=财表七：现金流量表!E10	
17	2.2	流动资金				200
18	2.3	经营费用				=财表七：现金流量表!F12
19	2.4	项目间接费用				
20	3	净效益流量	=C6-C15	=D6-D15	=E6-E15	=F6-F15

11.2.7　实验结果

1. 项目经济效益实验结果

项目经济效益实验结果，如表 11-40 所示。

表 11-40　　　　　　　　　　　　　　项目经济效益现金流量表

单位：万元

序号	1	1.1	1.2	1.3	2	2.1	2.2	2.3	2.4	2.5	3
项目	现金流入	营业收入	回收固定资产余值	回收流动资金	现金流出	固定资产投资	流动资金	经营成本	销售税金及附加	所得税	净现金流量
建设期 2018					32 132	32 132					−32 132
建设期 2019					48 197	48 197					−48 197
建设期 2020					80 329	80 329					−80 329
投产期 2021	25 171	25 171			10 043		200	8 278	151	1 414	15 128
投产期 2022	25 869	25 869			9 306			7 325	155	1 826	16 563
投产期 2023	26 623	26 623			8 723			6 292	160	2 271	17 900
投产期 2024	27 345	27 345			8 068			5 173	164	2 731	19 277
投产期 2025	28 270	28 270			7 398			3 967	170	3 262	20 872
投产期 2026	29 084	29 084			6 625			2 659	175	3 791	22 459
投产期 2027	30 168	30 168			6 439			2 043	181	4 215	23 729
投产期 2028	31 279	31 279			6 759			2 093	188	4 478	24 520
投产期 2029	32 342	32 342			7 068			2 144	194	4 730	25 274
投产期 2030	37 539	33 046	4 493		7 285			2 195	198	4 892	30 254
投产期 2031	34 228	34 228			9 761			2 249	205	7 306	24 467
投产期 2032	34 952	34 952			9 985			2 303	210	7 473	24 967
投产期 2033	35 737	35 737			10 227			2 358	214	7 654	25 510
投产期 2034	36 450	36 450			10 451			2 415	219	7 817	25 999
投产期 2035	36 235	36 235			10 441			2 475	217	7 749	25 794
投产期 2036	38 021	38 021			10 940			2 535	228	8 177	27 081
投产期 2037	38 882	38 882			11 205			2 596	233	8 376	27 677
投产期 2038	39 711	39 711			11 464			2 659	238	8 566	28 247
投产期 2039	40 592	40 592			11 737			2 725	244	8 769	28 855
投产期 2040	39 841	39 841			11 596			2 791	239	8 566	28 245
投产期 2041	42 395	42 395			12 297			2 859	254	9 183	30 098
投产期 2042	43 421	43 421			12 610			2 928	261	9 421	30 811
投产期 2043	44 447	44 447			12 925			3 000	267	9 658	31 522
投产期 2044	45 376	45 376			13 217			3 074	272	9 870	32 159
投产期 2045	51 380	44 101	7 079	200	12 949			3 150	265	9 535	38 431
合计	895 358	883 586	11 572	200	410 177	160 658	200	82 286	5 302	161 730	485 181

根据表 11-40，计算项目的净现值与内含报酬率。

根据"项目经济效益现金流量表"的实验结果：NPV＝100 237.86(万元)，IRR＝11.97％。

2．项目社会效益实验结果

项目社会效益实验结果，如表 11-41 所示。

表 11-41　　　　　　　　　项目社会效益现金流量表

单位：万元

序号 年份		1	1.1	1.2	1.3	1.4	1.4.1	1.4.2	1.4.3	1.4.4	2	2.1	2.2	2.3	2.4	3
		效益流量	车辆运营收入	回收固定资产余值	回收流动资金	项目间接效益	运输成本节约效益	乘客在途时间节约效益	货物在途时间节约效益	减少拥挤的效益	费用流量	固定资产投资	流动资金	经营费用	项目间接费用	净效益流量
建设期	2018										32 132	32 132				−32 132
	2019										48 197	48 197				−48 197
	2020										80 329	80 329				−80 329
投产期	2021	33 627	25 171			8 456	2 122.79	2 834.64	3 490.38	7.92	8 478		200	8 278		25 149
	2022	35 165	25 869			9 296	2 323.35	2 959.92	4 004.28	8.28	7 325			7 325		27 840
	2023	36 806	26 623			10 183	2 535.03	3 088.62	4 550.94	8.64	6 292			6 292		30 514
	2024	38 516	27 345			11 171	2 770.15	3 221.28	5 170.68	9.00	5 173			5 173		33 343
	2025	40 472	28 270			12 202	3 015.36	3 357.72	5 819.40	9.54	3 967			3 967		36 505
	2026	42 383	29 084			13 298	3 298.27	3 524.22	6 465.96	9.90	2 659			2 659		39 724
	2027	44 772	30 168			14 604	3 610.22	3 701.34	7 282.44	10.44	2 043			2 043		42 729
	2028	47 321	31 279			16 042	3 952.80	3 883.50	8 195.04	10.98	2 093			2 093		45 228
	2029	49 858	32 342			17 515	4 303.75	4 071.06	9 129.24	11.34	2 144			2 144		47 714
	2030	56 664	33 046	4 493		19 125	4 686.44	4 264.02	10 162.80	11.88	2 195			2 195		54 469
	2031	55 476	34 228			21 248	5 199.44	4 539.42	11 496.24	12.60	2 249			2 249		53 227
	2032	58 556	34 952			23 604	5 767.52	4 821.66	13 001.58	13.50	2 303			2 303		56 253
	2033	61 805	35 737			26 068	6 361.47	5 121.18	14 570.64	14.58	2 358			2 358		59 447
	2034	65 262	36 450			28 812	7 021.35	5 439.24	16 335.72	15.66	2 415			2 415		62 847
	2035	68 109	36 235			31 874	7 755.91	5 777.28	18 324.00	16.74	2 475	65 634		2 475		68 935
	2036	71 470	38 021			33 449	8 119.33	5 892.12	19 420.20	17.10	2 535			2 535		68 935
	2037	74 216	38 882			35 334	8 554.41	6 005.70	20 756.88	17.10	2 596			2 596		71 620
	2038	77 030	39 711			37 319	9 012.44	6 118.38	22 170.96	17.10	2 659			2 659		74 371
	2039	79 706	40 592			39 114	9 426.67	6 230.34	23 439.78	17.10	2 725			2 725		76 981
	2040	80 823	39 841			40 982	9 857.86	6 341.22	24 766.20	17.10	2 791			2 791		78 032
	2041	85 461	42 395			43 065	10 338.60	6 446.88	26 262.90	17.10	2 859			2 859		82 602
	2042	88 116	43 421			44 695	10 714.70	6 549.48	27 413.82	17.28	2 928			2 928		85 188
	2043	90 812	44 447			46 365	11 100.00	6 649.38	28 598.04	17.46	3 000			3 000		87 812
	2044	93 450	45 376			48 074	11 494.40	6 746.58	29 815.74	17.46	3 074			3 074		90 376
	2045	101 205	44 101	7 079	200	49 825	11 898.50	6 841.08	31 067.82	17.64	3 150			3 150		98 055
合计		1 577 081	883 586	11 572	200	681 720	165 240.76	124 426.26	391 711.68	343.44	243 144	160 658	200	82 286		1 333 937

根据表 11-41，计算项目净现值与内含报酬率。

根据"项目社会效益现金流量表"的实验结果：NPV＝372 615.04（万元），IRR＝20.56%。

3．项目评价结论

本案例的分析应从经济效益和社会效益两方面进行。从经济效益的角度分析该项目是否可行，主要通过计算净现值、内部报酬率等投资决策指标来分析；从社会效益的角度分析该项目是否可行，除考虑该项目的经济效益指标外，还应从政府投资组建国有公司的角度来分析，即该项目是一项政府投资行为。

本案例中，不论从经济效益的角度评价，还是从社会效益的角度评价，均有 NPV＞0，IRR＞6.5%，说明该项目可行。

实验 11.3 企业并购决策综合分析

11.3.1 实验名称

康达公司并购瑞林公司决策财务分析。

11.3.2 实验目的

通过本实验，使学生掌握企业并购决策过程中财务分析的方法，主要包括企业财务状况的基本分析、净现值及现金流量的计算、综合资金成本的确定、筹资方式的选择等财务管理基本理论与技能。

11.3.3 实验材料[①]

1．案例背景

康达公司是一家具有法人资格的大型企业集团，主要从事化工产品的生产和销售，兼营化妆品和个人护理用品，公司总资产达到 50 多亿元。为适应市场对化妆品和个人护理用品急剧增加的需求，抢占市场份额，经董事会研究决定，采用兼并方式扩大化妆品的生产规模。

瑞林公司是一家日用化学品生产企业，产品以中、低档化妆品的生产、销售为主，随着该公司的"薇语"牌化妆品的逐渐走红，公司的销售额逐年增加，销售利润率在同行业中居于先进水平。但由于管理水平不能满足企业快速增长的需要，公司内部的矛盾日益突出，影响了公司的可持续发展。

康达公司看准这一时机，详细分析了瑞林公司的财务状况和未来的发展趋势，决定购买其 50%以上的股权，实现绝对控股。

2．实验数据

（1）瑞林公司资产负债表、利润表分别如表 11-42、表 11-43 所示。

---

① 本部分案例资料编写，参考了陈玉珍等编著的科学出版社 2002 年出版的《财务管理学实验》等文献。

表 11-42　　　　　　　　　　　　　瑞林公司资产负债表

单位：万元

A	B	C	D	E	F	G	H	I
3	资　产	2018年	2019年	2020年	负债及所有者权益	2018年	2019年	2020年
4	流动资产：				流动负债：			
5	货币资金	658	602	634	短期借款	1 738	2 737	3 310
6	应收账款	6 445	6 978	7 318	应付账款	578	688	887
7	其他应收款	1 560	1 998	2 107	其他应付款	565	1 108	525
8	存货	2 358	2 095	1 673	应付工资	71	75	77
9	待摊费用				应付福利费	64	70	70
10	流动资产合计	11 021	11 673	11 732	预提费用	1 423	1 696	1 348
11	长期资产：				预计负债			
12	长期股权投资				其他流动负债			
13	长期债权投资	94	94	97	流动负债合计	4 439	6 374	6 217
14	长期投资合计	94	94	97	长期负债：			
15	固定资产：				长期借款	1 120	2 770	2 800
16	固定资产原值	3 748	7 186	7 290	应付债券			
17	减：累计折旧	741	1 058	1 591	长期负债合计	1 120	2 770	2 800
18	固定资产净值	3 007	6 128	5 699	负债合计	5 559	9 144	9 017
19	在建工程	245			所有者权益：			
20	固定资产合计	3 252	6 128	5 699	实收资本	6 840	6 840	6 840
21	无形资产及其他资产				资本公积	589	89	127
22	无形资产				盈余公积	69	123	198
23	其他长期资产				未分配利润	1 310	1 699	1 346
24	递延税项				所有者权益合计	8 808	8 751	8 511
25	资产总计	14 367	17 895	17 528	负债及所有者权益总计	14 367	17 895	17 528

表 11-43　　　　　　　　　　　　　瑞林公司利润表

单位：万元

A	B	C	D	E
3	项　目	2018年	2019年	2020年
4	一、主营业务收入	15 700	18 070	19 330
5	减：主营业务成本	11 201	11 706	12 049
6	主营业务税金及附加	992	1 122	1 267

续表

A	B	C	D	E
7	二、主营业务利润	3 507	5 242	6 014
8	加：其他业务利润	102	42	24
9	减：营业费用	954	2 107	2 558
10	管理费用	774	865	948
11	财务费用	228	371	478
12	三、营业利润	1 653	1 941	2 054
13	加：投资收益			
14	补贴收入			
15	营业外收入	63	301	76
16	减：营业外支出	42	96	78
17	四、利润总额	1 674	2 146	2 052
18	减：所得税	419	537	513
19	五、净利润	1 255	1 609	1 539

（2）其他相关实验资料，如表 11-44、表 11-45、表 11-46 所示。

表 11-44　　　　　　　可能型方案下未来 10 年经营预测表（瑞林公司）

单位：万元

A	B	C	D	E	F	G	H	I	J	K	L
3	时间（年）	1	2	3	4	5	6	7	8	9	10
4	销售额增长率	15%	15%	14%	14%	13%	13%	13%	10%	10%	10%
5	销售利润率	20%	20%	18%	18%	18%	15%	15%	12%	12%	12%
6	所得税率	25%	25%	25%	25%	25%	25%	25%	25%	25%	25%
7	折旧	507	557	613	673	807	967	1 159	1 274	1 398	1 468
8	追加固定资本投资	0	300	329	362	380	417	438	460	482	530
9	追加流动资本投资	0	305	335	368	412	461	515	592	679	781

表 11-45　　　　　　　保守型方案下未来 10 年经营预测表（瑞林公司）

单位：万元

A	B	C	D	E	F	G	H	I	J	K	L
3	时间（年）	1	2	3	4	5	6	7	8	9	10
4	销售额增长率	13%	13%	13%	13%	13%	13%	13%	13%	13%	13%
5	销售利润率	18%	18%	15%	15%	12%	12%	11%	11%	13%	13%
6	所得税率	25%	25%	25%	25%	25%	25%	25%	25%	25%	25%
7	折旧	507	532	558	586	644	708	778	855	937	1 033
8	追加固定资本投资	210	234	262	292	327	366	408	457	511	572
9	追加流动资本投资	210	231	253	277	305	334	367	404	443	487

表 11-46　　　　　　　　乐观型方案下未来 10 年经营预测表（瑞林公司）

单位：万元

A	B	C	D	E	F	G	H	I	J	K	L
3	时间（年）	1	2	3	4	5	6	7	8	9	10
4	销售额增长率	18%	18%	17%	17%	16%	16%	16%	13%	13%	13%
5	销售利润率	22%	22%	20%	20%	17%	17%	17%	14%	14%	14%
6	所得税率	25%	25%	25%	25%	25%	25%	25%	25%	25%	25%
7	折旧	507	532	558	586	644	708	778	855	937	1 033
8	追加固定资本投资	210	231	253	290	347	414	497	619	773	1 003
9	追加流动资本投资	210	234	262	295	332	379	431	490	563	652

11.3.4　实验要求

1. 根据上述资料对瑞林公司的基本财务状况进行分析，并对其未来价值进行评估，确定该公司的可接受价格；分析不同的筹资方式对企业每股收益的影响，确定并购的方式，并就本案例的相关问题进行讨论。

（1）在并购过程中，该如何选择并购对象？

（2）在确定并购对象后，该如何展开工作？

（3）并购筹资方式有哪些？在本案例中应选择一种筹资方式还是多种方式相结合的筹资方式？

（4）什么是资本成本，其包括哪些方面的成本？

（5）个别资本成本如何计算，综合资本成本如何计算？

（6）在资产评估中有哪些方面应该特别予以关注？

2. 根据实验结果，写出实验报告，并就上述问题做出分析。

11.3.5　实验原理

1. 计算相关财务指标，对目标公司的基本财务状况进行分析。

2. 采用现金流量分析法预测目标公司以后期间的现金流量。

3. 采用净现值法计算目标公司的可接受价格。

4. 通过保守型、可能型、乐观型三种方案的比较，进行敏感性分析，确定可接受的目标公司价值区间。

5. 评估目标公司的资产价值。

6. 比较借款购买方式和增发股票方式对企业每股收益的影响，确定并购的方式。

11.3.6　实验流程

本实验的基本流程，如图 11.3 所示。

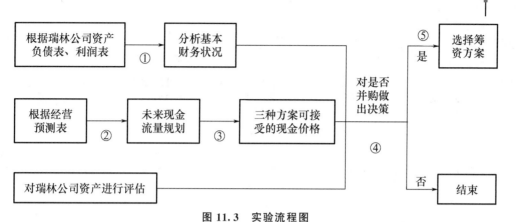

图 11.3　实验流程图

11.3.7　实验步骤

1. 分析拟并购对象瑞林公司的财务状况，判断其目前的财务能力。

（1）根据瑞林公司资料编制比较资产负债表、比较利润表（计算过程略）。

（2）计算瑞林公司近三年的偿债能力、盈利能力和资本结构指标并进行纵向比较（计算过程略）。

2. 对瑞林公司的未来价值进行评估。

（1）进行现金流量规划。根据经验和发展需要，依据给定的瑞林公司未来 10 年经营预测表，对未来 10 年的现金流量进行规划，如表 11-47 所示。

表 11-47　　　　　可能型方案下瑞林公司未来 10 年现金流量规划演示表

单位：万元

A	B	C	D	E
3	时间（年）	1	2	3
4	销售额	=（表 11-43 瑞林公司利润表!C4＋表 11-43 瑞林公司利润表!D4＋表 11-43 瑞林公司利润表!E4）/3*(1＋表 11-44 可能型方案下未来 10 年经营预测表!C4)	=C4*(1＋表 11-44 可能型方案下未来 10 年经营预测表!D4)	=D4*(1＋表 11-44 可能型方案下未来 10 年经营预测表!E4)
5	经营费用	=C4－C6	=D4－D6	=E4－E6
6	销售利润	=C4*表 11-44 可能型方案下未来 10 年经营预测表!C5	=D4*表 11-44 可能型方案下未来 10 年经营预测表!D5	=E4*表 11-44 可能型方案下未来 10 年经营预测表!E5
7	所得税	=C6*表 11-44 可能型方案下未来 10 年经营预测表!C6	=D6*表 11-44 可能型方案下未来 10 年经营预测表!D6	=E6*表 11-44 可能型方案下未来 10 年经营预测表!E6
8	税后利润	=C6－C7	=D6－D7	=E6－E7
9	折旧	=表 11-44 可能型方案下未来 10 年经营预测表!C7	=表 11-44 可能型方案下未来 10 年经营预测表!D7	=表 11-44 可能型方案下未来 10 年经营预测表!E7

续表

A	B	C	D	E
10	追加固定资本投资	=表11-44可能型方案下未来10年经营预测表!C8	=表11-44可能型方案下未来10年经营预测表!D8	=表11-44可能型方案下未来10年经营预测表!E8
11	追加流动资本投资	=表11-44可能型方案下未来10年经营预测表!C9	=表11-44可能型方案下未来10年经营预测表!D9	=表11-44可能型方案下未来10年经营预测表!E9
12	经营中获得的现金流量	=C8+C9-C10-C11	=D8+D9-D10-D11	=E8+E9-E10-E11

（2）根据乐观型和保守型条件下的经营预测表，计算现金流量（方法同上，计算过程略）。

（3）计算加权平均的资金成本。瑞林公司资金主要来源于借款和自有资金（股本），借款利率为8%，股本成本为12%，自有资金占65%，借入资金占35%，其资金成本的计算过程如表11-48所示。

表11-48　　　　　　　　　　　瑞林公司资金成本计算演示表

A	B	C	D	E
3	项目	权数	成本	加权后成本
4	债务	35.00%	8.00%	=C4*D4
5	自有资金	65.00%	12.00%	=C5*D5
6	资金成本			=SUM（E4:E5）

由于利息费用可抵减所得税，所以实际收购的资金成本会有所下降，具体计算过程如表11-49所示。

表11-49　　　　　　　　　　瑞林公司调整后的资金成本计算演示表

A	B	C	D	E
11	项目	权数	成本	加权后成本
12	债务	35.00%	6.00%	=C12*D12
13	自有资金	65.00%	12.00%	=C13*D13
14	资金成本			=SUM（E12:E13）

（4）敏感性分析。根据保守型、乐观型、可能型条件下的现金流量（表11-61），按给定的折现率，计算得出瑞林公司的可接收价值区间。计算结果如表11-50所示。

表 11-50　　　　　　　　　三种方案最高可接受的现金价格计算演示表

A	B	C	D	E	F
7	贴现率		保守型	可能型	乐观型
8	（现值）不同的折现率	13%	=NPV(C8,$C$19:$L$19)	=NPV(C8,$C$20:$L$20)	=NPV(C8,$C$21:$L$21)
9		14%	=NPV(C9,$C$19:$L$19)	=NPV(C9,$C$20:$L$20)	=NPV(C9,$C$21:$L$21)
10		15%	=NPV(C10,$C$19:$L$19)	=NPV(C10,$C$20:$L$20)	=NPV(C10,$C$21:$L$21)
11		16%	=NPV(C11,$C$19:$L$19)	=NPV(C11,$C$20:$L$20)	=NPV(C11,$C$21:$L$21)
12		17%	=NPV(C12,$C$19:$L$19)	=NPV(C12,$C$20:$L$20)	=NPV(C12,$C$21:$L$21)
13	平均数		=AVERAGE(D8:D12)	=AVERAGE(E8:E12)	=AVERAGE(F8:F12)

3. 对瑞林公司的现有资产进行评估（评估方法略）。

4. 康达公司选择并购的方式（计算过程略）。

11.3.8　实验结果

1. 对瑞林公司基本财务状况的分析，如表 11-51、表 11-52、表 11-53、表 11-54、表 11-55 所示。

表 11-51　　　　　　　　　　瑞林公司比较资产负债表

单位：万元

A	B	C	D	E	F	G	H	I
3	资　产	2018年	2019年	比上年增(减)数	比上年增(减)%	2020年	比上年增(减)数	比上年增(减)%
4	流动资金：							
5	货币资金	658	602	-56	-8.51	634	32	5.32
6	应收账款	6 445	6 978	533	8.27	7 318	340	4.87
7	其他应收款	1 560	1 998	438	28.08	2 107	109	5.46
8	存货	2 358	2 095	-263	-11.15	1 673	-422	-20.14
9	待摊费用							
10	流动资产合计	11 021	11 673	652	5.92	11 732	59	0.51
11	长期资产：							
12	长期股权投资							
13	长期债权投资	94	94	0	0.00	97	3	3.19
14	长期投资合计	94	94	0	0.00	97	3	3.19
15	固定资产：							
16	固定资产原值	3 748	7 186	3 438	91.73	7 290	104	1.45
17	减：累计折旧	741	1 058	317	42.78	1 591	533	50.38

续表

A	B	C	D	E	F	G	H	I
18	固定资产净值	3 007	6 128	3 121	103.79	5 699	−429	−7.00
19	在建工程	245	0	−245	−100.00			
20	固定资产合计	3 252	6 128	2 876	88.44	5 699	−429	−7.00
21	无形资产及其他资产：							
22	无形资产							
23	其他长期资产							
24	递延税项							
25	资产总计	14 367	17 895	3 528	24.56	17 528	−367	−2.05
26	负债及所有者权益							
27	流动负债：							
28	短期借款	1 738	2 737	999	57.48	3 310	573	20.94
29	应付账款	578	688	110	19.03	887	199	28.92
30	其他应付款	565	1 108	543	96.11	525	−583	−52.62
31	应付工资	71	75	4	5.63	77	2	2.67
32	应付福利费	64	70	6	9.38	70	0	0.00
33	预提费用	1 423	1 696	273	19.18	1 348	−348	−20.52
34	预计负债							
35	其他流动负债							
36	流动负债合计	4 439	6 374	1 935	43.59	6 217	−157	−2.46
37	长期负债：							
38	长期借款	1 120	2 770	1 650	147.32	2 800	30	1.08
39	应付债券							
40	长期负债合计	1 120	2 770	1 650	147.32	2 800	30	1.08
41	负债合计	5 559	9 144	3 585	64.49	9 017	−127	−1.39
42	所有者权益：							
43	实收资本	6 840	6 840	0	0.00	6 840	0	0.00
44	资本公积	589	89	−500	−84.89	127	38	42.70
45	盈余公积	69	123	54	78.26	198	75	60.98
46	未分配利润	1 310	1 699	389	29.69	1 346	−353	−20.78
47	所有者权益合计	8 808	8 751	−57	−0.65	8 511	−240	−2.74
48	负债及所有者权益总计	14 367	17 895	3 528	24.56	17 528	−367	−2.05

表 11-52　　　　　　　　　　　　　瑞林公司比较利润表

单位：万元

A	B	C	D	E	F	G	H	I
3	资　产	2018年	2019年	比上年增(减)数	比上年增(减)%	2020年	比上年增(减)数	比上年增(减)%
4	一、主营业务收入	15 700	18 070	2 370	15.10	19 330	1 260	6.97
5	减：主营业务成本	11 201	11 706	505	4.51	12 049	343	2.93
6	主营业务税金及附加	992	1 122	130	13.10	1 267	145	12.92
7	二、主营业务利润	3 507	5 242	1 735	49.47	6 014	772	14.73
8	加：其他业务利润	102	42	−60	−58.82	24	−18	−42.86
9	减：营业费用	954	2 107	1 153	120.86	2 558	451	21.40
10	管理费用	774	865	91	11.76	948	83	9.60
11	财务费用	228	371	143	62.72	478	107	28.84
12	三、营业利润	1 653	1 941	288	17.42	2 054	113	5.82
13	加：投资收益							
14	补贴收入							
15	营业外收入	63	301	238	377.78	76	−225	−74.75
16	减：营业外支出	42	96	54	128.57	78	−18	−18.75
17	四、利润总额	1 674	2 146	472	28.20	2 052	−94	−4.38
18	减：所得税	418.5	536.5	118	28.20	513	−23.5	−4.38
19	五、净利润	1 255.5	1 609.5	354	28.20	1 539	−70.5	−4.38

表 11-53　　　　　　　　　　　　瑞林公司偿债能力纵向比较

项　目	2018年	2019年	2020年
流动比率	2.48	1.83	1.89
速动比率	1.95	1.50	1.62
总资产周转率	1.09	1.01	1.10
存货周转率	4.75	5.59	7.20

表 11-54　　　　　　　　　　　　瑞林公司盈利能力纵向比较

项　目	2018年	2019年	2020年
销售毛利率（%）	28.66	35.22	37.67
销售净利率（%）	8.00	8.91	7.96
销售利润率（%）	10.66	11.88	10.62
净资产收益率（%）	14.25	18.39	18.08
总资产收益率（%）	8.74	8.99	8.78

表 11-55　　　　　　　　　　　瑞林公司资本结构纵向比较

项　　目	2018 年	2019 年	2020 年
资产负债率（%）	38.69	51.10	51.44
权益比率（%）	61.31	48.90	48.56
股东权益与固定资产比率（%）	270.85	142.80	149.34
股东权益与负债比率（%）	158.45	95.70	94.39

2. 瑞林公司未来价值评估，如表 11-56、表 11-57、表 11-58 所示。

表 11-56　　　　　　　　可能型方案下未来 10 年现金流量预测表

单位：万元

A	B	C	D	E	F	G	H	I	J	K	L
3	时间（年）	1	2	3	4	5	6	7	8	9	10
4	销售额	20 355	23 408	26 685	30 421	34 376	38 845	43 895	48 284	53 113	58 424
5	经营费用	16 284	18 727	21 882	24 946	28 188	33 018	37 311	42 490	46 739	51 413
6	销售利润	4 071	4 682	4 803	5 476	6 188	5 827	6 584	5 794	6 374	7 011
7	所得税	1 018	1 170	1 201	1 369	1 547	1 457	1 646	1 449	1 593	1 753
8	税后利润	3 053	3 511	3 603	4 107	4 641	4 370	4 938	4 346	4 780	5 258
9	折旧	507	557	613	673	807	967	1 159	1 274	1 398	1 468
10	追加固定资本投资	0	300	329	362	380	417	438	460	482	530
11	追加流动资本投资	0	305	335	368	412	461	515	592	679	781
12	经营中获得的现金流量	3 560	3 463	3 552	4 050	4 656	4 459	5 144	4 568	5 017	5 415

表 11-57　　　　　　　　乐观型方案下未来 10 年现金流量预测表

单位：万元

A	B	C	D	E	F	G	H	I	J	K	L
3	时间（年）	1	2	3	4	5	6	7	8	9	10
4	销售额	20 886	24 645	28 835	33 737	39 135	45 397	52 660	59 506	67 242	75 983
5	经营费用	16 291	19 223	23 068	26 990	32 482	37 679	43 708	51 175	57 828	65 346
6	销售利润	4 595	5 422	5 767	6 747	6 653	7 717	8 952	8 331	9 414	10 638
7	所得税	1 149	1 356	1 442	1 687	1 663	1 929	2 238	2 083	2 353	2 659
8	税后利润	3 446	4 067	4 325	5 061	4 990	5 788	6 714	6 248	7 060	7 978
9	折旧	507	532	558	586	644	708	778	855	937	1 033
10	追加固定资本投资	210	231	253	290	347	414	497	619	773	1 003
11	追加流动资本投资	210	234	262	295	332	379	431	490	563	652
12	经营中获得的现金流量	3 533	4 134	4 368	5 062	4 955	5 703	6 564	5 994	6 661	7 356

表 11-58 保守型方案下未来10年现金流量预测表

单位：万元

A	B	C	D	E	F	G	H	I	J	K	L
3	时间（年）	1	2	3	4	5	6	7	8	9	10
4	销售额	20 001	22 601	25 539	28 859	32 611	36 851	41 641	47 054	53 172	60 084
5	经营费用	16 401	18 533	21 708	24 530	28 698	32 428	37 061	41 878	46 259	52 273
6	销售利润	3 600	4 068	3 831	4 329	3 913	4 422	4 581	5 176	6 912	7 811
7	所得税	900	1 017	958	1 082	978	1 106	1 145	1 294	1 728	1 953
8	税后利润	2 700	3 051	2 873	3 247	2 935	3 317	3 435	3 882	5 184	5 858
9	折旧	507	532	558	586	644	708	778	855	937	1 033
10	追加固定资本投资	210	234	262	292	327	366	408	457	511	572
11	追加流动资本投资	210	231	253	277	305	334	367	404	443	487
12	经营中获得的现金流量	2 787	3 118	2 916	3 264	2 947	3 325	3 438	3 876	5 167	5 832

3. 瑞林公司资金成本计算结果，如表 11-59、表 11-60、表 11-61、表 11-62 所示。

表 11-59 瑞林公司资金成本表

项　目	权　数	成　本	加权后成本
债务	35.00%	8.00%	2.80%
自有资金	65.00%	12.00%	7.80%
资金成本			10.60%

表 11-60 瑞林公司调整后的资金成本表

项　目	权　数	成　本	加权后成本
债务	35.00%	6.00%	2.10%
自有资金	65.00%	12.00%	7.80%
资金成本			9.90%

表 11-61 瑞林公司三种方案的现金流量表

单位：万元

A	B	C	D	E	F	G	H	I	J	K	L
18	时间(年)	1	2	3	4	5	6	7	8	9	10
19	保守型	2 787	3 118	2 916	3 264	2 947	3 325	3 438	3 876	5 167	5 832
20	可能型	3 560	3 463	3 552	4 050	4 656	4 459	5 144	4 568	5 017	5 415
21	乐观型	3 533	4 134	4 368	5 062	4 955	5 703	6 564	5 994	6 661	7 356

表 11 - 62　　　　　　　　　　　　三种方案最高可接受的现金价格表

单位：万元

贴现率		保守型	可能型	乐观型
（现值）不同的折现率	13%	18 485	22 647	27 354
	14%	17 685	21 693	26 154
	15%	16 937	20 800	25 032
	16%	16 238	19 962	23 982
	17%	15 583	19 176	22 997
平均数		16 986	20 856	25 104

通过计算可知：瑞林公司最高可接受价值为 25 104 万元，最低价值为 16 986 万元，最有可能性的接受价值为 20 856 万元，则合理的可接受价值区间为 16 000 万元～25 000 万元。

4. 对瑞林公司资产评估结果，如表 11 - 63 所示。

表 11 - 63　　　　　　　　　　　　瑞林公司资产评估表

单位：万元

项　　目	原价（2020 年）	评　估　价	简　单　原　因
货币资金	634	634	
应收账款	7 318	6 586	10% 的账款账龄太长，无法收回
其他应收款	2 107	1 938	8% 的账款账龄太长，无法收回
存货	1 673	1 623	少部分存货有损失
流动资产合计	11 732	10 781	
长期投资	97	354	长期投资发生增值
固定资产	5 699	6 756	两台设备公司急用，无货购买
无形资产		3 000	"薇语"商标评估价
资产合计	17 528	20 891	

根据瑞林公司资产评估结果可以看出，该公司资产价值在预计的可接受价值区间内。

5. 根据康达公司预计 2020 年利润表及主要财务指标，计算不同筹资方式对每股收益的影响。

经评估瑞林公司 2020 年末资产为 20 891 万元，扣除其 2020 年末的债务 9 017 万元，则所有者权益总额为 11 874 万元。要取得瑞林公司 53% 的股权（11 874×53%≈6 293 万元），康达公司可以通过借款购买或增发新股两种方式操作。若采用借款购买方式，除自有资金外还需贷款 5 000 万元，按借款利率 8% 计，需付利息 400 万元；若采用增发新股方式，则约定瑞林公司每股股价 40 元，可按 0.85 优惠，优惠后每股股价为 34 元，则需增发 185 万股（6 293÷34≈185 万股）。分别计算"每股收益"，对比"每股收益"指标，得出结论，如表 11 - 64 所示。

表 11-64　　　　　　　　康达公司 2020 年利润表及主要财务指标

单位：万元

项　　目	2020 年	采用借款购买方式	采用增发新股方式
一、主营业务收入	205 233	205 233	205 233
减：主营业务成本	161 613	161 613	161 613
主营业务税金及附加	9 886	9 886	9 886
二、主营业务利润	33 733	33 733	33 733
加：其他业务利润	210	210	210
减：营业费用	1 548	1 548	1 548
管理费用	2 239	2 239	2 239
财务费用	1 398	1 798	1 398
三、营业利润	28 759	28 359	28 759
加：投资收益		2 100	2 100
补贴收入			
营业外收入	20	20	20
减：营业外支出	18	18	18
四、利润总额	28 761	30 461	30 861
减：所得税	7 190	7 615	7 715
五、净利润	21 571	22 846	23 146
流通在外的普通股股数（万股）	45 000	45 000	45 185
每股收益（元）	0.479	0.508	0.512

注：表中数据在计算过程中未考虑借款和发行股票的其他成本。

11.3.9　案例分析提示

本案例在分析过程中应把握以下几个方面。

1. 首先应对拟并购公司进行选择。如有多家公司可并购，应选择与本企业生产有关且发展前景较好的企业进行并购。

2. 在规划未来现金流量时，应注意以下问题：

（1）销售额＝拟并购公司近 3 年主营业务收入的平均数×(1＋销售增长率)。

（2）销售利润＝销售额×销售利润率。

3. 在选择并购方式时，以"每股收益"指标来评定。

实验 11.4　应收账款决策及存货管理综合分析

11.4.1　实验目的

在激烈的市场竞争环境下，利用商业信用手段促销是绝大多数公司所采取的一种策略。然而，对买方提供商业信用虽然能够促销，增加企业的销售收入，提高产品的市场占有率。但是，如果企业自身的商业信用管理制度不健全，对赊销所可能产生的信用风险缺乏充分认识，一味追求市场份额或销售增长而向客户提供过度宽松的信用政策，可能导致企业在销售增长的同时，应收账款的资金占用急剧增加，不良的应收账款甚至是呆账、坏账急剧增加，最终导致企业资产的流动性下降，资金成本上升，甚至短缺以致难以持续经营；同时，由于坏账损失的大量发生也会导致企业扣除信用成本后的净利润不升反降。

存货是企业另外一项重要的流动资产，存货中的材料的采购和储存是存货管理的一项重要内容。材料存货成本包括进货成本、储存成本和缺货成本等，其高低直接影响企业净利润，但它们性质不同，影响因素较为复杂。经济订购批量是使用较广泛的一种存货决策方法。

本案例旨在通过对应收账款和存货管理的决策分析，探讨应收账款和存货决策结果对企业资产负债表和利润表相关项目的影响，弥补理论教材中应收账款和存货决策结果与相关报表关系模糊的不足，并依据决策结果对企业相关报表数据作出预测。

11.4.2　实验原理

本案例主要运用成本—效益原则探讨应收账款和存货决策对相关资产、负债、收入、成本、费用项目的影响，在利润最大化目标下对应收账款信用政策产生的收益、发生的成本进行预测，同时对存货成本进行估算，并将相关结果在资产负债表和利润表中予以反映。

11.4.3　实验材料

江苏静远塑料制品有限公司（以下简称静远公司）是一家 21 世纪初成立的企业，公司主要生产销售柔性集装袋、塑料帆布、基布等产品，该公司目前是省内最大的生产集装袋的企业之一。

该公司生产中所消耗的原材料主要为聚丙烯，其聚丙烯的成本约占产品成本的 60%，因此聚丙烯的采购成本、采购批量及储存等管理问题成为公司成本控制的一个关键问题；另外，公司为促进销售、拓展市场，连续五年采取较宽松的信用政策，公司在省内及周边地区销量和市场占有率日益提升，但是，随之而来的是逾期应收账款数额的不断增加和坏账损失的急剧攀升，这种情况不仅使公司的资金日益紧张，同时在产品销售环节所实现的利润开始被大量的坏账损失和高额的利息费用所侵吞。

针对以上情况，2019 年年末财务部经理在总经理办公会上，陈述了自己对公司未来运行的财务忧虑，并在会上提供了有关应收账款和聚丙烯采购储存、财务报表（简表）等相关资料，提请办公会讨论。

办公会上,针对所提供资料,财务经理进一步指出:①公司信用政策实施过程中,有50%的客户会利用公司提供的现金折扣,其余的客户有拖延付款现象,建议公司将信用政策改为(1/10,$n/30$),他强调信用政策更改对下一年度营业收入的影响较小,可以忽略不计,并且还是可能有50%的客户会享受公司的现金折扣;②由于本公司是聚丙烯供应商的老客户,因此会提供给本公司一些价格优惠,具体为每次购买量在400吨以上价格优惠1%,但因为供货商生产能力及运输条件限制,不论公司每次采购多少,供货商每天只能送货80吨;③2019年度所发生的订货费用包括每次采购中所发生的全部采购费用,并未区分变动成本和固定成本,且由于公司拥有自己的库房和仓库保管人员,并且在正常的生产经营范围内,这部分成本是固定的,所以可将库房的折旧、水、电以及仓库保管人员的工资等开支看作无关成本,而库存材料占用资金的成本视为相关成本;④如果2020年度应收账款和存货占用资金继续增长,那么公司仍然只能用银行长短期借款解决,平均年利率约10%;相反,2020年度应收账款和存货资金占用减少,则可依次减少短期借款和长期借款。在办公会上,财务经理提供了相关数据和报表,如表11-65、表11-66、表11-67、表11-68所示。

表 11-65　　　　　　　　　　　　静远公司利润表

单位:万元

项　目	2017 年	2018 年	2019 年
一、营业总收入	12 617	13 874	14 543
营业收入	12 617	13 874	14 543
二、营业总成本	11 224	12 451	13 205
营业成本	8 832	9 712	10 180
营业税金及附加	252	277	291
销售费用	757	832	873
管理费用	631	694	727
财务费用	524	561	647
其中:利息费用	378	392	452
现金折扣	126	139	145
信用部门及收款费用	20	30	50
资产减值损失	228	375	487
其中:应收账款坏账损失	228	375	487
三、营业利润	1 393	1 423	1 338
四、利润总额	1 393	1 423	1 338
减:所得税	348	356	335
未确认的投资损失			
五、净利润	1 045	1 067	1 003

表 11 - 66　　　　　　　　　　　静远公司资产负债表

单位：万元

项　　目	2017 年	2018 年	2019 年
流动资产：			
货币资金	1 346	1 217	1 204
应收账款	2 056	2 887	3 878
存货	900	1 000	1 200
流动资产合计	4 302	5 104	6 282
非流动资产：			
固定资产	4 500	4 950	5 500
非流动资产合计	4 500	4 950	5 500
资产总计	8 802	10 054	11 782
流动负债：			
短期借款	556	1 267	1 528
应付账款	300	400	500
其他流动负债	180	120	151
流动负债合计	1 036	1 787	2 179
非流动负债：			
长期借款	3 221	2 655	2 988
非流动负债合计	3 221	2 655	2 988
负债合计	4 257	4 442	5 167
所有者权益：			
实收资本（或股本）	3 500	3 500	3 500
未分配利润	1 045	2 112	3 115
所有者权益合计	4 545	5 612	6 615
负债及所有者权益总计	8 802	10 054	11 782

表 11 - 67　　　　　　　静远公司 2015—2019 年度应收账款数据表

项目	2015 年	2016 年	2017 年	2018 年	2019 年
营业收入（万元）	10 859	11 534	12 617	13 874	14 543
应收账款余额（万元）	1 198	1 596	2 056	2 887	3 878
应收账款占销售比例	11.03%	13.84%	16.30%	20.81%	26.67%
信用政策	(2/10, n/60)	(2/10, n/60)	(2/10, n/60)	(2/10, n/60)	(2/10, n/60)

续表

项　　目	2015 年	2016 年	2017 年	2018 年	2019 年
折扣期（天）	10	10	10	10	10
信用期限（天）	60	60	60	60	60
应收账款周转次数	9.06	7.23	6.14	4.81	3.75
应收账款平均收账期	39.72	49.81	58.66	74.91	96.00

表 11－68　　　　　　　静远公司 2019 年聚丙烯采购信息汇总表

时　　间	购进批量（吨）	进货单价（元）	购置成本（元）	订货费用（元）
一月	570	7 500	4 275 000	4 462.5
二月	720	7 750	5 580 000	4 650.0
三月	580	8 100	4 698 000	4 475.0
四月	556	7 650	4 253 400	4 445.0
五月	502	8 300	4 166 600	4 377.5
六月	590	7 920	4 672 800	4 487.5
七月	654	7 700	5 035 800	4 567.5
八月	658	7 600	5 000 800	4 572.5
九月	596	7 800	4 648 800	4 495.0
十月	500	7 700	3 850 000	4 375.0
十一月	798	7 950	6 344 100	4 747.5
十二月	560	7 750	4 340 000	4 450.0
合计/平均	7 284	7 810	56 865 300	54 105.0
年初储备量（吨）	425			
年末储备量（吨）	455			
年末储备额（元）	3 553 550			

11.4.4　实验要求

试根据前述资料分析该公司的财务状况，特别是信用政策与存货（材料）政策的合理性，提出任何你认为适当的改善建议。并编制 2020 年度预计资产负债表和预计利润表（利润表中营业税金及附加约占营业收入 2%，销售费用约占营业收入 6%，管理费用约占营业收入 5%，财务费用仅考虑利息费用、现金折扣和收款费用的变化。在决策中假设与应收账款信用政策和聚丙烯材料采购无关的其他指标保持与 2019 年一致）。

具体要求为：

1. 假定公司管理层为规范公司应收账款管理，决定构建一套应收账款信用管理制度，应该至少包括哪些内容？围绕这些内容请谈谈具体的设计方案。

2. 请借助表 11 - 67 相关资料所反映的各种数量关系（如增长速度、线性相关等）分别估算 2020 年公司继续使用原信用政策（2/10，n/60）和使用新信用政策（1/10，n/30）下表 11 - 67 各相关指标。

3. 请借助表 11 - 68 相关资料及财务经理在总经理办公会上所提供资料，全面考虑聚丙烯所涉及成本，利用经济批量模型来决定聚丙烯最适宜的每次采购数量（结果保留为整数），该存货聚丙烯的安全储备量为 100 吨。

4. 请分析前述应收账款和存货决策结果对资产负债表和利润表中哪些项目产生影响？并请借助以上决策结果，编制静远公司 2020 年度预计资产负债表和预计利润表。

5. 提交实验报告。实验报告内容包括：封面、目录、实验步骤、静远公司 2020 年应收账款数据分析表、静远公司 2020 年聚丙烯成本预算表、静远公司 2020 年预计资产负债表、静远公司 2020 年预计利润表。

11.4.5 实验提示

1. 利用趋势分析法进行营业收入的预测，根据营业收入与应收账款平均收账期的线性关系并结合信用期限依次进行营业收入、应收账款平均收账期（2020 年原政策，2020 年新政策）、超折扣期营业额付款天数、应收账款周转次数、坏账损失、收账费用、现金折扣的预测。

2. 聚丙烯的采购决策在基本模型基础上考虑其陆续供应和数量折扣对其采购批量的影响：①根据购进批量与订货费用的线性关系计算固定订货费用和变动订货费用；②根据 2020 年预计营业收入增长率计算本年采购总量；③计算不考虑数量折扣经济批量、不考虑数量折扣经济批量下聚丙烯成本及每次采购量 400 吨聚丙烯成本；④计算 2020 年聚丙烯资金占用减少额和 2020 年聚丙烯变动订货费用变动额。

3. 根据上述结果对资产负债表中的应收账款、存货、短期借款和长期借款项目进行调整，同时调整利润表中各项目，当年净利润同时增加资产负债表中的货币资金（平衡）。

11.4.6 实验结果

表 11 - 69　　　　　　　　静远公司应收账款数据分析表

项　　目	2015 年	2016 年	2017 年	2018 年	2019 年	2020 年	
						(2/10，n/60)	(1/10，n/30)
营业收入（万元）	10 859	11 534	12 617	13 874	14 543	15 645	15 645
应收账款余额（万元）	1 198	1 596	2 056	2 887	3 878	4 575	2 396
应收账款占销售比例	11.03%	13.84%	16.30%	20.81%	26.67%	29.24%	15.31%
折扣期	10	10	10	10	10	10	10

续表

项　　目	2015年	2016年	2017年	2018年	2019年	2020年 (2/10, $n/60$)	2020年 (1/10, $n/30$)
信用期限	60	60	60	60	60	60	30
应收账款周转次数	9.06	7.23	6.14	4.81	3.75	3.42	6.53
应收账款平均收账期	39.72	49.81	58.66	74.91	96.00	105.27	55
超折扣期营业额付款天数	69.43	89.63	107.33	139.82	181.99	200.53	100
坏账损失（万元）	125	189	228	375	487	557	223
坏账损失率	1.15%	1.64%	1.81%	2.70%	3.35%	3.56%	1.43%
收账费用（万元）	15	18	20	30	50	51	21
现金折扣（万元）	109	115	126	139	145	156	78

表 11-70　　　　　　　　静远公司 2020 年聚丙烯成本预算表

项　　目	2020 年度
固定订货费用（万元）	3 750
变动订货费用（万元）	1.25
2019 年聚丙烯总成本（万元）	6 036
全年聚丙烯需要总量	7 804
供货商提供材料标准单价	7 850
全年聚丙烯进货总额（万元）	6 126
每日耗用量（吨）	22
每日送货量（吨）	80
保险储备量（吨）	100
不考虑数量折扣经济批量	320
不考虑数量折扣经济批量下聚丙烯成本（万元）	6 144
每次采购量 400 吨聚丙烯成本（万元）	6 083
聚丙烯平均库存量	246
2020 年聚丙烯减少库存量	−209
聚丙烯平均库存额	191
2020 年聚丙烯资金占用减少额（万元）	−164
2020 年聚丙烯变动订货费用总额（万元）	7.32
2020 年聚丙烯变动订货费用变动额（万元）	2.82

表 11-71　　　　　　　　　　　静远公司资产负债表

单位：万元

项　目	2017 年	2018 年	2019 年	2020 年
流动资产：				
货币资金	1 346	1 217	1 204	3 106
应收账款	2 056	2 887	3 878	2 396
存货	900	1 000	1 200	1 036
流动资产合计	4 302	5 104	6 282	6 538
非流动资产				
固定资产：	4 500	4 950	5 500	5 500
非流动资产合计	4 500	4 950	5 500	5 500
资产总计	8 802	10 054	11 782	12 038
流动负债：				
短期借款	556	1 267	1 528	0
应付账款	300	400	500	500
其他流动负债	180	120	150	150
流动负债合计	1 036	1 787	2 178	650
非流动负债：				
长期借款	3 221	2 655	2 988	2 870
非流动负债合计	3 221	2 655	2 988	2 870
负债合计	4 257	4 442	5 166	3 520
所有者权益：				
实收资本（或股本）	3 500	3 500	3 500	3 500
资本公积金				
盈余公积金				
未分配利润	1 045	2 112	3 115	5 018
所有者权益合计	4 545	5 612	6 615	8 518
负债及所有者权益总计	8 802	10 054	11 782	12 038

表 11-72　　　　　　　　　　　　静远公司利润表

单位：万元

项目	2017 年	2018 年	2019 年	2020 年
一、营业总收入	12 617	13 874	14 543	15 645
营业收入	12 617	13 874	14 543	15 645
二、营业总成本	11 224	12 451	13 205	13 108
营业成本	8 832	9 712	10 180	10 462
营业税金及附加	252	277	291	313
销售费用	757	832	873	939
管理费用	631	694	727	785
财务费用	524	561	647	386
其中：利息费用	378	392	452	287
现金折扣	126	139	145	78
信用部门及收款费用	20	30	50	21
资产减值损失	228	375	487	223
其中：应收账款坏账损失	228	375	487	223
三、营业利润	1 393	1 423	1 338	2 537
四、利润总额	1 393	1 423	1 338	2 537
减：所得税	348	356	335	634
五、净利润	1 045	1 067	1 003	1 903

参 考 文 献

曹健,等,2012. 财务管理实验与探索 [M]. 北京:清华大学出版社.
陈玉珍,等,2002. 财务管理学实验 [M]. 北京:科学出版社.
邓孙棠,刘玉勋,2015. 财务管理模拟实验教程 [M]. 广州:华南理工大学出版社.
马元驹,2015. 财务管理学模拟实验教程 [M]. 北京:中国人民大学出版社.
秦志敏,牛彦秀,2017. 财务管理习题与案例 [M]. 4版. 大连:东北财经大学出版社.
韦勤,韦鹏飞,2015. 财务管理学模拟实验教程 [M]. 北京:机械工业出版社.
徐利飞,张占军,2014. 财务管理学习指导与练习 [M]. 大连:东北财经大学出版社.
张英明,罗栋梁,2014. 财务管理学 [M]. 北京:中国财政经济出版社.
中国注册会计师协会.2017. 财务成本管理 [M]. 北京:中国财政经济出版社.